核心素养背景下教师教学能力研究

杨 静 著

HEXIN SUYANG BEIJING XIA
JIAOSHI JIAOXUE NENGLI YANJIU

中山大学出版社
·广州·

版权所有 翻印必究

图书在版编目（CIP）数据

核心素养背景下教师教学能力研究/杨静著 . —广州：中山大学出版社，2022.12

ISBN 978 – 7 – 306 – 07698 – 4

Ⅰ. ①核… Ⅱ. ①杨… Ⅲ. ①中小学—教师—教学能力—研究—中国 Ⅳ. ①G451.1

中国版本图书馆 CIP 数据核字（2022）第 257902 号

出 版 人：	王天琪
策划编辑：	张　蕊
责任编辑：	张　蕊
封面设计：	曾　斌
责任校对：	舒　思
责任技编：	靳晓虹
出版发行：	中山大学出版社
电　　话：	编辑部 020 - 84110283，84113349，84111997，84110779，84110776
	发行部 020 - 84111998，84111981，84111160
地　　址：	广州市新港西路 135 号
邮　　编：	510275　　传　真：020 - 84036565
网　　址：	http://www.zsup.com.cn　　E-mail:zdcbs@mail.sysu.edu.cn
印 刷 者：	广东虎彩云印刷有限公司
规　　格：	787mm × 1092mm　1/16　14 印张　275 千字
版次印次：	2022 年 12 月第 1 版　2022 年 12 月第 1 次印刷
定　　价：	48.00 元

如发现本书因印装质量影响阅读，请与出版社发行部联系调换

目　　录

第一章　绪论 ·· 1
第一节　教师教学能力研究背景 ·· 2
第二节　教师教学能力研究意义 ·· 8
第三节　教师教学能力研究设计 ·· 9

第二章　教师教学能力的文献研究 ·· 19
第一节　教师教学能力的内涵研究 ······································· 20
第二节　教师教学能力的结构研究 ······································· 31
第三节　教师教学能力的发展研究 ······································· 47
第四节　已有研究成果的总结与启示 ···································· 59

第三章　教师教学能力的理论重构 ·· 65
第一节　基于核心素养的观念重建 ······································· 66
第二节　基于核心素养的教学变革 ······································· 74
第三节　教师教学能力的本体探寻 ······································· 84
第四节　教师教学能力结构模型的构建 ································· 91

第四章　教师教学能力调查设计与实施 ···································· 101
第一节　教师教学能力的测评依据 ······································· 102
第二节　教师教学能力的测评指标 ······································· 106
第三节　教师教学能力的调查实施 ······································· 112

第五章　教师教学能力发展的总体情况 ···································· 119
第一节　教师教学能力发展的现实样态 ································· 120
第二节　教师教学能力发展的差异比较 ································· 123
第三节　教师教学能力调查的结论与讨论 ······························ 137
第四节　促进教师教学能力发展的对策建议 ··························· 143

第六章 教师信息技术应用能力的现实考察 ································· 147
第一节 教师信息技术应用能力的现实样态 ························ 149
第二节 教师信息技术应用能力的差异比较 ························ 151
第三节 教师信息技术应用能力调查结论与讨论 ···················· 165
第四节 教师信息技术应用能力的提升策略 ························ 169

第七章 教师教学能力发展的实践路径 ····································· 173
第一节 加强政策制度的规范与保障 ·································· 174
第二节 学校本位的教师教学能力发展 ······························· 181
第三节 教师教学能力发展的行动自觉 ······························· 193

参考文献 ·· 206

第一章 绪论

教学为那些能够迎接在智力和社会层面上的挑战的人们提供了一项光明而又值得努力的事业。①

——［美］理查德·I. 阿伦兹（Richard I. Arends）

---

① ［美］理查德·I. 阿伦兹：《学会教学（第九版）》，丛力新、马力克·阿不力孜、张建桥等译，中国人民大学出版社2016年版，第3页。

国家的政策要求，教育评价改革、基础教育新课程改革的深化，以及信息技术迅猛发展对教师的挑战，是当前教师教学能力研究及其发展的重要制度基础和实践背景，这有利于更深刻地理解新时代教师教学能力发展的可行性和必要性。

第一节　教师教学能力研究背景

一、国家政策对教师教学能力发展的要求

百年大计，教育为本；教育大计，教师为本。教学能力是教师能力素质的集中体现，是教师专业素质的重要组成部分。教师教学能力的发展是提高教学质量和教学效果的重要因素，也是教师专业地位作用发挥的核心因素，它直接影响了学生的学习和能力的发展。① 国家高度重视教师队伍建设，颁布了一系列提升教师专业素质能力的政策文件。

早在 2010 年，教育部颁布的《国家中长期教育改革与发展规划纲要（2010—2020 年）》就明确提出"造就一支高素质、专业化的教师队伍""提高教师专业水平和教学能力"，以使教师能够应对不断发展的社会对高水平教育质量的诉求。② 2012 年教育部印发的《小学教师专业标准（试行）》和《中学教师专业标准（试行）》（此两份文件以下统称《教师专业标准》），提出"教学设计能力、教学实施能力、班级管理与教育活动能力、教育教学评价能力、沟通与合作能力、反思与发展能力"六大教师能力，从一般能力角度制约着教师的水平；《教师专业标准》是国家对中小学"合格教师专业素质的基本要求，是教师实施教育教学行为的基本规范"。③

---

① 王卫军：《教师信息化教学能力发展研究》，中国社会科学出版社 2018 年，第 38 页。
② 中华人民共和国教育部：《国家中长期教育改革和发展规划纲要（2010—2020 年）》，见中华人民共和国教育部网（http://www.moe.gov.cn/srcsite/A01/s7048/201007/t20100729_171904.html）。
③ 中华人民共和国教育部：《教育部关于印发〈幼儿园教师专业标准（试行）〉〈小学教师专业标准（试行）〉和〈中学教师专业标准（试行）〉的通知》，见中华人民共和国教育部网（http://www.moe.gov.cn/srcsite/A10/s6991/201209/t20120913_145603.html）。

随着党的十八大尤其是 2018 年全国教育大会的召开,我国进入加快教育现代化、建设教育强国、办好人民满意的教育的新时代,国家密集颁布了一系列政策文件。2018 年 1 月颁布的《中共中央 国务院关于全面深化新时代教师队伍建设改革的意见》指出,"开展中小学教师全员培训,促进教师终身学习和专业发展。改进培训内容,紧密结合教育教学一线实际,组织高质量培训,使教师静心钻研教学,切实提升教学水平"①,从而把教师在岗培训工作的重要性上升到国家意志层面,充分体现了党和政府对提高教师教学水平的重视。2019 年 2 月中共中央、国务院印发的《中国教育现代化 2035》规定,"建设高素质专业化创新型教师队伍","夯实教师专业发展体系,推动教师终身学习和专业自主发展"。② 为构建全口径教师队伍建设政策体系,全面落实《中共中央 国务院关于全面深化新时代教师队伍建设改革的意见》精神,教育部等 8 个部门于 2022 年 4 月印发的《新时代基础教育强师计划》把教师队伍的素质能力要求纳入目标任务,明确提出"整体提升中小学教师队伍教书育人能力素质"。到 2035 年,"教师思想政治素质、师德修养、教育教学能力和信息技术应用能力建设显著加强,教师队伍整体素质和教育教学水平明显提升"。③

二、基础教育课程改革对教师教学能力的挑战

新时代,社会发展对人才培养提出了新的要求,"培养具有创新意识与批判思维、跨学科视角解决问题、团队合作等核心素养的人才成为新时代各国教育改革关注的核心要点"④,"素养本位的课程与教学变革是全世界应对知识社会、信息文明的挑战,对预期学习结果、课程与教学目标的又一次新的遴选与

---

① 中华人民共和国中央人民政府:《中共中央 国务院关于全面深化新时代教师队伍建设改革的意见》,见中华人民共和国中央人民政府网(http://www.gov.cn/zhengce/2018-01/31/content_5262659.html)。

② 中华人民共和国教育部:《中共中央、国务院印发〈中国教育现代化2035〉》,见中华人民共和国教育部网(http://www.moe.gov.cn/jyb_xwfb/s6052/moe_838/201902/t20190223_370857.html)。

③ 中华人民共和国教育部:《教育部等八部门关于印发〈新时代基础教育强师计划〉的通知》,见中华人民共和国教育部网(http://www.moe.gov.cn/srcsite/A10/s7034/202204/t20220413_616644.html)。

④ 李煜晖、郑国民:《核心素养视域下的中小学课堂教学变革》,载《教育研究》2018 年第 2 期,第 80-87 页。

确定"①。2014年3月,我国教育部印发了《关于全面深化课程改革落实立德树人根本任务的意见》,由此提出"核心素养"概念;② 2016年9月,北京师范大学课题组发布《中国学生发展核心素养》框架,正式启动了我国学生核心素养培养战略,核心素养研究已成为增强国家核心竞争力、提升我国人才培养质量的关键环节。③ "人才需求标准的改变必然要求教师重塑教育新角色,引领教育新风向,打造教育新生态。"④ 按照核心素养的框架对学生进行培养的任务最终要落实到每位教师的身上,而教师自身的知识、能力框架也随着核心素养要求的提出发生了深刻的变化。

基础教育课程改革全面迈入核心素养时代,对教师的教学能力提出了新的要求。2017年,教育部颁布新修订的《普通高中课程方案和语文等学科课程标准(2017年版)》,并提出了从学科教育角度落实核心素养教育的重要举措。⑤ 自此,以落实核心素养为标志的新一轮课程改革正式拉开序幕。2022年4月,教育部印发《义务教育课程方案》和语文等16个课程标准⑥,标志着基础教育课程改革全面迈入核心素养时代。新一轮课程修订最大的突破是紧扣新时代新要求,聚焦课程育人,凝练每门课程的核心素养。新课程以核心素养为纲,全面规范了课程目标、内容、教学与评价,切实提高义务教育和普通高中教育的育人质量。

"新课程需要与之配套的新教学"⑦,这必然要求有与之匹配的变革行动。在教学理念上,从"学科教学"转向"课程育人";在教学目标上,从"知识获得"转向"素养发展";在教学内容上,从"教师的教"转向"学生的学";在教学方式上,从"认真倾听"转向"深度互动";在教学改进上,从"基于经验"转向"基于证据"。⑧

---

① 张良、罗生全:《论"用以致学":指向素养发展的教学认识论》,载《华东师范大学学报(教育科学版)》2021年第2期,第40—49页。

② 中华人民共和国教育部:《教育部关于全面深化课程改革落实立德树人根本任务的意见》,见中华人民共和国教育部网(http://www.moe.gov.cn/srcsite/A26/jcj_kcjcgh/201404/t20140408_167226.html)。

③ 施久铭:《核心素养:为了培养"全面发展的人"》,载《人民教育》2014年第10期,第13—15页。

④ 刘丽强、谢泽源:《教师核心素养的模型及培育路径研究》,载《教育学术月刊》2019年第6期,第77—85页。

⑤ 王海霞、唐智松:《教师核心素养教育胜任力研究》,载《课程·教材·教法》2020年第2期,第132—137页。

⑥ 中华人民共和国教育部:《教育部关于印发义务教育课程方案和课程标准(2022年版)的通知》,见中华人民共和国教育部网(http://www.moe.gov.cn/srcsite/A26/s8001/202204/t20220420_619921.html)。

⑦ 崔允漷:《新时代 新课程 新教学》,载《教育发展研究》2020年第18期,第3页。

⑧ 罗滨:《从教学能力到课程育人能力:〈中小学幼儿园教师培训课程指导标准〉的理解与使用》,载《中国教师》2018年第6期,第31—34页。

随着新课程改革的不断深入，教师教学能力的提高已经成为教育改革面临的重要问题。英国的实践经验表明：在传统学科占据主导地位的教学背景下，基于核心素养的教学变革依然面临着教师自我效能感低、教师的课堂控制倾向严重、学生自主探究不彻底等实践困境。① 教师教学能力的提高已经超越教师的个人层面，成了提高学校教育教学水平所必须面对的问题，也成了推进教育整体改革所必须面对的问题。② 因此，加大力度培养高素质专业化创新型的教师队伍是我国当前教育改革中最为紧迫、最为核心的任务。

三、深化教育评价改革对教师教学能力发展的挑战

2020年10月，中共中央、国务院印发的《深化新时代教育评价改革总体方案》明确提出"改进结果评价、强化过程评价、探索增值评价、健全综合评价"，明确了教育评价改革的指导思想、主要原则、目标及重点任务，成为教育评价改革的重要政策依据。这是继2018年全国教育大会提出"扭转不科学的教育评价导向"后，党和政府指导我国教育评价改革的纲领性文件。

为全面落实新时代教育评价改革要求，教育部于2022年4月颁布《义务教育课程方案（2022年版）》，对义务教育教学评价提出具体要求，强调改进教育评价：改进结果评价，强化过程评价，探索增值评价，健全综合评价，着力推进评价观念、方式方法改革，提升考试评价质量。深化教育评价改革，对教师的教学提出了以下挑战。

一是要更新教育评价观念。强化素养导向，注重对正确价值观、必备品格和关键能力的考查，开展综合素质评价。倡导评价促进学习的理念，注重提高学生自我评价、自我反思的能力，引导学生合理运用评价结果改进学习。严格遵守评价的伦理规范，尊重学生人格，保护学生自尊心。

二是要创新评价方式方法。注重对学习过程的观察、记录与分析，倡导基于证据的评价。关注学生真实发生的进步，积极探索增值评价。加强对话交流，增强评价双方自我总结、反思、改进的意识和能力，倡导协商式评价。注重动手操作、作品展示、口头报告等多种方式的综合运用，关注典型行为表

---

① 张紫屏：《基于核心素养的教学变革：源自英国的经验与启示》，载《全球教育展望》2016年第7期，第3—13页。
② 赖俊明：《新课程改革背景下中小学教师教学能力发展的调查研究》，载《北京教育学院学报》2011年第2期，第1—8页。

现，推进表现性评价。推动考试评价与新技术的深度融合。

三是要提升考试评价质量。全面推进基于核心素养的考试评价，强化考试评价与课程标准、教学的一致性，促进"教—学—评"的有机衔接。增强日常考试评价的育人意识，注重伴随教学过程开展评价，捕捉学生有价值的表现，因时因事因人选择评价方式和评价手段，增强评价的适宜性、有效性。提高作业设计质量，增强针对性，丰富类型，合理安排难度，有效减轻学生过重的学业负担。优化试题结构，增强试题的探究性、开放性、综合性，提高试题信度与效度。①

四、信息技术飞速发展对教师教学能力的挑战

随着信息技术的飞速发展，教育的思想观念、教育内容、教育方式方法等都发生了变革，教师的知识体系和专业能力素质面临挑战。世界多国相继公布了各自的教师教育技术能力标准，开展了大量的有关教师教学中信息技术应用能力的发展项目，为教师教育技术能力发展提供支持。如美国针对未来教师的PT3（Preparing Tomorrow's Teachers to Use Technology）项目、英国教师的ICT（Information and Communications Technology）培训、韩国教师的ICT素质培养等。联合国教科文组织颁布了《信息和传播技术教师能力标准》，美国先后四次修订了《面向教师的美国国家教育技术标准》，英国公布了《ICT应用于学科教学的教师能力标准》。②

我国也高度重视教师的信息化教学能力发展，颁布了一系列推进教师信息化教学能力发展的政策文件，从而不断健全教师教学能力政策制度。

一是以标准对教师教学能力予以规范与引领。2012年，教育部印发《中学教师专业标准（试行）》，在教师"专业知识"维度明确提出中学教师必须具备的四种知识，分别是"教育知识""学科知识""学科教学知识"和"通识性知识"，其中，"通识性知识"方面要求各学科教师具备适应教学内容、教学方法和教学策略的现代化信息技术知识；在"专业能力"维度要求教师

---

① 中华人民共和国教育部：《教育部关于印发义务教育课程方案和课程标准（2022年版）的通知》，见中华人民共和国教育部网（http://www.moe.gov.cn/srcsite/A26/s8001/202204/t20220420_619921.html）。

② 王卫军：《教师信息化教学能力发展研究》，中国社会科学出版社2018年版，第11页。

在教学实施过程中将"现代教育技术手段整合应用到教学中"①。为全面提升中小学教师的信息技术应用能力，促进信息技术与教育教学深度融合，教育部于 2014 年 5 月印发了《中小学教师信息技术应用能力标准（试行）》（以下简称《能力标准》）。《能力标准》是"规范与引领中小学教师在教育教学和专业发展中有效应用信息技术的准则，是各地开展教师信息技术应用能力培养、培训和测评等工作的基本依据"②。

二是把相关能力要求纳入教师队伍建设的目标任务并出台贯彻落实的政策举措。2018 年 1 月颁布的《中共中央 国务院关于全面深化新时代教师队伍建设改革的意见》明确提出：到 2035 年"教师主动适应信息化、人工智能等新技术变革，积极有效开展教育教学"③，从而把教师的信息技术应用能力培养纳入国家全面深化新时代教师队伍建设改革的目标任务。为贯彻落实相关政策要求，教育部等五部门于 2018 年印发的《教师教育振兴行动计划（2018—2022 年）》提出"互联网+教师教育"创新行动：充分利用云计算、大数据、虚拟现实、人工智能等新技术，推进教师教育信息化教学服务平台建设和应用，启动实施教师教育在线开放课程建设计划，实施新一周期中小学教师信息技术应用能力提升工程。④ 教育部等八部门于 2022 年 4 月印发的《新时代基础教育强师计划》把"教师思想政治素质、师德修养、教育教学能力和信息技术应用能力建设显著加强"⑤ 纳入建设的目标任务。

---

① 中华人民共和国教育部：《教育部关于印发〈幼儿园教师专业标准（试行）〉〈小学教师专业标准（试行）〉和〈中学教师专业标准（试行）〉的通知》，见中华人民共和国教育部网（http://www.moe.gov.cn/srcsite/A10/s6991/201209/t20120913_145603.html）。

② 中华人民共和国教育部：《教育部办公厅关于印发〈中小学教师信息技术应用能力标准（试行）〉的通知》，见中华人民共和国教育部网（http://www.moe.gov.cn/srcsite/A10/s6991/201405/t20140528_170123.html?ivk_sa=1024320u）。

③ 中华人民共和国中央人民政府：《中共中央 国务院关于全面深化新时代教师队伍建设改革的意见》，见中华人民共和国中央人民政府网（http://www.gov.cn/zhengce/2018-01/31/content_5262659.htm）。

④ 中华人民共和国教育部：《教育部等五部门关于印发〈教师教育振兴行动计划（2018—2022 年）〉的通知》，见中华人民共和国教育部网（http://www.moe.gov.cn/srcsite/A10/s7034/201803/t20180323_331063.html）。

⑤ 中华人民共和国教育部：《教育部等八部门关于印发〈新时代基础教育强师计划〉的通知》，见中华人民共和国教育部网（http://www.moe.gov.cn/srcsite/A10/s7034/202204/t20220413_616644.html）。

第二节 教师教学能力研究意义

本书拟在借鉴国内外已有研究成果的基础上，通过逻辑思辨与实证研究相结合的方法，探索核心素养背景下教师教学能力的发展，研究成果对促进教师教学能力的发展具有重要的理论价值和实践意义。

一、理论价值

（一）丰富教师教学能力的基本理论研究

本书在文献研究的基础上，通过对教师教学能力的内涵特征、影响因素、保障机制等的深入研究，从理论构想和实践验证两个方面构建教师教学能力结构模型，形成教师教学能力的理论分析框架，进一步完善和丰富了教师专业发展和教学能力的相关研究。

（二）完善教师教学能力评价体系和评估工具

教师教学能力结构模型是开展教师教学评价与促进教师发展的基础与指引。本书在建构教师教学能力结构模型的基础上，开发了教师教学能力水平评价指标和评估工具，完善教师教学能力评价体系与评价理论，为开展教师教学能力发展现状调查提供了可借鉴的调查方法及工具，丰富了教师教学能力研究理论体系。

二、实践意义

（一）促进教师教学能力发展政策制度、组织环境建设的协调发展

本书关于教师教学能力发展现状的调查研究，以及对教师教学能力发展的基本特征、实践模式和实施绩效的分析，有助于我们在实践层面上整体观照中小学教师教学能力发展水平，为教育行政部门和中小学校制定教师教学能力发展政策制度、建设组织环境提供事实材料和实证依据。此外，本书在实践中收集的数据也能够帮助课程开发者反思和改善相关的政策与活动，为课程专家分析教师专业发展的需求提供资料及建议，为我国教师发展提供实践经验。

（二）提升教师教学能力发展实践的有效性

实践离不开理论的指导。我国现有的教师教学能力评价体系对教师的自我评价机制关注不够。本书以核心素养为导向，以教师教学能力结构模型为理论框架，设计了测量教师教学水平的评价指标体系和评估工具，有助于教师分析和判断自身教学能力水平和存在问题，更新教育理念，使老师对核心素养的深刻理解能够内化为促进学生发展的教学能力。本书着重分析当前教师教学能力发展中存在的问题，并提出了有针对性的改进建议，有助于教师在教学实践中不断完善自我，提高自身的教学能力水平。

第三节 教师教学能力研究设计

教育研究从根本上说是一个系统过程，这一过程包括五个步骤：确定问

题、查阅资料、收集资料、分析资料、推导结论。① 研究设计主要是指研究者对研究课题提出的初步设想，主要包括研究问题、研究目标、研究内容、研究方法和研究思路等。本书采用文献研究与实证研究相结合的方法，开展中小学教师教学能力结构模型的构建与应用研究，以及教师教学能力发展的策略研究。

一、研究问题

基础教育课程改革对教师的教学提出许多新的要求，需要教师教学能力不断发展与之相适应。本书主要关注在课程改革背景下教师教学能力的发展，主要探讨以下几个问题：

（1）中小学教师的教学能力是否达到《教师专业标准》的基本要求？不同群体教师的教学能力差异如何？

（2）我国新一轮基础教育课程改革对教师教学能力提出怎样的要求和挑战？教师的教学能力是否胜任素养本位的"课堂革命"？

（3）教师教学能力的发展有哪些基本路径？影响教师教学能力发展的因素主要有哪些？

（4）在核心素养培育的新课程改革背景下，如何立足于不同层面促进教师教学能力的发展？

二、研究目标

通过深入考察和分析教师教学能力的内涵和本质，建构教师教学能力结构模型，开发教师教学能力的评价指标体系和评估工具，探索教师教学能力发展的模式和方法，丰富教师教学能力理论体系和方法体系，为我国教师教学能力发展提供理论参考和决策咨询，助推教师队伍建设。

---

① ［美］威廉·维尔斯曼：《教育研究方法导论》，转引自胡惠闵《指向教师专业发展的学校管理改革：上海市打虎山路第一小学个案研究》（博士学位论文），华东师范大学2003年，第26页。

（一）构建教师教学能力结构模型

教师的教学能力要随着学生的发展和社会需求的变化而发展。本书在进行系统的文献研究的基础上，通过对教师教学能力的内涵特征、影响因素、保障机制等进行深入研究，并依据教师发展理论，分析并构建一个面向教师发展的能力结构模型，为评价教师教学能力提供依据。

（二）开发教师教学能力评价指标体系和评估工具

本书依据教师教学能力结构模型，结合教师教学能力发展的实际需求，开发教师教学能力评价指标体系和评估工具，并对评价工具进行信度和效度分析，为评价教师教学能力发展现状奠定基础。

（三）应用评价工具把握教师教学能力发展现状

依据教师教学能力评价量表，抽取 G 市中小学教师进行调查分析，整体把握教师教学能力发展水平，了解不同性别、年龄、教龄、学历、职称、学段、学科、专业背景、工作岗位，以及城乡不同地域的教师的教学能力发展现状与需求。

（四）依据发展需求提出教师教学能力发展策略

依据教师教学能力结构模型和教师教学能力发展需求，为制定和促进区域教师教学能力发展的政策、制度及发展举措提供具有建设意义的对策和建议，为教师教学能力的发展实践提供可靠数据和理论指导。

三、研究内容

围绕研究目标，本书的研究内容主要包括教师教学能力结构模型、教师教学能力评价工具、教师教学能力发展现状、教师教学能力发展路径四个方面（如图 1-1 所示）。其中，教师教学能力结构模型研究是教师教学能力评价工具研究的基础，教师教学能力评价工具研究是教师教学能力发展现状研究的基础，而前三者的研究则是教师教学能力发展路径研究的基础。

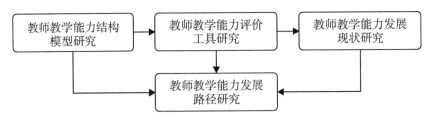

图 1-1 教师教学能力研究的主要内容

（一）教师教学能力结构模型研究

教师教学能力结构模型研究的主要内容包括：①教师教学能力内涵研究。通过对能力与教学能力相关研究的综述，界定教师教学能力的内涵和特征。②教师教学能力结构研究。通过对模型构建理论以及教师发展理论的分析，构建教师教学能力结构模型。③教师教学能力结构模型的功能分析。通过对教师教学能力结构与构成要素的分析，确定教师教学能力结构模型的特征、功能与使用范围。

（二）教师教学能力评价工具研究

教师教学能力评价工具研究的主要内容包括：①评价工具的指标分析。依据教师教学能力结构模型，结合教师教学工作实际，构建教师教学能力评价指标体系和评价量表。②评价工具的信效度分析。依据同质性信度分析评价量表的信度，通过因子分析验证教师教学能力评价量表的结构效度。③评价工具的结构分析。通过探索性因子分析，分析构成教师教学能力指标的主成分及主成分对总体的贡献率。

（三）教师教学能力发展现状研究

教师教学能力发展现状研究的主要内容包括：①教师教学能力发展现状的调查与分析。以上述构建的评价量表为依据，设计教师教学能力发展现状调查问卷，分析教师教学能力发展现状及其影响因素。②教师教学能力发展的需求分析。通过教师教学能力发展水平的聚类分析，把握不同教师群体的发展需求。

（四）教师教学能力发展路径研究

基于教师教学能力结构模型的构建，以及教师教学能力发展现状的调查，从政府、教师任职学校以及教师个体三个维度，为教师教学能力发展提供建设性的政策建议，为教师教学能力发展实践提供理论指导和方法论体系。

四、研究方法

根据研究内容和需要解决的问题，本书拟采取以下两种研究方法。

（一）文献研究法

本书通过对我国有关新课程改革和国内外教师教学能力研究的文献进行系统梳理，了解国内外有关核心素养的研究成果，分析新课程改革对教师教学能力的挑战，从而界定能力、教学能力的概念，梳理教师教学能力的结构模型，概括教师教学能力发展的影响因素以及可能路径，为确定研究内容、分析问题提供依据，并借鉴相关研究成果，为本书的研究提供坚实的理论支撑。

（二）调查研究法

调查研究法是研究教师教学能力发展具体实践的基本方法。

一是依据建构的教师教学能力结构模型，研制教师教学能力评价指标体系和评价工具，并运用访谈法、专家调查法设计测量教师教学能力水平的调查问卷。

二是通过对G市中小学教师的问卷调查，分析在新课程改革背景下，教师教学能力的适应问题、教师发展教学能力实际所采用的主要途径以及影响教师教学能力发展的主要因素等。

三是通过统计分析法，分析教师教学能力水平的总体情况，同时对构成教师教学能力水平的不同维度进行比较，并针对不同人口学变量对教师教学能力水平的影响进行分析。

四是针对国内外有关教师教学能力发展的研究成果，结合上述调查问卷的结果分析，以核心素养为导向，基于目前教师教学能力水平，分别从社会、学校、教师个体三个维度出发，提出教师教学能力的发展策略。

五、研究思路

根据研究的主要问题，本书主要遵循"为何—是何—怎样—如何"的研究思路，围绕"为什么要研究教师教学能力""教师教学能力是什么""教师教学能力发展现状如何""怎么样提升教师教学能力"四大核心问题展开研究。基于混合整合的方法论取向，本书着眼当下我国中小学教师教学能力发展面临的挑战与存在的现实困顿，以探寻提升教师教学能力的发展路径为逻辑起点，以教师教学能力为核心概念，以定量研究和定性研究为方法手段，遵循"整体建构—现实考察—整体建构"的研究路线，着力展开四个模块内容的研究。本书的基本思路和基本框架如图1-2所示。

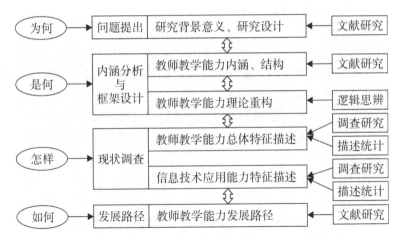

图1-2 教师教学能力研究的基本思路和基本框架

一是回答"为什么要研究教师教学能力"的问题。通过梳理国家对教师专业发展的政策要求，以及对基础教育课程改革、教育评价改革、信息化发展对教师的挑战等问题进行层层审视，分析教师教学能力研究的必要性、重要性和可能性，从而为研究奠定问题基础。

二是系统梳理教学能力的内涵、结构以及发展路径。分析核心素养的观念重建和教学变革对核心素养背景下教师教学能力的内涵的再认识和再概念化，并在学习、借鉴哲学、心理学、组织行为学的能力结构模型，以及教师教学能力结构模型的基础上，从胜任素质、工作领域、教学活动三个维度构建教师教学能力的理论分析框架，为下文的调查研究设计和问卷调查分析奠定理论基础。

三是依据构建的教师教学能力分析框架,研制测评工具,编制调查问卷,综合运用问卷调查、访谈调查等研究方法,以及描述统计、推断统计、相关分析、回归分析等统计技术,从教学设计、教学实施、教学评价、信息化应用四个维度对教师教学能力展开实证研究,比较不同教师群体的差异,以期呈现当下我国中小学教师教学能力的实然状况,分析存在的问题,挖掘问题产生的原因,揭示教学能力各维度之间的相因关系。

四是以教师教学能力的理论建构和实证研究的结果为依据,综合借鉴教育学、心理学、管理学等相关理论,以核心素养为导向,基于目前教师教学能力现状,分别从社会、学校、教师个体三个方面出发,探讨中小学教师教学能力的发展机制,一方面为我国提升中小学教师教学能力提供具有可操作性的系统方案,另一方面为提升中小学教师教学能力提供理论借鉴。

本书共七章,每章主要内容如下。

第一章为绪论部分,是研究问题的提出,主要说明研究背景、研究意义以及研究的总体设计,并对研究内容的范围和限制做几点说明。通过对新一轮基础教育课程改革对教师提出的新要求、新时代教师专业发展对教师的新期待、信息化社会对教师的挑战等问题的分析,论证教师教学能力研究的必要性、重要性和可能性,为研究奠定问题基础。

第二章为教师教学能力文献研究,包括教学能力的内涵研究、结构研究以及发展路径研究。本章主要梳理了教学、能力、教学能力的概念,分析了教学能力与教学知识、教学技能的关系,梳理了国内外关于能力结构、教学能力结构的研究成果,阐述了发展、教师专业发展、教学能力发展的概念,分析了教师教学能力发展的影响因素,以及教师教学能力的发展路径。本章通过对教师教学能力的内涵特征、影响因素、发展路径等问题的深入研究,为本书对中小学教师教学能力的理论与实践研究奠定基础。

第三章为教师教学能力理论重构。本部分是本书的核心部分,重点分析了核心素养背景下教师教学能力的内涵和结构,对教师教学能力的内涵进行再认识和再概念化,并在学习借鉴哲学、心理学、组织行为学的能力结构模型,以及教师教学能力结构模型的基础上,从胜任素质、工作领域、教学活动三个维度构建了教师教学能力的理论分析框架,为后续的调查研究设计和问卷调查分析奠定了理论基础。

第四章是教师教学能力调查设计与实施。本部分基于教师教学能力理论,并在文献分析和访谈的基础上,以《教师专业标准》中有关"教学"方面的能力框架为基准,根据新一轮基础教育课程改革对课堂教学的新要求,从"教学设计""教学实施""教学评价"三个维度,对教师的"教学能力"进行解读和构建,构建了教师教学能力的测评体系,开发了教师教学能力的测评工具。

第五章是对教师教学能力发展总体情况的考察。基于调查数据，根据教学能力的总体情况及各维度的具体表现，比较了不同教师群体教学能力发展的差异性，分析教师教学能力发展的现实样态和主要问题，并提出了对策和建议。

第六章是对教师信息化应用能力的现实考察。基于调查数据，分析教师信息化应用能力的基本特征，并以性别、年龄、教龄、学历、职称、学段、专业背景、工作岗位、任教学科以及城乡地域为自变量，比较不同教师群体信息化应用能力的差异性，分析教师信息化应用能力存在的主要问题，并提出了提升教师信息化应用能力的对策和建议。

第七章是探索促进教师教学能力发展的实践路径。综合借鉴教育学、管理学等相关理论，根据对影响教师教学能力发展的因素分析、教师教学能力发展路径的理论研究，以及问卷调查分析结果，从社会、学校、教师个体三个维度对如何探索教师教学能力发展路径提出思考，为提升中小学教师教学能力提供理论借鉴和具有可操作性的系统实践方案。

六、关于研究内容的几点说明

一是本书研究的教师教学能力是指中小学教师教学能力。同时，本书所谈及的教学能力是指一般中小学教师共通的能力，是不分任教学科、学段，所有中小学教师都应具有的教学能力。不同学科、学段或领域特有的教学能力不在本书讨论的范围之内。

二是本书研究借鉴哲学领域对能力结构的"主体—客体—活动"三层次理论分析、能力的洋葱模型理论，以及 W. M. Molenaar 等人（2009）提出的教师教学能力结构模型[①]、徐继红（2013）提出的高校教师教学能力结构模型[②]，建构了教学能力三维结构模型，将教师的教学能力分为胜任素质、工作领域和教学活动三个维度。教学能力在教学活动中形成并发展，从教学活动过程的角度来分析教学能力及其结构是一种比较常用的方法，在本书研究的调查研究中讨论的教学能力是指第三层次的教学能力，即"教学活动"维度的教学能力。

三是本书主要关注核心素养背景下的教师教学能力发展问题。新一轮课程

---

① MOLENAAR W M, et al. A framework of teaching competencies across the medical education continuum. *Medical Teacher*, 2009, 31 (5): 390 – 396.

② 徐继红：《高校教师教学能力结构模型研究》（博士学位论文），东北师范大学2013年，第47 – 49页。

改革对传统教学以及教师教学能力的冲击和挑战非常巨大，但教学本身具有其特有的规律，每一轮课程改革都是对上一轮改革的传承与创新。因此，在探讨教师教学能力内涵、结构、影响因素以及发展路径等问题时，并不仅仅以核心素养背景下教师所需要的教学能力为限，还以合格的中小学教师所应具备的教学能力为整体进行建构。

第二章　教师教学能力的文献研究

世界教学的历史，可以说就是使儿童成为学习主体的一部运动与斗争的历史。[①]

——［日］丰田久龟

[①] 转引自［日］佐藤正夫《教学原理》，钟启泉译，教育科学出版社2001年版，第1页。

"教师的教学能力直接影响到教学活动的效果,明确教学能力的性质、构成及其在教学活动中的动态过程将有助于提高教师的教学能力。"[1] 教师教学能力研究可大致分为五个方面,即教学能力内涵研究、教学能力性质与特点研究、教学能力结构研究、教学能力影响因素研究[2]和教学能力发展研究;教学能力内涵研究和结构研究回答了"教师教学能力是什么"的问题,而教学能力的发展研究则探讨了"教师教学能力的影响因素和发展路径"的问题。

第一节 教师教学能力的内涵研究

一、教学的内涵阐释

(一) 教学的词源

我国"教学"一词最早出现在《尚书·兑命》的"斅学半",唐人孔颖达的解释为"上学为教;下学者,学习也。言教人乃是益己学之半也"[3],宋人蔡沈的解释是"斅,教也……始之自学,学也;终之,教人,亦学也"。英语中的"教学"一词常被写为 teaching、learning、instructing/instruction,意思是"教授""学习""训练"。可见,教学是一种教中有学的活动,"教"与"学"密不可分、相辅相成。

(二) 国内学者对教学的定义

申继亮、王凯荣 (2000) 认为,教学是以知识、技能、道德伦理规范等

---

[1] 申继亮、王凯荣:《论教师的教学能力》,载《北京师范大学学报(人文社会科学版)》2000年第1期,第64-71页。

[2] 徐波、陈晓端:《国内教师教学能力研究的现状、不足与展望:以著作为考察对象》,载《当代教育与文化》2020年第1期,第90-94页。

[3] 柳海民:《教育学概论》,北京师范大学出版社2015年版,第256页。

为媒介的、师与生相互作用的双边活动。教学活动是科学与艺术相结合的综合性活动，它既要以个体的一般能力（或智力）做基础，又要借助于特殊能力来体现。① 教学是科学与艺术的统一。一方面，教学的科学性与艺术性是教学活动中不可相互替代的两个方面，分别决定了教学活动的共性与特殊性、客观性与主观性、可重复性与创造性、概括性与情境性等；另一方面，教学的科学性与艺术性又是不可分离的，共同决定教学的效果，缺乏科学基础的教学是无法保证教学的计划性与目的性的，而缺乏艺术的教学则往往是无活力的教学，只有将艺术的活动与科学的求真有机结合起来，教学才可称得起是区别于人类其他社会活动的独特的活动。②

赖俊明（2011）认为，"教学是整体的，其构成因素（教师、学生、教材、环境等）是相互作用的有机整体"③。黄甫全（2014）认为，"教学不仅是一个传授知识和学习知识的过程，还是教师和学生共同建构知识和人生的过程。教学不再是教师主导的独角戏，而是师生之间以交流、对话和合作为基础，进行文化传承和创新的交往活动"④。金利（2014）认为，"教学本质上就是使教学与其他活动得以区分的内在规则体系。教学指教师教和学生学。教学本质上是教师和学生认知（cognition）的发展和素质的养成（cultivation）。从动词角度理解，认知是指获得知识的学习过程，养成是指有利于个人成长的身心变化（智力、能力、体能、情绪、态度、价值观等）；教学即认知和养成的过程，揭示了实践层面的教学实质。从名词角度理解，认知和养成指的是学生和教师从教学活动中获得了文化水平和知识这样的结果；教学即'认知和养成结果'的理解，揭示了教学的目的。对学生而言，学习知识是认知过程；对教师而言，教学也是一个认知过程。教师的认知不仅指知识的积累和教学准备工作（储备知识、了解学生、选择合适的教学方式），也包括教学进行过程中对课堂状况的判断以及课后的教学反思"⑤。

以上研究各有侧重，涉及教学的性质、特点及目标，均具合理性，拓展了研究视野。这些界定的共同特点是，都主张教学是师生的双边活动。不过，黄甫全、金利还强调了教学的本质是师生的共同发展。

---

① 申继亮、王凯荣：《论教师的教学能力》，载《北京师范大学学报（人文社会科学版）》2000年第1期，第64—71页。
② 申继亮、王凯荣：《论教师的教学能力》，载《北京师范大学学报（人文社会科学版）》2000年第1期，第64—71页。
③ 赖俊明：《新课程改革背景下中小学教师教学能力发展的调查研究》，载《北京教育学院学报》2011年第2期，第1—8页。
④ 黄甫全：《现代课程与教学论》，人民教育出版社2014年版，第95页。
⑤ 金利：《地方本科高校教师教学能力发展研究》（博士学位论文），西南大学2014年，第18页。

（三）教学定义的归类

美国教育学者史密斯（B. O. Smith）在《教学的定义》（*Teaching：Definition*）一文中把英语国家对教学含义的讨论做了归类整理，提出"教学"的五种代表性定义：描述式定义——教学是传授知识或技能；成功式定义——教学是成功，教必须保证学；意向式定义——教学是一种有意识的意向性活动，目的在于诱导学生学习；规范式定义——教学是一种规范性的行为活动方式；科学式定义——教学需由教学效果与有关的教师行为之间的关系来表示。① 可见，国外学者对教学的理解与探讨多从目的论、工具论或方法论等层面展开，强调教学活动的目的性、师生之间的社会交往及心理与行为的变化等。②

不同的教学定义，反映出价值取向演变和认识变化发展的历程。我国学者通过分析长期以来见仁见智的教学定义，归纳了"内涵指称差异"和"逻辑归属差异"两种类型。③

从"内涵指称"看，已有的教学定义存在"突出'教'的含义""重视'学'的含义""强调'教'与'学'相统一的含义"，以及"揭示'教学生学'的含义"四种不同的指称。有些学者仅从教师的角度理解，认为"教学"仅仅是指教师的"教"，而且往往突出"教"的"传授"或"传递"知识经验的特征；有些学者则"矫枉过正"地凸显"学"的含义，仅仅从"学"的角度来界定和使用"教学"概念；大多数学者则主张"教"与"学"相统一的含义取向，明确指出教学是教师和学生的共同、双边或统一的活动；另有学者指出，教与学的共同性或统一性，不是简单的"教师教与学生学"，教与学的共同协调关系，是通过教（高层次）对学（低层次）实行有效组织与控制而实现的，所以教学的实质是"教师教学生如何学习"。

从"逻辑归属"看，已有教学定义存在"教育活动""认识活动"和"交往活动"三种不同的定位。因为教育活动包含教学活动，所以把教学的属概念确定为"教育活动"是教学概念归属中最常见的模式和最正统的视角。对于学生怎样有效掌握教育内容中的知识与技能的问题，有研究发现，学生掌握知识的过程类似于科学家的科学认知过程。所以，有些人自然会有根据地将教学活动的实质归属于"认识活动"。在认识不断深化的过程中，有人不满足于将教学简单地归属于"教育活动"或"认识活动"，试图另辟蹊径以把握教

---

① 中央教育科学研究所比较教育研究室：《简明国际教育百科全书：教学》，教育科学出版社1990年版，第125页。
② 黄培森等：《高校初任教师教学能力发展论》，中国教育科学出版社2019年版，第114页。
③ 李定仁、徐继存：《教学论研究二十年》，人民教育出版社2001年版，第51－59页。

学的特质并形成新的见解。随着国外"交往理论"被引进并产生影响，许多人据此考察了教学活动，发现了教学的交往活动特征，主张将教学活动归属于"交往活动"。① 教学定义的内涵指称差异和逻辑归属差异，有助于人们对教学活动的丰富含义和多样特质有更深入的认识和把握。

（四）教与学的关系

教和学的关系是教学的基本问题，是教学论和教学改革的永恒主题。教学就是教和学的组合，是教和学的双边活动。学是本原性存在，教是条件性存在，教为学服务。② "教学的根本目的、出发点和归属都要体现、落实于学的状态，教的必要性建基于学的必要性，教的现实性取决于学的可能性，教的准备依附于学的准备。整个教学的着眼点在于学的态势。"③ 这样，教与学的关系表现为，"学处于规约的地位，它规定着教学的可能性与进程，体现着教学的总体预想效果；而教则是关系的次要方面，处于辅从地位，教的目的、任务、内容依附于学的目的、任务、内容，教的过程符合、适用于学的过程的内在逻辑。教的任务是否完成，要看教学目标是否达到，而后者则落实、体现在学的终态上"④。因此，教学改革必须从学的角度推进，从而真正做到以学定教、教学相长。

二、能力的内涵阐释

关于"能力"的概念，国内外至今尚未有公认的界定。在本书中，与"能力"相关的词有"胜任力""技能""潜力""天赋能力"等；在英文中，与"能力"有关的词汇有 ability、skill、gift、competence、capacity、capability、potentiality。由此可见，"能力"一词的内涵非常丰富。目前，关于能力概念的研究主要有以下三种理论视角：哲学视角、心理学视角和组织行为学视角。⑤

---

① 黄甫全：《现代课程与教学论》，人民教育出版社 2014 年版，第 67－68 页。
② 余文森：《核心素养导向的课堂教学》，上海教育出版社 2017 年版，第 147－148 页。
③ 张广君：《多维视野中的教学关系》，载《教育研究》2003 年第 6 期，第 73－78 页。
④ 张广君：《多维视野中的教学关系》，载《教育研究》2003 年第 6 期，第 73－78 页。
⑤ 徐继红：《高校教师教学能力结构模型研究》（博士学位论文），东北师范大学 2013 年，第 15－17 页。

（一）哲学领域的能力

从哲学视角来看，能力是指人确立对象关系和对象化的手段、过程和结果，是指向客体对象的人的本质能量。马克思认为，作为主体的人的能力，实际上是一种社会力量：主体与客体的对象性关系得以建立"取决于对象的性质以及与之相适应的本质力量的性质"；主体活动的产物是"人的本质力量的公开展示"。① 吕勇江（2006）认为，能力的展现与实现是有对象的，客体对象可以是自然物质世界，也可以是精神世界。② 可见，哲学视角下的能力是一个关系概念，"任何种类、任何水平的能力都是人与自然或人与社会的关系显现，人的能力的产生和发展离不开社会的发展，社会的发展必将促进人的能力的发展"③。这为理解能力概念确立了一个基本框架，即应将能力放在主客体关系中来理解。

（二）心理学领域的能力

从心理学视角来看，能力是人的个性心理特征。罗树华、李洪珍（1997）认为，能力是以人的一定的生理和心理素质为基础，在认识和实践活动中形成、发展并表现出来的能动力量。④ Gupta（1999）认为，"能力是能够成功地完成工作所必须具备的知识、技能、态度、价值观、动机和信念"⑤。亓彦伟（2006）认为，"能力是指直接影响活动效率并使活动得以顺利完成的心理特征"，"能力是人的综合素质在现实行动中表现出来的正确驾驭某种活动的实际本领、能量，是实现人的价值的一种有效方式，也是社会发展和人生命中的积极力量"⑥。李海荣（2010）认为，能力是个体以一定的知识和技能为基础，在一定的活动或任务中体现出来的，影响活动或任务达成程度的个性行为表现。⑦《辞海》对能力的解释是，"成功地完成某种活动所必需的个性心理特征，分为一般能力和特殊能力。前者指进行各种活动都必须具备的基本能力，如观察力、记忆力、抽象概括能力等。后者指从事某些专业性活动所必需的能

---

① 徐继红：《高校教师教学能力结构模型研究》（博士学位论文），东北师范大学2013年，第15页。
② 吕勇江：《哲学视野中的能力管理》（博士学位论文），中共中央党校研究生院2006年，第6页。
③ 徐继红：《高校教师教学能力结构模型研究》（博士学位论文），东北师范大学2013年，第17页。
④ 罗树华、李洪珍：《教师能力学》，山东教育出版社1997年版，第7—8页。
⑤ GUPTA K. *A practical guide for need assessment*. San Francisco: John Wiley & Sons, Inc., 1999: 123.
⑥ 亓彦伟：《大众化阶段高等教育质量问题研究》（博士学位论文），华中科技大学2006年，第15页。
⑦ 李海荣：《中小学教师专业能力问卷的编制及初步应用》（硕士学位论文），山西师范大学2010年，第3页。

力，如数学能力、音乐绘画能力或飞行能力等。人的各种能力是在素质的基础上，在后天的学习、生活和社会实践中形成和发展起来的"①。

（三）组织行为学领域的能力

从组织行为学视角来看，能力是提高工作绩效的个体特征。"能力是与职位或工作角色联系在一起的，胜任一定工作角色所必需的知识、技能、判断力、态度和价值观。"② 1911 年，泰勒（Taylor）提出能力（competency，也译成胜任力）是区分优秀员工和普通员工的一些动作技能。自此，组织心理学、差异心理学等领域对胜任力进行了大量的理论和实证研究。③ 例如，1993 年，斯宾塞（Spencer）将胜任力定义为"某项工作中（或组织、文化）中，将优异者工作绩效与普通者工作绩效区分开来的个人的潜在的、深层次的特征，它可以是动机、特质、自我概念、态度或价值观、某领域的知识、认知或行为技能等，可以被测量或量化的个体特征"。莱德福特（Ledford）认为，胜任力是个人可验证的一些特质，这些特质包括能产生优秀绩效的知识、技能及行为。麦克利兰（McClelland）认为，最好的衡量工作岗位绩效高低的是人的潜在的、持久的个性特征，称之为胜任力（能力）。④《牛津高阶英汉双解词典（第 6 版）》（*Oxford Advanced Learner's English-Chinese Dictionary 6th Edition*）也对能力（competence）的解释侧重于"是否能够胜任某一项工作"；《英汉辞海》（*The English-Chinese Word-Ocean Dictionary*）关于能力（competence）的解释为"能够胜任的性质或状态，或具有足够的学识、判断力、技能或力量的性质或状态"。

综上所述，能力是一个内涵十分丰富、外延相当广泛的概念。从能力概念的研究成果上看，长期以来，学者聚焦的是能力"是什么"这一问题。本书从不同角度对能力进行了阐释，为人们对能力的理解提供了参考。能力是一个多维综合性概念，是认知、技能、动机、信念、情感态度、价值观等的综合体现。⑤ 因此，能力包含以下三个特征。

1. 实践性

尽管学界对能力的概念有不同的看法，但多数人倾向于把能力与活动联系

---

① 辞海编辑委员会：《辞海》，上海辞书出版社 1999 年，第 5 页。
② 谢建：《教师精准教学能力模型构建研究》（博士学位论文），东北师范大学 2020 年，第 21 页。
③ 徐继红：《高校教师教学能力结构模型研究》（博士学位论文），东北师范大学 2013 年，第 15 - 16 页。
④ 徐继红：《高校教师教学能力结构模型研究》（博士学位论文），东北师范大学 2013 年，第 16 - 17 页。
⑤ 杜瑞军、周廷勇、周作宇：《大学生能力模型建构：概念、坐标与原则》，载《教育研究》2017 年第 6 期，第 44 - 57 页。

起来，并从能力在活动中的作用以及在构成个性心理特征的方面提示能力的概念。能力基于一定活动情境，离开活动情境也就无所谓能力。能力总是和人完成一定的活动相联系，离开了具体活动，人的能力既不能表现出来，也无法得到发展。

2. **综合性**

能力需要一定的知识和技能来支撑；能力是一个综合体，是知识和技能的有机融合。能力是个体心理特征。能力由与某一特定领域相关的知识、技能、情感态度价值观、个人特质和动机等要素构成，这些构成要素的有机整合是能力发挥的基础。①

3. **目标性**

能力是个体在一定活动情境中，"基于一定的知识和技能，直接影响活动目标达成及其成效的个性心理特征"②。

三、教学能力的内涵阐释

20 世纪 70 年代，国外学者们开始对教师教学能力予以关注；自 1994 年起，我国对教师教学能力的关注度开始增加，尤其是 2006 年以来，对教师教学能力的相关研究已成为教师教育研究的热点话题。

（一）国外关于教学能力概念的研究

国外对教师教学能力的研究由来已久。最初的研究可追溯到 20 世纪 30 年代末美国学者关于"真正教师"特征的探寻。20 世纪 60 年代，以教师能力培养为重点的教师教育改革运动在全球兴起，推进了对教师教学能力的研究。国外学者主要从教学能力的内涵界定、构成要素、培养及其对教学的影响等方面，对教师的教学能力进行了系统的研究。

国外关于教学能力的概念可以概括为内涵定义、工作内容定义。从内涵界定，如 Dineke（2004）认为教学能力是一个综合的个人特征，是支持在各种

---

① 徐继红：《高校教师教学能力结构模型研究》（博士学位论文），东北师范大学 2013 年，第 15－17 页。

② 王宪平：《课程改革视野下教师教学能力发展研究》（博士学位论文），华东师范大学 2006 年，第 16－17 页。

教学环境中满足有效教学绩效所需要的知识、技能和态度。① 从工作内容界定，如 Wang（1980）认为教学能力指的是教师能够诊断和课程主题相关的学习前提条件，并根据持续的诊断对学习过程进行指导；能够联系学习目标进行课程决策；能够制定学习安排，根据对学习前提条件、个性学习过程、学习目标的分析，调动学生积极参与学习；能为教学和学习的顺利进行而进行有效的课堂管理。②

（二）国内关于教学能力的研究

国内学者在借鉴国外经验的基础上，从不同角度给出了"教学能力"的本土化定义。"教学能力"一词由"教学"和"能力"构成；教学是教育的中心词汇，而能力通常在心理学领域讨论较多。因此，在对"教学能力"这一概念进行界定时，就出现了两种不同的取向，即教育学取向和心理学取向。③

1. 心理学取向的教学能力

在心理学取向下界定教学能力内涵的共同特点，就是将教学能力视为一种心理特征。比较典型的定义是借用心理学中"能力"的概念，将能力的实践环境界定在教学活动中，从而界定"教学能力"概念。比如，顾明远主编的《教育大辞典》将教师教学能力定义为，"教师为达到教学目标、顺利从事教学活动所表现的一种心理特征，由一般能力和特殊能力组成。一般能力指教学活动所表现的认知能力，特殊能力指教师从事具体教学活动的专门能力"④。申继亮、王凯荣（2000）认为，教师的教学能力是以一般能力（智力）为依托，通过特殊能力表现出来的一般能力与特殊能力的结合。⑤ 孟宪乐（2005）认为，教学能力由诸多因素构成，包括教师顺利完成教学目标和任务的潜在可能性以及在这一过程中所需要的直接有效的心理特征。⑥

有些研究强调教学能力在教学过程中发挥的作用。比如，王宪平（2006）认为，教学能力是指教师在一定的教学情境之中，基于一定的教学知识和教学

---

① 转引自徐继红《高校教师教学能力结构模型研究》（博士学位论文），东北师范大学 2013 年，第 21-22 页。

② WANG M C. Adaptive instruction: Building on diversity. *Theory into practice*, 1980, 19 (2): 122-128.

③ 徐波、陈晓端：《国内教师教学能力研究的现状、不足与展望：以著作为考察对象》，载《当代教育与文化》2020 年第 1 期，第 90-94 页。

④ 顾明远：《教育大辞典》，上海教育出版社 1998 年版，第 195 页。

⑤ 申继亮、王凯荣：《论教师的教学能力》，载《北京师范大学学报（人文社会科学版）》2000 年第 1 期，第 64-71 页。

⑥ 孟宪乐：《教师专业发展与策略》，中国文史出版社 2005 年版，第 86 页。

技能，促进教学目标的顺利高效达成，促进学生生命发展所表现出来的个性心理特征，是科学性与艺术性的统一。① 有些研究既关注教学过程，也关注教学效果。比如李春生（1993）认为，教学能力是教师为达到教学目标、顺利从事教学活动所表现的一种心理特征；具备一定的教学能力是教师顺利地完成教学工作所必需的，教学能力的高低还直接关系到教学效率的高低、教学效果的优劣。②

2. 教育学取向的教学能力

教育学取向主要是从"教"的角度对教学能力进行界定。教学是学校教育的中心工作，教师的教学能力是实现教书育人任务的关键，教学能力在教学活动与完成教学任务的过程中得以体现，因此，"教学能力是一种依靠教学活动、在教学活动中和为了完成教学任务所需要的能力"③。如张清（1998）认为，教学能力是指教师有效地传授知识、指导学生学习、发展学生智力和非智力能力。④ 罗树华、李洪珍（2000）认为，教师的教学能力就是教师从事教学活动与完成教学任务所需的能力；⑤ 刘鹂（2016）认为，教学能力是教师在教学活动中以课程为中介，在与学生进行主体间的有目的、有计划的交流互动中表现出来的隐性的思维活动和外显的操作行为的综合；⑥蒋后强（2000）认为，教学能力是指学校教师传授知识，以及在此过程中对学生进行思想引导和教育的能力。⑦

以上学者对教师教学能力的界定各有侧重，均具合理性，拓展了研究视野。这些界定有以下共同特点：首先，教学能力是一个心理学概念；其次，教学能力是在教学过程中体现的，旨在完成教学任务；最后，教学能力是由多种要素构成的。

---

① 王宪平：《课程改革视野下教师教学能力发展研究》（博士学位论文），华东师范大学2006年，第17页。
② 徐继红：《高校教师教学能力结构模型研究》（博士学位论文），东北师范大学2013年，第22页。
③ 徐波、陈晓端：《国内教师教学能力研究的现状、不足与展望：以著作为考察对象》，载《当代教育与文化》2020年第1期，第90-94页。
④ 张清：《大学素质教育与教师素质的提高》，载《扬州大学学报（高教研究版）》1998年第4期，第30-31页，第58页。
⑤ 罗树华、李洪珍：《教师能力学》，山东教育出版社2000年版，第157页。
⑥ 刘鹂：《教师教育者教学能力研究》，陕西师范大学出版社2016年版，第41页。
⑦ 蒋后强：《高等院校法学教师基本素质探析》，载《成都中医药大学学报（教育科学版）》2000年第1期，第56-57页。

四、教学能力的特点

对事物性质和特点的把握是认识事物和区别它与其他事物的前提。学界对教学能力特点的研究主要有心理学和教育学两种视角。

心理学研究领域普遍认为教学能力是一种特殊能力。[①] 比如，申继亮、辛涛（1999）持类似看法并对此进行了解释。他们认为，教学能力的特殊性体现在其不断递进的三个层面上：教学能力的智力基础——一般教学能力—具体学科教学能力。[②] 叶澜（2001）认为，教师的专业能力包括一般能力和特殊能力两个方面，教师的教学能力就属于特殊能力。[③] 宋明江、胡守敏（2015）等人认为，"从人的个性心理特征的视域或维度看，教师教学能力具有动态性、实践性和系统性等基本特征"[④]。

部分学者则从教育学视角对教学能力的特点进行概括。比如，罗茂全（1996）在对教学能力内容的共同特点进行归纳后，认为教学能力具有专业性、综合性、实践性、发展性和差异性五大特点。[⑤] 王宪平（2006）结合对教学能力内涵的认识，认为教师教学能力具有个体性、情境性、创新性、发展性和复合性五大特点。[⑥] 其中，教师教学能力的个体性，受教师个体的思维特性、个性、知识储备、自我形象、职业动机及其所处的教学情境等的影响；情境性表明，教师教学能力反映了教学情境中教师的行为模式，其不能脱离教学情境而存在；教师教学能力的创新性，是由教学对象的特殊性和教学复杂性、多变性决定的；教师教学能力的发展性，意味着其教学能力伴随着教师个体的成长而不断提升和发展；教师教学能力的复合性，鉴于课程改革带来教学内容和教学目标的日益综合化，要求教师具有复合教学能力。[⑦] 金利（2014）认

[①] 莫雷：《教育心理学》，广东教育出版社2005年版，第130页。
[②] 申继亮、辛涛：《教师素质论》，华艺出版社1999年版，第64-71页。
[③] 叶澜：《教师角色与教师发展新探》，教育科学出版社2001年版，第237页。
[④] 宋明江、胡守敏、杨正强：《论教师教学能力发展的特征、支点与趋势》，载《教育研究与实验》2015年第2期，第49-52页。
[⑤] 罗茂全：《教学能力训练导向 教研工作的理论与实践》，四川大学出版社1996年版，第78页。
[⑥] 王宪平：《课程改革视野下教师教学能力发展研究》（博士学位论文），华东师范大学2006年版，第20-22页。
[⑦] 王宪平：《课程改革视野下教师教学能力发展研究》（博士学位论文），华东师范大学2006年，第17页。

为,教学能力的特点表现为个体性、实践性、创造性、发展性。① 刘鹂(2016)关注高等院校中教师教育者教学能力的特点。在她看来,教师教育者在教学活动中具有的教学和示范引领作用,使得教师教育者教学能力呈现独有的示范性、融通性、交互性和创新性四大特点。②

五、教学能力与教学知识、教学技能的关系③

(一) 教学知识、教学技能的概念

教学知识是教师所要教的知识和如何教的知识。舒尔曼于1987年提出了教师知识的七种类别:学科知识,一般教学法知识,课程知识,学科教学法知识,学习者及其特点的知识,教育背景知识,教育目标、目的和价值观及其哲学和历史背景的知识。④ 舒尔曼关于教师知识的结构框架对后续的教师知识研究产生了深远影响,许多后继研究者都是以这一框架为基础展开研究,对其进行修改和完善,但最终都没有完全脱离这一框架。

教学技能是教师教学活动自我调节机制的一个构成要素,是教学能力的重要表现。有学者认为,"教学技能从表层看是教师在教学活动中能有效促进学生学习的活动方式;从深层剖析,它是教师敬业爱生职业个性品格和专业修养外化的表征,是教学能力的重要标志"⑤。

(二) 教学能力与教学知识、教学技能的关系

教学能力是系统的教学知识和教学技能的有机融合。"教师必须有合理的知识和技能结构,才能有较高的教学能力。"⑥ 教学知识和教学技能是形成教学能力的基础,教学实践是教学知识和教学技能内化为教学能力的条件。王宪

---

① 金利:《地方本科高校教师教学能力发展研究》(博士学位论文),西南大学2014年,第20-21页。
② 刘鹂:《教师教育者教学能力研究》,陕西师范大学出版社2016年版,第134-137页。
③ 王宪平:《课程改革视野下教师教学能力发展研究》(博士学位论文),华东师范大学2006年,第17-22页。
④ SHULMAN L S. Knowledge and teaching: Foundations of the new reform. *Harvard educational review*, 1987, 57 (1): 1-22.
⑤ 张健君:《教学技能的发展规律》,载《中国培训》2004年第3期,第57页。
⑥ 康锦堂:《教学能力结构及测评》,厦门大学出版社1991年版,第32页。

平（2006）在吸纳胡慧闵研究的基础上，提出了教学能力、教学知识和教学技能之间的关系可以用下列公式粗略地表示：①

$$教学能力 = f（教学技能，教学知识）+ \triangle。$$

在这个公式中，f 表示教学能力与教学知识、教学技能存在的复杂的函数关系；△表示教学能力的提高还受到其他因素的影响。这说明，在一定条件下，教学能力随着教学技能的成熟、教学知识的丰富与更新而不断提高。教学能力的提高是教学知识和教学技能协同发展的结果。

第二节 教师教学能力的结构研究

一、能力结构的研究

"能力结构的研究不但可以进一步促进关于能力本质的探究，还可以有效促进能力评价体系的发展，因此，能力结构研究一直是能力领域研究的重点，且取得了丰硕的研究成果。"②

（一）心理学领域的能力结构

心理学研究领域一直很关注能力结构的研究。国外心理学关于能力结构的主要研究成果表现为研究者运用因素分析法，形成了二因素理论、群因素理论、智力三维结构理论、智力层次结构理论、多元智能理论以及成功智力理论等流派。③

1. 二因素理论

二因素理论是英国心理学家斯皮尔曼（C. Spearman）运用因素分析的方

---

① 王宪平：《课程改革视野下教师教学能力发展研究》（博士论文），华东师范大学2006年，第20页。
② 徐继红：《高校教师教学能力结构模型研究》（博士学位论文），东北师范大学2013年，第19页。
③ 徐继红：《高校教师教学能力结构模型研究》（博士学位论文），东北师范大学2013年，第19－20页。

法提出的能力结构，即能力包括一般因素 G 和特殊因素 S。

2．群因素理论

美国心理学家塞斯顿（L. L. Thurstone）应用多因素分析的方法，提出人的能力可分为七种平等的基本能力因素，即语词的理解力、言语流畅性、计算能力、空间知觉能力、记忆能力、推理能力、知觉的速度。

3．智力三维结构理论

智力三维结构理论是美国心理学家吉尔福特（J. P. Guilford）于 1967 年创立的。他认为，人的能力可以在三个维度上加以分析，即能力活动的内容、操作和产物。

4．智力层次结构理论

智力层次结构理论是英国心理学家弗南（P. E. Vernon）在二因素理论的基础上，提出的能力的层次结构理论。该理论认为，能力结构是按层次排列的。他把斯皮尔曼能力结构中的一般因素 G 作为最高层次。第二层是两个大因素群：言语和教育方面因素、机械和操作方面因素。第三层是小因素群：言语和教育方面的因素又分为言语的、数量的和教育的因素群，机械和操作方面的因素又分为实际的、机械的、空间的和身体运动的因素群；第四层是特殊因素群，是指各种特殊能力。

5．多元智能理论

多元智能理论是美国心理发展学家霍华德·加德纳（Howard Gardner）于 1983 年提出的。他将智能分成音乐智能、身体运动智能、数学逻辑智能、语言智能、空间智能、人际关系智能、自我认识智能。每一种智能都是可以独立存在的。

6．成功智力理论

1996 年，美国耶鲁大学心理学教授斯腾伯格（Robert. J. Sternberg）提出成功智力理论，认为成功智力包括分析性智力（analytical intelligence）、创造性智力（creative intelligence）和实践性智力（practical intelligence）。这三个方面构成一个有机整体，只有这三个方面协调、平衡时才最为有效。其中，分析性智力用以寻找解决问题的好办法和判定思维成果的质量（即对思维成果进行评估）；创造性智力帮助人们从一开始就形成好的问题和想法，涉及发现、创造、想象等创造思维能力；实践性智力可将个体形成的思想及分析结果以一种行之有效的方法付诸实践。①

---

① 徐继红：《高校教师教学能力结构模型研究》（博士学位论文），东北师范大学 2013 年，第 20 页。

（二）组织行为学领域的能力结构

目前，在组织行为学、管理学等领域研究中，比较有代表性的能力结构模型是胜任力"冰山模型"和"洋葱模型"（如图2-1所示）。美国著名管理学家麦克兰德提出了著名的"冰山模型"。该模型认为胜任力包括"动机"（motives）、"特质"（traits）、"自我概念特征"（self-concept characteristics）、"知识"（knowledge）和"技能"（skills）五种类型。"冰山模型"认为，人的素质就像一座冰山，"知识和技能"是处于水面以上的看得见的素质，通常容易被感知和测量，也比较容易改变；"动机和特质"潜藏于水面以下，不容易被挖掘与感知，也最难改变或发展；"自我概念"特征介于二者之间。

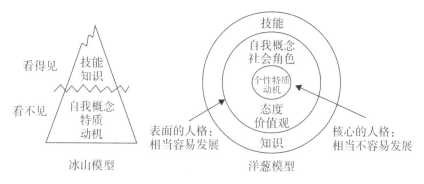

图2-1 胜任力"冰山模型"和"洋葱模型"

"洋葱模型"是从另一个角度对"冰山模型"的解释。"洋葱模型"是美国学者理查德·博亚特兹（Richard Boyatzis）在对"冰山模型"进行深入研究的基础上提出的。该模型将胜任力素质从外至内分为三层：最外层是"知识"与"技能"，中间层是"态度""价值观""自我概念"和"社会角色"，最内层是"个性特质"和"动机"；越向内的能力素质越难以量化，且很难通过后天学习改变，而越靠外层的能力素质则越易于评价并可借助培训等手段增强。①

从能力结构的研究成果上看，心理学方面关注的是个体所具备的能力之间的关系，因此，心理学中的能力结构模型以树形结构图为主；组织行为学中能力的结构模型研究主要关注能力的可测量性，因此，往往将构成能力的要素按照其测量的难易程度进行划分，并按照测量的难度对各要素进行排列，形成纵

---

① 转引自徐继红《高校教师教学能力结构模型研究》（博士学位论文），东北师范大学2013年，第20页。

深结构。

二、教学能力结构的研究

"教学是一件非常复杂和困难的事情，它需要独特的能力和结构。"[1] 教师究竟需要什么样的教学能力结构？不同的教育专家学者从不同的视角，提出了不同的看法。专家学者对教学能力结构的研究见仁见智，既体现了教学能力的复杂性，也表明了研究者对教学能力认识的多维视角。

（一）国外关于教学能力结构的研究

20世纪七八十年代，国外学者开始关注教学能力的构成研究，他们从不同视角对教学能力的构成要素进行了研究。有学者从教师的视角研究教学能力，如道格拉斯·米勒（Douglas R. Miller）等人提出十种教师的个人素质和能力（开放的思想、敏感、能移情、客观公正、真诚、积极关注、交流技能、有安全感、信誉、勇气），并提出六项重要的教学能力或技能（思考和计划能力、导入能力、质疑能力、探究能力、鼓励能力、学习能力）。[2] 道·哈马克（Don Hamachek）通过研究获得"杰出教师"（outstanding teacher）称号的教师的特征，指出课堂中教师所必备的素质和能力：灵活、移情力、个人感觉、实验态度、提问技巧、学科知识渊博、确定的测验程序、帮助学生、欣赏学生、随和。[3] 吉尔（Jill，2005）等学者通过对有效教学的研究提出教师的核心专业能力构成：①创设清晰且移情的学习环境的能力；②促进学生积极参与的能力；③迎合学生学习的需要的能力；④帮助学生认定学习结果的能力；⑤努力进行自我发展的能力。[4]

国外最初关于教师教学能力结构的研究中，更多关注的是教师的人格因素。后来，国外学者又从教学的有效性或有效教学的角度分析和探讨了教师的

---

[1] 王宪平：《课程改革视野下教师教学能力发展研究》（博士学位论文），华东师范大学2006年，第63页。

[2] MILLER D R, BILKIN G S, GRAY J L. Educational psychology: An introduction. Dubuque, Iowa: Wm. C. Brown Company Publisher, 1982: 512-519.

[3] HAMACHEK D. Characteristics of good teachers and implications for teacher education. *Phi delta kappan*, 1969, 50 (6): 239-241.

[4] BARRETT J, DANIELS R, JASMAN A, et al. A competency framework for effective teaching. http://www.planning.murdoch.edu.au/docs/acfet/index.html#intro. 2005-3-7.

教学水平和教学能力的构成，并依此制定了相关的教师专业标准。如前文所论及的伦弗克曼尼等于1988年制定完成的教师评价系统，涉及对教师的教学能力要求。事实上，国外学者从有效教学的角度分析和探讨教师的教学能力时，将教师的人格因素纳入了教师能力素质的研究范畴。

由于教学能力首先要保证教学任务的完成，因此，国外学者主要从教学活动过程的需求出发，研究教学能力的结构。美国教育家杰克逊把教学划分为"行动前"和"行动中"两个阶段。前者指教学前教师备课、评估与选择教学方法和教学材料的阶段，后者指的是教师与学生在课堂上的互动。[1] 克拉克和彼得森在此基础上提出了第三个阶段，即"行动后"阶段（即教师课后评价并对下一阶段教学进行决策的阶段），把教学分为教学行动前、教学行动中、教学行动后三个阶段。[2] 戴维·杰克森等则明确将教学过程分为计划、实施和评价三个阶段。[3] 日本冈山理科大学教授小山悦司认为，教学能力分为技术层面（专业技能、智谋技能、交际技能）和人格层面（个性和动机）两个维度。[4] Philip A. Streifer（1987）认为，教学能力包括计划能力、教学技能、评估学生的能力、专业知识、专业职责。[5] Renfro C. Manning（1988）认为，教师的教学能力包括制订教学计划的能力、教学活动能力、课堂管理能力和知识传授能力等。[6] Ronald（1993）认为，教学能力包括学术能力、计划能力、管理能力、表达和交流能力、评估和反馈能力、人际交往能力六项技能；Franziska（2009）认为，教学能力包括学科知识、教学诊断、教学方法运用和教学管理四个维度。[7] Tigelaar（2004）认为，教学能力是在各种教学情境中满足有效教学所需要的个性特征、知识、技能和态度的综合能力。[8]

W. M. Molenaar 等人在总结相关研究的基础上提出了教学能力的三维结

---

[1] JACKSON P W. Life in classrooms. New York：Holt, Rinehart & Winston, 1968：58.

[2] CLARK C M, PETERSON P L. Teachers' thought processes. In WITTROOCK M C. Handbook of research on teaching. London：Macmillan Publishing Company, 1986：255 – 296.

[3] JACOBSEN D, EGGEN P, KAUCHAK D. Methods for teaching：A skill approach. Fourth Edition. London：Macmillan Publishing Company, 2002：13.

[4] 钟启泉：《教师的"教学能力"与"自我教育力"》，载《上海教育科研》1998年第9期，第15 – 18页。

[5] STREIFER P A. The validation of beginning teacher competencies in Connecticut. *Journal of Personnel evaluation in education*, 1987（1）：33 – 55.

[6] 曾拓、李黎：《教师教学能力研究综述》，载《绍兴文理学院学报》2002年第2期，第102 – 103页。

[7] 徐继红：《高校教师教学能力结构模型研究》（博士学位论文），东北师范大学2013年，第24页。

[8] TIGELAAR D E H, DOLMANS D H J M, WOLFHAGEN D H A P, et al. The development and validation of a framework for teaching competencies. *Higher education*, 2004, 48（2）：253 – 268.

构,如图2-2所示。①

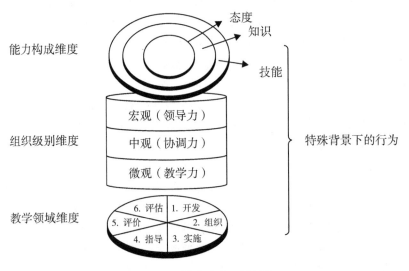

图2-2　教学能力三维结构

从图2-2可以看出,W. M. Molenaar等人将教学能力分为相互独立的三个维度:教学领域维度、组织级别维度、能力构成维度,各维度又有各自的子领域。②

教学领域维度将教学能力分成六个领域:开发领域、组织领域、实施领域、指导领域、评价领域和评估领域。其中,开发领域主要包括全新开发和适应现有教学的单元或项目;组织领域包括教育领域各个方面的组织管理;实施领域与真实的教学相联系,包括开发的实施、评估与评价的实施等;指导领域包括微观层面对学生学习过程(认知、元认知和情感)的指导,中观层面和宏观层面的对整个教育活动的指导;评价领域包括各种评价方法,如书面、口头、观察、报告、档案袋等的形成性和总结性评价;评估领域关注教育领域的所有方面,纵向上是将子领域探究的内容按照教学过程分为三个阶段:开发、实施、反思和讨论,包括质量保证。

"组织领域"维度包括三个层次:微观层次(教学力)主要是执行小单元教学的能力,如讲授、小组学习和个别指导等;中观层次(协调力)主要是协调课程和项目开发连贯性的能力,如课程、见习、在线学习和数字化学习项

---

① MOLENAAR W M, et al. A framework of teaching competencies across the medical education continuum. *Medical teacher*, 2009, 31 (5): 390-396.
② MOLENAAR W M, et al. A framework of teaching competencies across the medical education continuum. *Medical teacher*, 2009, 31 (5): 390-396.

目开发的部分工作和协调各部分工作之间的关系的能力；宏观层次（领导力）主要是指负责课程和培训项目开发，并承担管理工作。

能力构成维度将教学能力分为三个部分：知识、技能和态度。其中，知识是指教师知道什么，技能是指教师能做什么，态度是指教师准备做什么。

各维度能在特殊的背景下外显为某些行为。具体见表2-1。

表2-1　W.M.Molenaar等人提出的教学能力三维结构模型理论体系

维度	子维度	主要内容
教学领域	开发领域	全新开发的和适应现有的教学单元或项目
	组织领域	教育领域各个方面的组织管理
	实施领域	开发的实施、评估与评价的实施等
	指导领域	微观层面对学生学习过程（认知、元认知和情感）的指导，中观和宏观层面的对整个教育活动的指导
	评价领域	各种评价方法，如书面、口头、观察、报告、档案袋等的形成性和总结性评价
	评估领域	关注教育领域所有方面，纵向上是将子领域探究的内容按照教学过程分成三个阶段：开发、实施、反思和讨论，包括质量保证
组织级别	宏观层次（领导力）	负责课程和培训项目开发，并承担管理工作
	中观层次（协调力）	协调课程和项目开发连贯性的能力，如课程、见习、在线学习和数字化学习项目开发的部分工作和协调各部分工作之间的关系的能力
	微观层次（教学力）	执行小单元教学的能力，如讲授、小组学习和个别指导等
能力构成	知识	教师知道什么
	技能	教师能做什么
	态度	教师准备做什么

W.M.Molenaar等（2009）的教学能力三维结构模型理论，将教学能力划分成三个相互独立的维度，每个维度均包含相互独立的子要素，从而将复杂的不可直接测量的教学能力分解成可观测的各个组成部分，降低了教学能力的测量和分析难度。该模型将教学能力按照工作难度分成不同的组织级别，因而能辨别能力发展的不同阶段和水平；将教学能力按照工作领域分解成各个组成部分，每一个组成部分目标明确，容易实现，因而可以有针对性地了解其发展

现状。因此，有学者认为，W. M. Molenaar 等（2009）的教学能力三维结构模型理论适合以学生为中心的教学活动模式，教师的角色主要是资源的开发者和学习的辅导者；而我国目前的教学模式还是以教师为中心，该理论在我国的实践操作难度较大，因而需要在工作领域的分类上进行本土化的研究与分析。[①]

（二）国内关于教学能力结构的研究

教师教学能力是教师能力的核心。近年来，尤其是 2006 年以后，我国有关教师教学能力的研究得到了极大地关注，并成为教师教育研究的热点话题。不同学者在该研究上关注的领域和角度不尽相同，从而形成了对教师教学能力的不同理解和认识。朱旭东（2010）认为，教学能力可以从教学论的理论逻辑以及教师专业发展的实践逻辑两个方面来理解。[②] 通过梳理相关研究可以发现，学者们主要从心理学、教育学和教师专业发展的角度，重点分析和探讨教师教学能力结构。

1. 心理学视角

从心理学角度分析，教师的教学活动受教师的思想品格、心理特征、行为规范等因素的影响，这些因素会直接影响教师的教学能力构成。在心理学研究领域，学者们基于不同理解把教师教学能力分为不同维度。其中，影响较为深远的是把教师能力分为"教学认知能力、教学操作能力和教学监控能力"，代表人物主要有林崇德、申继亮等。

申继亮（2000）等人对教师能力的构成维度进行了系统研究，明确提出了教学能力结构模式。申继亮等人认为，尽管教学活动本身千差万别，但各式各样的教学活动所涉及的能力可以归结为三种：教学认知能力、教学操作能力、教学监控能力。[③]

教学认知能力主要是指教师对教学目标、教学任务、学习者特点、教学方法与策略以及教学情境的分析和判断能力，主要表现为：①分析掌握教学大纲的能力；②分析处理教材的能力；③教学设计能力；④对学生学习准备性与个性特点的了解、判断能力等。在教学能力结构中，教学认知能力是基础，它直接影响教师教学准备的水平，影响教学方案设计的质量。

教学操作能力主要是指教师在实现教学目标的过程中解决教学问题的能

[①] 徐继红：《高校教师教学能力结构模型研究》（博士学位论文），东北师范大学 2013 年，第 38 - 39 页。

[②] 朱旭东：《教师教育标准体系的建立：未来教师教育的方向》，载《教育研究》2010 年第 6 期，第 30 - 36 页。

[③] 申继亮、王凯荣：《论教师的教学能力》，载《北京师范大学学报（人文社会科学版）》2000 年第 1 期，第 64 - 71 页。

力。从教学操作的手段（或方式）看，这种能力主要表现为：①教师的言语表达能力，如语言表达的准确性、条理性、连贯性等；②非言语表达能力，如言语的感染力、表情、手势等；③选择和运用教学媒体的能力，如运用教具的恰当性。从教学操作活动的内容看，这种能力主要包括：①呈现教材的能力，如恰当地编排呈现内容、次序，选择适宜的呈现方式等；②课堂组织管理能力，如学生学习动机的激发、教学活动形式的组织等；③教学评价能力，如及时获取反馈信息的能力、编制评价工具的能力等。

教学监控能力是指教师为了保证教学的成功以及达到预期的教学目标，而在教学的全过程中，将教学活动本身作为意识的对象，不断对其进行积极主动的计划、检查、评价、反馈、控制和调节的能力。这种能力是教学能力诸成分中最高级的成分，它不仅是教学活动的控制执行者，而且是教学能力发展的内在机制。

上述三种能力互为关联，教学监控能力分别与教学认知能力、教学操作能力直接相关，而教学认知能力与教学操作能力的联系往往是通过教学监控能力实现的。①（如图2-3所示）

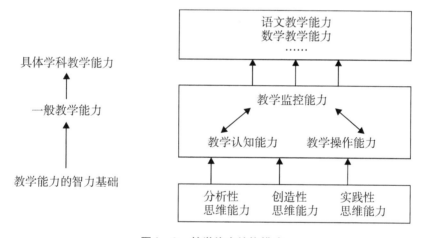

图2-3　教学能力结构模式

俞平（2004）将教师教学能力概括为教学设计能力、教学操作能力和教学监控能力；并特别强调教学监控能力的重要性，认为教学监控能力体现在教学设计之中、教学操作过程中以及教学之后对教学设计和教学操作的反思中。②

---

①　申继亮、王凯荣：《论教师的教学能力》，载《北京师范大学学报（人文社会科学版）》2000年第1期，第64-71页。

②　喻平：《数学教育心理学》，广西教育出版社2004年版，第342页。

莫雷（2005）认为，教师的教学能力包括一般教学能力、教学监控能力和教学效能感三部分。其中，一般教学能力是教师进行教学必备的基本能力，通常包括专业知识掌握程度、组织教材的能力、言语表达能力和多媒体运用能力；教学监控能力是教师在教学过程中对教学活动中发生的事件的预先控制的意识和能力，通常包括对教学活动有意识地事先安排和计划、检查和反馈、调节校正和自我控制；教学效能感是教师对自己影响学生学习行为和学习成绩的能力的主观判断，包括一般教育效能感和个人教学效能感。①

综上所述，心理学视角下的教学能力都包含教学设计、教学实施和教学监控三个维度。申继亮（2000）等人的"教学能力结构模式"研究对后来关于教师教学能力结构维度的研究产生了深远影响；② 俞平（2004）在此基础上，特别强调教学监控能力的重要性；莫雷在吸纳前人研究的基础上，强调了教师的教学效能感。（见表2-2）

表2-2 心理学视角下不同学者关于教师教学能力结构的观点

提出者	时间	教学能力结构	
申继亮	2000年	教学认知能力	①分析掌握教学大纲的能力； ②分析处理教材的能力； ③教学设计能力； ④对学生学习准备性与个性特点的了解、判断能力等
		教学操作能力	从教学操作的手段（或方式）看，这种能力包括： ①教师的言语表达能力，如语言表达的准确性、条理性、连贯性等； ②非言语表达能力，如言语的感染力、表情、手势等； ③选择和运用教学媒体的能力，如运用教具的恰当性
			从教学操作活动的内容看，这种能力主要包括： ①呈现教材的能力，如恰当地编排呈现内容、次序、选择适宜呈现方式等； ②课堂组织管理能力，如学生学习动机的激发、教学活动形式的组织等； ③教学评价能力，如及时获取反馈信息的能力、编制评价工具的能力等
		教学监控能力	将教学活动本身作为意识的对象，不断对其进行积极主动的计划、检查、评价、反馈、控制和调节的能力

---

① 莫雷：《教育心理学》，广东教育出版社2005年版，第130页。
② 朱旭东：《教师专业发展理论研究》，北京师范大学出版社2013年版，第103页。

续上表

提出者	时间	教学能力结构	
俞平	2004年	教学设计能力、教学操作能力和教学监控能力	
莫雷	2005年	一般教学能力	专业知识、组织教材的能力、言语表达能力和多媒体运用能力
		教学监控能力	教师对教学活动有意识地事先安排和计划、检查和反馈、调节校正和自我控制
		教学效能感	教学效能感是教师对影响学生学习行为和学习成绩能力的主观判断，包括一般教育效能感和个人教学效能感

2. 教育学视角

从教育学的角度分析，教学活动是教育学的研究范畴。根据教学活动的过程和活动结构，分析研究教师的教学能力构成，侧重知识和技能的因素，这是大量学者的研究思路。

朱嘉耀（1997）认为，教学能力本身自成一个相对独立的操作系统。他按照教学活动中的操作顺序，将教学能力划分为三个关联的领域，即教学设计能力、教学实施能力和教学评价能力：①教学设计能力是根据一定的科学识见和自身经验对教学全过程的一种规划或计划的能力，包括了解教学对象、分析教学内容、确立教学行为目标、选择教学策略、制定教学方案等方面的能力。②教学实施能力是为实现所设计的教学规划或蓝图而在师生的实际相互作用中运用教学形式、媒体、方法和模式等方面所表现出来的能力。灵活而有序地组织教学成员以最适宜的组合方式来组织教学活动即教学形式方面的能力；教学媒体是用来传播文化、经验，实现教学目标的一切通信手段或工具，正确合理地使用、操作这些媒体，是教学实施能力的重要方面；教学方法是使用特定媒体的具体操作活动样式，这一领域所涉及的教学能力最为复杂；运用教学模式的教学能力表现在根据一定的教学目标，借助特定的方法，精心安排和建立相对稳定的课堂教学结构程序。③教学评价能力是搜集有关信息，判断教学目标是否达成的能力。具体表现在对不同阶段（学习前、学习中、学习后）、不同领域（认知、情感、意志、运动等）、不同层次（如认知领域的回忆、理解、运用等）和不同方式（如主观式、客观式等）等方面组成的教学评价技术体系的熟练掌握和操作上。[①]

罗树华、李洪珍（2000）认为，"教学能力体现在教学设计、教学实施、

[①] 朱嘉耀：《教师职业能力浅析》，载《教育研究》1997年第6期，第70-71页。

教学评价等教学活动的全过程中"①,因此,教师的教学能力包括教学设计能力、教学实施能力和教学评价能力。②

朱旭东(2010)认为,教学论理论逻辑下的教学能力包括教学设计、教学实施和教学评价能力。

安国华(2005)认为,教学能力分为教学设计、教学实施和教学评价的能力,每个部分又分为若干项操作技能,从而形成一个树形结构。教学能力的树形结构是二层根树结构,"树根"是教学能力,"树枝"是教学设计能力、教学实施能力,"树叶"是若干操作技能。③ 其中,教学设计能力包括处理教材和使用教参能力、选择教学方法能力、教具设计和制作能力与教案编写能力;教学实施能力包括组织教学能力、语言表达能力、板书能力、实验和使用教具能力;教学评价能力包括对学生学习状况的诊断能力、组织学生进行练习的能力、考试命题和评价能力、教学效果自我评价能力。

张亚星、梁文艳(2017)将教师教学能力分为教学设计能力、教学实施能力、教学评价能力、教学研究能力和教学管理能力五个维度。④

冯晓辉(2006)以教学活动过程为视角,将教师课程教学能力分为相互关联的六个方面,即课程设计能力、课程组织能力、课程实施能力、课程评价能力、课程整合能力、课程开发能力。⑤ 其中,课程设计能力包括课程目标设计能力、课程内容设计能力、教学方法与媒体设计能力、课程结构设计能力;课程组织能力包括理解课程目标的能力、编制课程计划的能力和分析处理教材的能力;课程实施能力包括设计课程方案的能力、课程行动的研究能力、运用教学方法的能力、教学过程的控制能力;课程评价能力包括评价课程目标的能力、评价课程实施的能力、评价课程结果的能力、确定评价方法与标准的能力;课程整合能力包括综合课程能力、信息技术与课程整合能力、审美表现能力;课程开发能力包括教材的开发能力、教学资源的开发能力和课程创新能力。教育部教师工作司组织编写的《中学教师专业标准解读》一书把"教学能力"的结构划分为"教学设计能力""教学实施能力"和"教学评价能力"。⑥

从以上研究可以看出,教师的教学能力体现在相应的教学活动中,教学活

---

① 罗树华、李洪珍:《教师能力学》,山东教育出版社2000年版,第157页。
② 罗树华、李洪珍:《教师能力学》,山东教育出版社2000年版,第22-23页。
③ 安国华:《教学能力的树形结构》,载《教育艺术研究》2005年第7期,第49-50页。
④ 张亚星、梁文艳:《北京市义务教育阶段教师教学能力城乡差异研究:兼论城乡义务教育一体化进程中农村教师专业发展的对策》,载《教育科学研究》2017年第6期,第41-49页。
⑤ 冯晓辉:《中学体育艺术类课程教师教学能力结构研究》,载《武汉体育学院学报》2006年第2期,第92-95页。
⑥ 教育部教师工作司:《〈中学教师专业标准〉解读》,北京师范大学出版社2013年,第113-115页。

动过程的要求决定教师教学能力的结构。学者们在教育学视角下将教学过程分为计划、实施和评价三个阶段,因此,教学能力的结构可相应地划分为教学设计能力、教学实施能力和教学评价能力。(见表2-3)

表2-3 教育学视角下不同学者关于教师教学能力结构的观点

提出者	时间	教学能力结构
朱嘉耀	1997年	教学设计能力是了解教学对象、分析教学内容、确立教学行为目标、选择教学策略、制定教学方案等方面的能力
		教学实施能力是为实现所设计的教学规划或蓝图而在师生的实际相互作用中运用教学形式、媒体、方法和模式等方面所表现出来的能力
		教学评价能力是搜集有关信息,判断教学目标是否达成的能力。具体表现在对不同阶段(学习前、学习中、学习后)、不同领域(认知、情感、意志、运动等)、不同层次(如认知领域的回忆、理解、运用等)和不同方式(如主观式、客观式等)等方面组成的教学评价技术体系的熟练掌握和操作上
罗树华等	2000年	教学设计能力、教学实施能力和教学评价能力
安国华	2005年	教学设计能力,包括处理教材和使用教参能力、选择教学方法能力、教具设计和制作能力与教案编写能力
		教学实施能力,包括组织教学能力、语言表达能力、板书能力、实验和使用教具能力
		教学评价能力,包括对学生学习状况的诊断能力、组织学生进行练习的能力、考试命题和评价能力、教学效果自我评价能力

续上表

提出者	时间	教学能力结构
冯晓辉	2006年	课程设计能力，包括课程目标设计能力、课程内容设计能力、教学方法与媒体设计能力、课程结构设计能力
		课程组织能力，包括理解课程目标的能力、编制课程计划的能力和分析处理教材的能力
		课程实施能力，包括设计课程方案的能力、课程行动的研究能力、运用教学方法的能力、教学过程的控制能力
		课程评价能力，包括评价课程目标的能力、评价课程实施的能力、评价课程结果的能力、确定评价方法与标准的能力
		课程整合能力，包括综合课程能力、信息技术与课程整合能力、审美表现能力
		课程开发能力，包括教材的开发能力、教学资源的开发能力和课程创新能力
张亚星等	2017年	教学设计能力、教学实施能力、教学评价能力、教学研究能力和教学管理能力
朱旭东	2010年	教学设计、教学实施和教学评价能力

3. 教师专业发展视角

从教师专业发展视角研究教学能力结构的学者们比较关注教师的职业角色，把教学能力看成教师专业发展的重要维度。[①]（见表2-4）

陈安福等（1988）把教师的教学能力分为一般教学能力和教学管理能力，前者包括搜集教学资料的能力、组织教材的能力和言语表达能力；后者包括组织课堂教学的能力、因材施教的能力、教学反馈的能力以及教学诊断的能力。[②]

钟启泉（1998）将教学能力定义为教师的胜任力，包括通用胜任力和专业胜任力。其中，通用胜任力包括分析与综合思维力、专业实践效能感、积极稳定的情绪等；专业胜任力主要包括教育理论实践转化、学科熟练程度、课程测试开发应用等。[③]

[①] 潘懋元：《高等学校教学原理与方法》，人民教育出版社1996年版，第190页。
[②] 陈安福：《教学管理心理》，福建教育出版社1988年版，第157页。
[③] 钟启泉：《教师的"教学能力"与"自我教育力"》，载《上海教育科研》1998年第9期，第2页。

陈琦、刘儒德（2004）将教师的教学能力结构划分为教学设计能力、知识加工能力、主题性沟通能力、课堂组织能力，以及教学评价与反思能力五个方面。①

朱旭东（2010）认为，教师专业发展的实践逻辑下的教学能力包括"五课"的能力（备课能力、说课能力、上课能力、讲课能力、评议课能力）。②

刘鹂（2016）将高等院校教师的教学能力分为三个维度、九个大类和三十六个细目，其中，三个维度包括开展教学活动的能力、研究发展教学的能力和聚焦教学的影响能力。③

熊华军（2016）认为，高校教学能力是在课堂上促进学生学习的能力，高校青年教师教学能力包括教学整合能力、教学实施能力、教学研究能力、教学创新能力和教学理解能力；其中，理解能力是教师教学能力的核心，渗透于实施能力、整合能力、研究能力和创新能力之中。④

王宪平（2009）认为，教师的教学能力包括教学选择能力、教学整合能力、教学沟通能力、教学评价能力和教学创新能力；⑤ 周媛媛、詹旺（2010）认为，教学能力包括教学组织与监控能力、与学生或其他老师交流合作的能力、运用现代信息技术的能力、教学研究能力、终身学习能力等；⑥ 林金辉、潘赛（2010）把教学能力分为语言表达能力，调动学生学习积极性的能力，组织课堂、开阔学生视野、教学个性化的能力，与学生沟通、激发学生问题意识的能力等。⑦ 这些观点都在一定程度上体现了教师角色的变化。

另外，王光明（2019）等人通过探寻教师核心素养和能力的结构体系，提出教师的教育教学能力包括课程能力、教学设计能力、教学实施能力、教学管理能力、教学评价能力；⑧ 何齐宗、刘流（2021）在构建分析中小学教师专业核心素养模型时，把教学能力划分为教学设计能力、教学实施能力和教学反

---

① 陈琦、刘儒德：《教育心理学：原理与应用》，安徽教育出版社2004年版，第334页。
② 朱旭东：《教师教育标准体系的建立：未来教师教育的方向》，载《教育研究》2010年第6期，第30－36页。
③ 刘鹂：《教师教育者教学能力研究》，陕西师范大学出版社2016年版，第90－92页。
④ 熊华军：《高校青年教师教学能力发展研究：基于西北民族地区17所高校的调查》，科学出版社2016年版，第35－36页。
⑤ 王宪平：《课程改革与教师教学能力发展研究》，学林出版社2009年版，第99－100页。
⑥ 周媛媛、詹旺：《高校教师教学能力结构与优化浅析》，载《中国成人教育》2010年第7期，第146－148页。
⑦ 林金辉、潘赛：《研究型大学青年教师教学能力结构的实证研究》，载《江苏高教》2010年第6期，第82－84页。
⑧ 王光明等：《教师核心素养和能力的结构体系及发展建议》，载《中国教育学刊》2019年第3期，第81－88页。

思能力。①

表2-4 教师发展视角下不同学者关于教师教学能力结构的观点

提出者	时间	教学能力结构
陈安福等	1988年	分为一般教学能力（搜集教学资料的能力、组织教材的能力和言语表达能力）和教学管理能力（组织课堂教学的能力、因材施教的能力、教学反馈以及教学诊断能力）
钟启泉	1998年	包括通用胜任力（分析与综合思维力、专业实践效能感、积极稳定的情绪等）和专业胜任力（教育理论实践转化、学科熟练程度、课程测试开发应用等）
陈琦等	2004年	教学设计能力、知识加工能力、主题性沟通能力、课堂组织能力，以及教学评价与反思能力
王宪平	2009年	教学选择能力、教学整合能力、教学沟通能力、教学评价能力和教学创新能力
朱旭东	2010年	教学能力包括"五课"的能力，即备课能力、说课能力、上课能力、讲课能力、评议课能力
周媛媛等	2010年	教学组织与监控能力、与学生或其他老师交流合作的能力、运用现代信息技术的能力、教学研究能力、终身学习能力等
林金辉等	2010年	语言表达能力，调动学生学习积极性的能力，组织课堂、开阔学生视野、教学个性化的能力，与学生沟通、激发学生问题意识的能力
刘鹂	2016年	高等院校教师的教学能力分为开展教学活动的能力、研究发展教学的能力和聚焦教学的影响能力三个维度
熊华军	2016年	高校青年教师教学能力包括教学整合能力、教学实施能力、教学研究能力、教学创新能力和教学理解能力
王光明等	2019年	课程能力、教学设计能力、教学实施能力、教学管理能力、教学评价能力
何齐宗等	2021年	教学设计能力、教学实施能力和教学反思能力

综上所述，对于教师究竟需要什么样的教学能力结构，至今仍众说纷纭，不同的专家学者见仁见智，从不同的视角提出了不同的教学能力结构，但共同

---

① 何齐宗、刘流：《中小学教师专业核心素养模型构建研究》，载《课程·教材·教法》2021年第4期，第131-137页。

点也显而易见。这些教学能力基本上可以分为教学认知能力、教学组织能力、教学管理能力、教学监控能力等。而随着学习范式的转变,以及基于核心素养导向的教学对教师教学能力的新要求,"以教师为中心"的教学模式备受质疑,"以学生为中心"的模式逐渐兴起,学生在学习中的主体地位得到强调,教师的角色也从单纯的知识传递者变成学习的指导者、促进者、研究者和反思者。① 这样的认识在教师的教学能力构成研究中也得到了体现。以上研究结果,充分体现了教学能力构成要素逐步深化的研究脉络。

第三节 教师教学能力的发展研究

关于"教师教学能力结构"的研究回答了"发展什么"的问题,这是教师教学能力发展的重要内涵之一;对教师教学能力来说,另一个重要的内涵便是"发展过程"的问题。教师的教学能力发展过程是渐进的,而不是一蹴而就的。在这渐进的发展过程中,教师的教学能力结构不断趋于完善。因此,应该"从对'发展'规定性的认识入手,研究教师的发展过程,为教师专业发展的途径和方法提供依据"②。

一、教学能力发展的内涵特征

(一) 发展的概念

要理解教学能力发展,首先要弄清发展的含义。心理学家卢文格提出,"发展是由一种新结构的获得或从一种旧结构向新结构的转化组成的"③。从马克思主义哲学意义上的发展概念来看,发展主要是指"由小到大、由简到繁、

---

① 吴岳军:《传统师生关系的透视及其现代转型》,载《现代教育管理》2010年第1期,第73页。
② 胡惠闵:《指向教师专业发展的学校管理改革:上海市打虎山路第一小个案研究》(博士学位论文),华东师范大学2003年,第33页。
③ [美]简·卢文格:《自我的发展》,韦子木译,浙江教育出版社1998年版,第31页。

由低级到高级、由旧质到新质的运动变化过程"①。发展是指事物渐进过程中的"中断",即事物由旧的形态"飞跃"到新的形态。真正意义上的"发展"有两个必不可少的前提：一是发展主体自我否定的实现，必须依赖于外力的影响和推动；二是发展主体的自觉到自我发展，并通过自我努力而使自我的存在获得新的意义。② 从这个意义上讲，教师专业发展既是指"通过教师教育而获得的特定方面的发展"，更是指"教师的自我超越"。③

（二）教师专业发展的概念

"教师之专业性，从微观角度看来，很大程度上表现为教学能力"④，因此，教师的专业发展在这种意义上就是教师教学能力的发展过程。教学能力发展是教师专业发展的重要内容，要研究教师教学能力发展就应该对教师专业发展理论做必要的讨论和分析，以期对教师教学能力发展的必要性及其发展路径有更深的理解。对教师专业发展，有广义和狭义两个层面的理解。⑤

从广义的角度来讲，教师专业发展不仅指教师本身专业素质的提高，而且指教师职业逐渐真正成为一个专业，教师成为专业人员并得到社会的认可。因此，从广义上说，教师专业发展不仅是教师专业素养提升以及教师教育发展的过程，而且是教师专业水平和社会地位不断得到肯定和认可的过程。

从狭义的角度来说，教师专业发展主要是指教师在严格的专业训练和自身不断主动学习的基础上，逐渐成长为一名专业人员的发展过程。这一发展过程的实现既需要教师自身主动的学习和努力，良好的外部环境也是必不可少的条件。如为教师提供专业的职前教育、在职培训，确立严格的教师选拔和任用标准，建立教师专业组织和形成教师专业规范，等等。在教师的专业成长中，其自身和外部环境这两方面因素相互作用、相互促进，缺一不可。如王宪平（2006）认为，教师专业发展是指政府、学校包括教师教育机构和教师任职学校通过各种努力创设良好的发展条件，以及教师自身积极的实践和参与，促使教师在专业知识、专业技能、专业情感等专业素质方面不断趋于完善的活动

---

① 新华词典编纂组：《新华词典（修订版）》，商务印书馆1989年版，第224页。
② 王宪平：《课程改革视野下教师教学能力发展研究》（博士学位论文），华东师范大学2006年，第25页。
③ 金美福：《教师自主发展论》（博士学位论文），东北师范大学2003年，第53页。
④ 王宪平：《课程改革视野下教师教学能力发展研究》（博士学位论文），华东师范大学2006年，第89页。
⑤ 王宪平：《课程改革视野下教师教学能力发展研究》（博士学位论文），华东师范大学2006年，第35页。

过程。①

从国内外已有的研究文献来看，对什么是教师专业发展，主要有以下三种不同的理解。②

第一，从社会学与教育学的角度进行界定。从社会学视角界定，专业发展是指一个职业群体在一定时期内，取得符合专业标准、成为专门职业，并获得相应专业地位的过程。因此，教师的专业发展是指教师职业成为专门职业，并获得应有专业地位的过程，关注专业历史发展、专业资格审定、专业组织、专业守则、专业自主等问题，通常用"教师的专业化"概念加以概括。从教育学立场界定，教师专业发展在关注教师社会、经济地位提高和争取资源与权利的分配的同时，"更着重于教师教学水平的提高、教师的专业知识和专业技能的提高"③。

第二，从"教师专业的发展"和"教师的专业发展"角度进行界定。"教师专业的发展"强调教师群体的、外在的专业性的提升，视教师职业为一种专门职业；而"教师的专业发展"则强调教师个体的、内在的专业性的提高，关注教师如何形成自己的专业精神、知识、技能。例如，台湾学者罗清水认为，"教师专业发展乃是教师为提升专业水准与专业表现而经自我抉择所进行的各项活动与学习的历程，以期促进专业成长，改进教学效果，提高学生学习效能"④。

第三，从教师专业发展过程和促进教师专业发展的角度界定。一些学者认为，"教师专业发展是指在教学职业生涯的每一个阶段，教师掌握良好的专业实践所必备的知识与技能的过程"⑤，教师专业发展即教师的专业成长过程；另一些学者则认为，教师专业发展是指促进教师专业成长的过程，涉及教师专业成长过程中的影响因素、途径和方法，教师专业发展实际上等同于教师教育。其"主要关注特定的教学法或课程革新的实施，同时也探究教师是如何学会教学的，他们是如何获得知识和专业成熟，以及他们如何长期保持对工作

---

① 王宪平：《课程改革视野下教师教学能力发展研究》（博士学位论文），华东师范大学2006年，第34-35页。

② 胡惠闵：《指向教师专业发展的学校管理改革：上海市打虎山路第一小个案研究》（博士学位论文），华东师范大学2003年，第12-13页。

③ 王建军：《合作的课程变革中的教师专业发展：上海市"新基础教育实验"个案研究》（博士学位论文），香港中文大学2002年，第23页。

④ 转引自王宪平《课程改革视野下教师教学能力发展研究》（博士学位论文），华东师范大学2006年，第33页。

⑤ HOYLE E, MEGARRY J. World yearbook of education 1980: Professional development of teachers. New York: Kogan Press, 1980: 42.

的投入等"①。

（三）教师教学能力发展的概念

王宪平（2006）认为，根据教学能力的内涵特点以及教学能力提高实现观的变化，教学能力发展是在教学生活中，通过系统的培养培训，经由教师积极地自我反思、自我学习和主动地交流，教学能力由旧向新的运动变化过程，是一个有意识的、持续的、自主的、系统的螺旋式变化过程，主要表现为教学知识不断丰富与更新、教学技能不断娴熟与更新和教学风格不断个性化。教学能力的发展具有目的性、自主性、持续性、系统性。②

教学能力的发展具有目标性。教学能力发展是有目的的，是为了给教师带来积极的进步和变化而进行的有意识的努力过程，而不是一系列盲目的、没有明确指向或意图的不相关的活动。"真正的教学能力发展是一个为目的和规划目标的清晰愿景所指引的审慎的过程。"③

教学能力的发展具有系统性。"以往的深刻教训已经告诉教育者零打碎敲、小打小闹的专业发展策略起不到作用。"④ 教师教学能力的发展不仅关系到教师个人的成长，还关系到学生的成长、学校的发展、教育的发展，乃至国家民族的复兴。教学能力的发展不仅需要教师个人的努力，还需要教育机构、学校、社会等给予支持和关注。因此，教师教学能力的发展是一个系统工程，"如果个体层面上的变化得不到组织层面上的鼓励和支持，那么即使最有希望的革新也会失败"⑤。

教学能力的发展是自主的。马克思主义哲学认为，事物的发展源于事物内部的矛盾斗争，内因起主要作用，外因通过内因发生作用。因此，外在的促进因素是否对教师教学能力的发展产生影响以及影响程度如何，还取决于教师的自主性。"教师教学能力的发展更重要取决于自身，在自身内在要求下不断自主发展、自主成长"⑥，而且"人只有把自身的发展当作自己认识的对象和自

---

① PULLAN M, HARGREAVES A. Teacher development and educational change. New York: Falmer Press, 1992: 170.

② 王宪平：《课程改革视野下教师教学能力发展研究》（博士学位论文），华东师范大学2006年，第25页。

③ 王宪平：《课程改革视野下教师教学能力发展研究》（博士学位论文），华东师范大学2006年，第25页。

④ [美] GUSKEY T R：《教师专业发展评价》，方乐、张英等译，中国轻工业出版社2005年版，第15页。

⑤ [美] GUSKEY T R：《教师专业发展评价》，方乐、张英等译，中国轻工业出版社2005年版，第16页。

⑥ 周密：《教师自主专业发展问题探究》，载《青海辛社会科学》2004年第5期，第146－149页。

觉实践的对象，人才能构建自己的内部世界，只有达到这一水平，人才在完全意义上成为自己发展的主体"①。

教学能力的发展是持续的。教师的专业发展是一个终身的过程。教师要实现专业化发展必须有终身教育、终身学习的意识。从教育发展的规律以及教育改革的实践来看，因时代的发展、社会的变迁和教学理论的突破，课程改革和教学改革是一个长期的、持续的过程。因此，教学是一个动态的专业领域，其对教师的知识基础和技能要求在不断变化。中小学教师在职业生涯中必须成为终身学习者，需要在教学实践中不断反思，不断提高自己的教学能力，才能与时代发展和教育改革发展的新要求保持同步。

二、教师教学能力发展的影响因素

"教师之专业性，从微观角度看来，很大程度上表现为教学能力。"② 可以说，教师的专业发展在这种意义上就是教师教学能力的发展过程。因此，梳理教师专业发展的影响因素，对于研究教师教学能力发展的影响因素有着重要的借鉴作用。

事物的发展总是处在一定的系统之中，教师教学能力发展也不例外。不同学者对教师教学能力发展影响因素的理解不同。中外学者对教师专业发展影响因素的研究，主要从两个角度来探讨：一种是以教师个人为坐标，把影响因素分为个人因素和非个人因素，非个人包括组织因素、环境因素或社会因素、学校因素；另一种则是以教师专业发展的阶段来讨论影响因素的划分。③

（一）国外相关研究

关于教学能力对教学的影响问题，也备受国外学者所关注。他们把教学能力作为影响学生学习成绩的一个重要因素来研究，选出和学生成绩有关的教学能力，通过课堂观察来进行研究。如 Simpson、Brophy 等学者认为，教师课堂教学能力水平的高低直接影响教学效果的好坏，最终影响到学生对知识的掌握程度及其理解能力水平的高低。艾摩尔等人的研究则表明，教学能力发展水平

---

① 叶澜：《教育概论》，人民教育出版社 1991 年版，第 217 页。
② 王宪平：《课程改革视野下教师教学能力发展研究》（博士学位论文），华东师范大学 2006 年，第 89 页。
③ 王宪平：《课程改革视野下教师教学能力发展研究》（博士学位论文），华东师范大学 2006 年，第 89 页。

高的教师和发展水平低的教师在课堂管理策略、指导策略，以及面对学生提问时的反应方面有明显的差异。这些研究对于我们深入、全面地认识教学能力有重要作用。①

"国外有学者将教师的人格特征纳入教学能力的研究范畴。实际上，人格特征对教学活动的作用是间接的。人格特征不能作为教学能力的构成要素，它只是使教学具有个性化的要素。尽管有研究表明，教师的乐观开朗的人格特征，对取得良好的教学效果能够产生积极影响，但是这种积极影响也是以教师具备一定的教学能力作为基础的，人格特征本身并不能代替教学能力。"②

美国约翰斯·霍普金斯大学的费斯勒（Fessler）教授借用社会系统理论原理，对影响教师发展的因素做了系统的论述与详细的说明，并形成了教师生涯发展影响因素论。费斯勒教授把影响教师专业发展的因素分为个人环境和组织环境两个基本因素。其中，个人环境因素包含家庭（family）、积极的关键事件（positive critical incidents）、生活的危机（life crisis）、个人性情与意向（individual dispositions and intentions）、兴趣或嗜好（avocations interests）、生命阶段（life stages）六个子因素；组织环境因素包括学校规章（school regulations）、管理风格（management style）、公共信任（public trust）、社会期望（social expectations）、专业组织（professional organizations）和教师协会（teachers' union）六个子因素。③（见表2-5）

另一位美国学者格拉特霍恩（A. Glatthorn）把影响教师发展的因素概括为以下三个：一是与教师个人相关的因素（personal factors），二是与教师生活、工作相关的情境因素（contextual factors），三是促进教师发展的特殊介入活动（specific interventions to foster teacher development）。其中，个人因素包括认知发展（cognitive development）、生涯发展（career development）、动机发展（motivational development）；情境因素包括社会与社区（society and the community）、学校系统（school system）、学校（the school）、教学小组或院系（the teaching team or department）和教室（the classroom）。④ 对于促进教师发展的特殊介入活动，若未能从教师发展的需要出发或不依据教师的发展规律，往往事与愿违。例如，20世纪80年代以前，临床指导（clinical supervision）被视为提高教师素质的有力措施，但由于其过分强调教学技能，没有考虑教师的成长过程以及教师所处的不同发展阶段，因此，其在促进教师发展方面的效果是消

---

① 转引自黄培森等《高校初任教师教学能力发展论》，中国教育科学出版社2019年，第36页。
② 金利：《地方本科高校教师教学能力发展研究》（博士学位论文），西南大学2014年，第6页。
③ 王宪平：《课程改革视野下教师教学能力发展研究》（博士学位论文），华东师范大学2006年，第89页。
④ GLATTHORN A. Teacher development. In *International encyclopedia of teaching and teacher education*. Oxford：Elsevier Science Ltd.，1995：135-138.

极的。因此，只有依据教师的发展需求、发展规律来进行介入活动，才能有的放矢地协助教师的发展。[①]（见表2-5）

表2-5 费斯勒与格拉特霍恩的教师发展影响因素理论

提出者	时间	教师发展的影响因素	
		基本因素	子因素
费斯勒	1992年	个人环境因素	家庭（family）、积极的关键事件（positive critical incidents）、生活的危机（life crisis）、个人性情与意向（individual dispositions and intentions）、兴趣或嗜好（avocations interests）和生命阶段（life stages）
		组织环境因素	学校规章（school regulations）、管理风格（management style）、公共信任（public trust）、社会期望（social expectations）、专业组织（professional organizations）和教师协会（teachers' union）
格拉特霍恩	1995年	个人因素	认知发展（cognitive development）、生涯发展（career development）、动机发展（motivational development）
		情境因素	社会与社区（society and the community）、学校系统（school system）、学校（the school）、教学小组或院系（the teaching team or department）和教室（the classroom）
		促进教师发展的特殊介入活动	只有依据教师的发展需求、发展规律来进行介入活动，才能有的放矢地协助教师的发展

（二）国内相关研究

教师教学能力的形成与发展受到诸多因素的影响，这些因素可以分为教师自身因素和教师自身以外的其他因素两个方面。国内部分学者主要从个人因素、学校因素和社会因素三个方面来分析教师教学能力的影响因素。

刘洁（2004）认为，影响教师专业发展的基本因素分为社会因素、学校因素和个人因素。其中，社会因素包含社会地位、职业吸引力，以及教师管理

[①] 杨秀梅：《费斯勒与格拉特霍恩的教师发展影响因素论述评》，载《外国教育研究》2002年第5期，第35-38页。

制度三个子因素；学校因素包含校长的引领、合作性教师文化的激励和民主管理制度保障三个子因素；个人因素主要包括家庭因素和专业结构因素两个子因素。其中，个人因素中的专业结构因素又分为教育信念、知识结构、能力素养、从业动机态度以及专业发展需要五个子因素。[1]

赵昌木、徐继存（2005）则把影响教师专业发展的因素概括为环境因素（含教育政策、学校管理、教师文化和学校氛围等）[2]和个人因素（含认知能力、师德状况、人际交往、职业发展动机和自我评价）[3]。王建军（2004）认为，影响教师专业发展的因素大致可以分为三类：一是教师个人特质，如个人的生活背景、教育观念和取向、个人专业发展态度和动机水平等；二是学校环境特质，如学校文化导向、学校组织支持性等；三是旨在促成教师专业发展的应对措施的特质，如有关教师专业发展研究的理论。[4]

王宪平（2006）从政府、教师教育机构、教师任职学校和教师本人四个方面来探讨影响教师教学能力发展的因素，将影响中小学教师教学能力发展的因素归纳为教师的意识努力因素、政府的政策制度因素、教师教育机构的培养培训因素和学校的环境氛围因素。[5]他认为，各级政府是教师教学能力发展的"保障与支持"。政府对教师教学能力发展的影响主要是通过政策制度等来实施，政府的政策制度为教师的专业发展提供物质和精神保障，并对教师的教学能力发展予以规范引导，以及激励促进。教师教育（职前培养和职业培训）机构对教师教学能力的形成与发展发挥着基础性作用。职前培养的教育类课程体系以及教学实践环节，是影响教师教学知识和教学技能的增长和提升的主要因素；职业培训的培训者素质水平、培训内容、培训形式与方法手段等也是教师教学能力发展的主要影响因素。任职学校对教师教学能力发展有着关键性影响，学校的物质、制度、文化等对教师的专业能力发展产生显性或隐性影响，学校教学设备条件、班级规模、课程、教学制度、教师文化、校长的办学思想与管理作风、升学压力等都是教师教学能力发展的影响因素。教师个人的因素是影响教师教学能力发展的根本性因素，教师的个人背景、个人思维的敏锐程度、个人发展的需要和意愿等都对其教学能力发展产生影响。[6]

---

[1] 刘洁：《试析影响教师专业发展的基本因素》，载《东北师大学报（哲学社会科学版）》2004年第6期，第15-22页。

[2] 赵昌木、徐继存：《教师成长的环境因素考察：基于部分中小学实地调查和访谈的思考》，载《湖南师范大学教育科学学报》2005年第3期，第16-22页。

[3] 赵昌木、徐继存：《教师成长的个人因素探析》，载《临沂师范学院学报》2004年第8期，第62-68页。

[4] 王建军：《课程变革与教师专业发展》，四川教育出版社2004年，第91页。

[5] 王宪平：《课程改革与教师教学能力发展研究》，学林出版社2009年版，第144页。

[6] 王宪平：《课程改革视野下教师教学能力发展研究》（博士学位论文），华东师范大学2006年，第91-106页。

金利（2017）分析了影响地方本科高校教师教学能力的影响因素，认为教师个体因素是根本因素，任职学校是关键因素，而教学实践是促进性因素。① 刘鹏（2016）运用量化研究手段分析影响教师教育者教学能力的影响因素，她将这些因素分为显性因素和隐性因素。其中，显性因素包括合作与共同体、管理评价因素和组织培训因素；而隐性因素则包括教学信念与教学认识、学科认识与角色认同、知识基础与实践经历和教师专业发展的需求。② 可以看出，这里所说的隐性因素实际上就是影响教师教学能力的教师个体因素。"不难发现，学者们对教学能力影响因素的分析结果存在一定的共识。"③

教育部师范教育司组织编写的《教师专业化的理论与实践》一书，根据教师专业发展的阶段划分，把影响因素分为进入师范教育前的影响因素、师范教育阶段的影响因素和任教后的影响因素。进入师范教育前的影响因素主要包括学生时代的生活经历、主观经验、人格特质、关键人物、价值取向、教师社会地位与待遇的高低、个人的家庭经济情况等；师范教育阶段的影响因素主要包括课程学习、大学教师的形象、学生的角色、知识专业化的发展以及教学环境、班级气氛、同辈团体、社团生活、师范生的社会背景和人格特质、学校的教育设施和环境条件等；任教师后的影响因素主要包括学校的环境、教师的社会地位、教师的生活环境、学生和教师的同辈团体等。④

三、教师教学能力的发展路径

（一）教学能力发展路径概念

从《新华字典》上的释义看，"路径"有两层含义：一是指通向某个目标的道路或到达目的地的路线，二是比喻办事的门路、办法。因此，路径有宏观和微观两个层面的理解。宏观层面上的路径是指达到某个目标的途径，而微观层面上的路径是指达到某个目标的方法。教学能力发展路径主要是指促进教学能力形成和提高的道路，具体表现为促进教学能力发展的各种活动，如教师培

---

① 金利：《地方本科高校教师教学能力发展研究》，吉林大学出版社 2017 年版，第 39 – 47 页。
② 刘鹏：《教师教育者教学能力研究》，陕西师范大学出版社 2016 年版，第 200 – 215 页。
③ 徐波、陈晓端：《国内教师教学能力研究的现状、不足与展望：以著作为考察对象》，载《当代教育与文化》2020 年第 1 期，第 90 – 94 页。
④ 教育部师范司编：《教师专业化的理论与实践（修订版）》，人民教育出版社 2003 年版，第 72 – 73 页。

养、教师培训以及教师学习等。例如，就教师职前培养和微格教学来说，前者是宏观层面上的教学能力发展路径，而后者则是微观层面上的教学能力发展路径。①

（二）教师教学能力发展范式

1. 宏观层面的教师教学能力发展路径

我国著名教育学专家潘懋元教授曾指出，"教师培训"和"教师发展"是两个密切相关的不同概念。教师培训着重从组织上的要求、外部的社会出发，需要教师接受规定的训练和教育；教师发展着重从教师自身的主体性出发，进行自我要求以达到某种既定的目标。教师的发展不能离开某种特定形式的教育和培训，但其更加注重教师发展的自主性、个性化。②

王宪平从发展活动主导和控制的视角，把教师教学能力发展活动分为教师主导控制和非教师主导控制两大类。其中，教师主导控制型发展活动主要由教师个体根据自身的需要进行，发展活动实施的目标、内容、过程和结果主要受自身因素的限制，外在的控制力量相对较弱，这一类活动是促进教师教学能力发展的内控路径；相应地，非教师主导控制型发展活动主要是指由外在的力量（如教师教育机构或教育者）设计开展的活动，发展活动难以顾及每一位教师的特点和实际需求，教师在这些发展活动中处于被动地位，这类活动是促进教师教学能力发展的外控路径。③

从教师专业发展取向的角度看，外控路径是基于理智取向的，而内控路径则是基于实践—反思取向的。理智取向的教师专业发展，主要是指教师通过向专家（如大学学者）学习来获得某一学科的学科知识和教育知识。正规的培养培训，不管是职前的，还是在职的，都是外控路径的主要形式，属于理智取向。④ 而内控路径则主要是指教师个体通过学习、交流和反思来实现教学能力发展，"通过诸如写日志、传记、构想、文献分析等方式单独进行反思，或通过讲故事、信件交流、教师交流、参与观察、专业合作等方式来实现发展，教

---

① 王宪平：《课程改革视野下教师教学能力发展研究》（博士学位论文），华东师范大学2006年，第76页。
② 转引自金利《地方本科高校教师教学能力发展研究》（博士学位论文），西南大学2014年，第22页。
③ 王宪平：《课程改革视野下教师教学能力发展研究》（博士学位论文），华东师范大学2006年，第76页。
④ 教育部师范司组织：《教师专业化的理论与实践（修订版）》，人民教育出版社2003年版，第28页。

师专业发展的内控路径，属于实践—反思取向的发展范式"①。王宪平（2006）综合吸取众多学者有关教师专业教学能力发展途径的研究成果，把教师教学能力发展路径的框架粗定为两个部分，即基于理智取向的外控路径和基于实践—反思取向的内控路径。②

虽然不同的教师教学能力的发展水平和发展结果并不一样，但其发展的基本路径相似。教师教学能力发展不仅需要职前的培养和在职的培训，还特别强调教师自我发展的作用。因此，王宪平（2006）认为，教学能力发展，不仅要发挥教师教育机构和学校的培养或培训在提高教师教学能力中的作用，更要尊重教师的自主性和个性，突出教师自身在教师教学能力提高过程中的作用。因此，自我更新或自主发展成为教师教学能力发展中一个重要的概念。在教学能力发展过程中，教师本人在外在促进因素转化为自身教学能力发展的过程中所起的作用是不可替代的，同时，教师之间的交流合作和师生间的交流互动在教师教学能力提高过程中的作用亦越来越大。③（如图2-4所示）

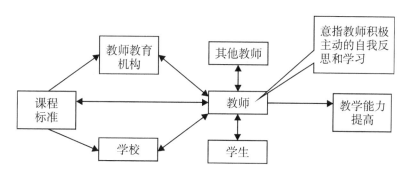

图2-4　教师教学能力发展模式示意④

从图2-4可以看出，教师教学能力发展模式是一个专业发展共同体，教师是具有自我发展、自我管理能力的专业共同体成员。教师专业发展不仅需要外界的认可和严格的专业标准制度来限制，更需要教师教学实践能力的切实提高；教师专业发展既包括在外界如教师教育推动下形成的发展，也包括教师靠自身努力得到的进步。

---

① 胡惠闵：《指向教师专业发展的学校管理改革：上海市打虎山路第一小学个案研究》（博士学位论文），华东师范大学2003年版，第21页。
② 王宪平：《课程改革视野下教师教学能力发展研究》（博士学位论文），华东师范大学2006年，第77页。
③ 王宪平：《课程改革视野下教师教学能力发展研究》（博士学位论文），华东师范大学2006年，第23页。
④ LIBERMAN A. Professional development of teachers, 转引自顾小清《面向信息化的教师专业发展研究：一个行动学习的框架》（博士学位论文），华东师范大学2004年，第34页。

2. 微观层面的教师教学能力发展路径

从根本上讲，促进教师教学能力的不断发展是教学能力研究之旨归。在微观层面上，教师教学能力发展的路径是具体的策略与方法。

罗茂全（1996）认为，教学能力的发展需要一定的基础，其中，学科专业知识是形成教学能力的知识基础，教育科学知识是形成教学能力的理论基础，教学技能是形成教学能力的技术基础，教学实践和教学研究是形成教学能力的发展基础。① 因此，教学能力不是固定不变的，而是具有一定的发展性的。基于上述基础，罗茂全提出了六种提升教师教学能力的训练方法。② 张玉民、何树芳认为，从教学准备、教学实施和教学评价三个方面进行训练，可以提升教师的课堂教学能力。③

为实现大学教师内涵式发展，李芒（2018）从北京师范大学的实践经验出发，结合教学学术研究成果，提出影响大学教师发展和教学能力提升的核心要素，并从教学培训平台、教学技能、教学媒体、教学方法和教学设计等方面给予培养建议，以期提升大学教师教学执行力，使大学教师在成为科学家的同时也成为教育家。④

黄培森（2021）认为，实践理性视域下，"基于学生发展的差异化教学，植根于教学情境的知识建构，依托于实践反思的教学智慧，基于学习共同体的师生学术对话以及着眼于整体发展的生命关切是基于实践理性的教师教学能力发展的有效策略"⑤。

综合上述论者的观点，尽管其对教师教学能力发展路径的阐述不尽相同，但基本观点相似，都把教师教学能力发展路径的框架粗定为两个部分，即基于理智取向的外控路径和基于实践—反思取向的内控路径。

---

① 罗茂全：《教学能力训练导向 教研工作的理论与实践》，四川大学出版社1996年版，第11-19页。
② 罗茂全：《教学能力训练导向 教研工作的理论与实践》，四川大学出版社1996年版，第34-42页。
③ 徐波、陈晓端：《国内教师教学能力研究的现状、不足与展望：以著作为考察对象》，载《当代教育与文化》2020年第1期，第90-94页。
④ 徐波、陈晓端：《国内教师教学能力研究的现状、不足与展望：以著作为考察对象》，载《当代教育与文化》2020年第1期，第90-94页。
⑤ 黄培森：《实践理性视域下教师教学能力发展：价值、向度与策略》，载《现代教育管理》2021年第10期，第63-70页。

第四节 已有研究成果的总结与启示

任何研究的进一步推进都有赖于对已有研究的总结与反思。经过对文献的梳理与分析，笔者发现，研究者对教师教学能力进行了诸多卓有成效的研究，包括对教学、能力、教师教学能力概念的内涵解析和维度构建，以及对教师教学能力的影响因素和发展路径的深入系统探究，为本研究奠定了坚实的理论基础；而已有研究的不足则是后续研究的新的出发点，为本书提供进一步研究的问题与创新的空间。

一、教师教学能力研究的价值和意义

（一）教学能力的概念研究简评

教学能力是一个多维的综合性概念，是认知、技能、动机、信念、情感态度、价值观等的综合体现。学者们聚焦能力"是什么"这一问题上，从不同角度对教学能力的概念进行界定。总体看来，目前关于教学能力概念的研究主要有两类视角：一类沿用心理学视角，将教学能力视为一种心理特征；另一类是教育学视角，通过分析教学活动过程或目标来界定教学能力概念。学界对教师教学能力的界定尽管未达成共识，但都体现了教学能力的个体性、实践性、活动性和综合性等特点。不同学者从不同角度对教师教学能力的界定，对于进一步理解教学能力的概念有着重要意义。

（二）教学能力的结构研究简评

从大量文献的研究可以看出，教师的教学能力是一种特殊的能力，有着复杂的结构形式。国内外学者们主要从心理学、教育学和教师专业发展的角度，重点分析和探讨教师的教学能力结构。从心理学角度分析，学者们认为教师的教学活动受到了教师的思想品格、心理特征、行为规范等因素的影响，同时认为这些因素会直接影响教师的教学能力构成；从教师专业发展视角研究教学能力的构成，学者们比较关注教师的职业角色，他们把教学能力看成教师专业发展的重要维度。由于教学能力首先要保证教学任务的完成，因此，国内外学者主要从教学活动过程的需求出发，研究教学能力的结构。研究结论虽然各有差异，但都涉及教学设计、教学实施、教学评价等要素，这些是教师教学能力结构研究的主导。这些研究，为后续研究奠定了良好的理论基础。

（三）教师教学能力的发展研究简评

国内外研究者对教学能力发展的内涵、特点、影响因素等进行了诸多卓有成效的研究，为本研究奠定了坚实的理论基础。尽管不同研究者对教学能力发展的理解各有侧重，但纵观不同的教师发展影响因素论，学者们归纳的影响因素大致相同，总体来看，外部因素考虑的多，而内部因素考虑的则比较少。除格拉特霍恩特别强调促进教师发展的特殊介入活动外，主要影响因素不外乎个人环境与组织环境。同时，学者们都特别强调了校长及学校管理风格这一因素对教师的影响。因为教师发展的主要历程是在中小学环境下展开的，所以，学校的管理风格或组织文化是影响教师发展的重要因素。[①] 当然，上述教师发展影响因素论还存在一些局限，如没有把教师对自己专业发展的需要和意识作为一个独立的影响因素来考察。事实上，教师发展的需求与意识是教师发展的内在驱动力，是教师发展的重要影响因素。

二、教师教学能力研究的不足

尽管研究者对教师教学能力进行了诸多卓有成效的研究，笔者以为当前的教师教学能力研究还存在着一些明显不足。

第一，对"教学能力是什么"的研究还不够。探讨"教学能力是什么"的问题，是教学能力研究的基础和前提。此外，在对教学能力与教学知识、教学技能三者的概念界定，以及厘清教学能力与教学知识、教学技能三者之间的关系方面，研究探讨还不够，以致部分研究中出现了概念间的相互替代现象。

第二，教学能力的结构趋同，未能凸显出不同教师主体间的差异性和教学能力所应具有的时代特点。不同教师主体的教学能力结构确实应该有其相同之

[①] 杨秀梅：《费斯勒与格拉特霍恩的教师发展影响因素论述评》，载《外国教育研究》2002 年第 5 期，第 35-38 页。

处，但也应该各有独特性，比如，幼儿园教师与小学教师、中学教师在教学能力方面就有差异。同时，教学能力也有发展性，这种发展性与时代性密切相连，这意味着教学能力结构要有体现一定时代性的要素，而这恰恰也是已有研究的不足。①

第三，教师教学能力的研究仍然侧重教师的"教"，对"学"的关注不够。对教学的理解原本就包含了"教"与"学"的基本共识，但教学能力的研究成果更多凸显了"教"，而对"学"的关注度不够，尤其是对"教"与"学"统一、"教—学—评"一致性的关注和研究还远远不够深入。

三、教师教学能力研究的未来展望

基于上述对教师教学能力研究成果的分析可以看出，随着知识经济的崛起、信息技术发展的突飞猛进，以及新课程改革的深化倡导以核心素养为本的教育，教师教学能力还有很大研究的空间。

（一）加强教学能力的概念研究

教学能力是一个复合词，由"教学"和"能力"两个词组合而成。教学是一项极为复杂的社会活动，由于受不同价值取向、视角和目的的影响，不同时代、不同的人对教学的理解必然会多样化，对教师的教学能力内涵的认识也因此变得多样；"能力"本身又是一个极为模糊的词汇，存在着与知识、技能混用的现象。当复杂的教学活动与"能力"结合，构成的"教学能力"时就会变得更加复杂。因此，开展关于教学能力的研究，首先要界定教学能力的内涵本质及其时代特征，即明确新时代下的教学能力到底是什么。

（二）深化教学能力的结构研究

结构既指一种思想观念形态，又指事物的运动状态。当今社会的发展，对人的要求越来越高，这必将反映到培养人的重要载体——教学中来，体现在教学主体上，则表现为教师教学能力结构的发展与变化。由此，从内在逻辑看，教师教学能力的发展，亟须从教师主体这一原点，向社会的各个层次延伸或扩

---

① 张剑、李彬、申姗姗等：《我国教师教学能力研究的热点与展望：基于 2005—2015 年 CNKI 期刊文献的计量分析》，载《教育理论与实践》2017 年第 28 期，第 32-36 页。

展，随着社会发展体现出动态优化的教学能力结构，因为社会发展的属性变化以及社会与教学、教师之间的能量和信息的交换，无不影响和制约着教师教学能力发展的方向、进展与质量，这都会让教师教学能力的发展在结构上表现出动态化的趋势。[①] 新时代下的教师教学能力研究与实践必将打上深刻的时代烙印，因此，对教学能力结构的研究，要尽可能地体现出具有时代特点的结构要素。

（三）扩大教学能力的研究视野

国内对教学能力的研究多从教师专业发展、教学质量提升、教师队伍建设等角度进行探讨，对教师自身考虑不足，如从教师自主发展、个体职业生涯规划等方面切入的研究成果较少；同时，从学生角度出发，考虑学生发展对教师教学能力发展的要求和学生希望教师具备哪些教学能力等方面的研究成果明显不足，这间接导致了目前提出的策略缺少实效性和针对性。该领域在未来应拓展研究视野，不仅需要从"教"的角度展开，加强教师教学能力的自主发展研究和不同发展阶段教师教学能力、学科教学能力的研究，探索教学能力发展的自主性、阶段性和不同教师教学能力发展的特殊性，还要强化从"学"的角度展开对教师教学能力的探索，以学生为中心，从多个视角对教师教学能力进行探索，从而构建立体、多元的研究体系。[②]

四、相关研究成果对本研究的启示

已有研究的不足是后续研究的新的出发点，为本书提供了进一步研究的问题与创新的可能性。

（一）相关研究成果为本书奠定了理论基础

首先，已有研究使人们对教学能力的内涵、性质的理解进一步深化，并对教学能力作为教师所具有的一种特殊能力达成共识；其次，已有研究形成了对

[①] 宋明江、胡守敏、杨正强：《论教师教学能力发展的特征、支点与趋势》，载《教育研究与实验》2015年第2期，第49-52页。

[②] 张剑、李彬、申姗姗等：《我国教师教学能力研究的热点与展望：基于2005—2015年CNKI期刊文献的计量分析》，载《教育理论与实践》2017年第28期，第32-36页。

教学能力的结构和内容的多元认识，丰富了教学能力的理论研究，并为教学能力的提升提供了理论依据和现实路径。

（二）相关研究成果为本书提供了基本思路

已有研究对教学能力发展的影响因素进行了探讨，为提出教学能力的提升策略提供了可能，也为教师教学能力发展提供了现实路径。本书在学习借鉴相关研究的基础上，拟从以下方面进一步拓展教师的教学能力研究。

1. 拓展教师教学能力发展的价值意蕴研究

教师教学能力源自教学实践，又以教学实践施加于师生成长，是教学相长以增进实践智慧和适应现代教育转型的关键。随着新时代的到来，新教学不仅要聚焦"如何教"的问题，还要关注"为何这样教""教的意义"和"教的效果"等，并将"遵理、求实、显真、臻善"融入工具并合理化运用。素养导向的教学实践对教师教学能力发展提出了新要求，教师教学能力发展的价值意蕴表现为从"育人"单向度到"育人育己"双向度的能力结构转变。[①]

2. 深化教师教学能力结构理论模型研究

无论是基于心理学视角，还是基于教师角色、教学过程的视角，教师教学能力结构研究都强调如何才能更好地完成教学任务，并表现为由受"教师中心"范式的影响，转变为更多地受"学生中心"或"学习中心"范式的影响，[②] 并从育人"单向度"转变为"育人育己"双向度的能力结构[③]。本研究借鉴能力的洋葱理论，以及 W. M. Molenaar 等人（2009）提出的教师教学能力结构模型，将教师教学能力分为胜任素质、工作领域、教学活动三个相互独立的维度。

3. 探讨信息化社会中教师教学能力的发展问题研究

信息技术的突飞猛进，改变了教师的教学方式和学生的学习方式，也改变了教学环境以及教学资源的供给与呈现，而关于信息化社会中教师教学能力如何发展的研究还欠深入。有关信息技术与教师教学能力的关系研究也明显不足：是信息技术促进了教师教学能力的发展，还是信息技术是教师教学能力发展的一部分？对此，相关研究并不多，也缺乏研究深度。因此，这也是本书将予以重点关注的问题。

[①] 黄培森：《实践理性视域下教师教学能力发展：价值、向度与策略》，载《现代教育管理》2021年第10期，第63-69页。

[②] 谢建：《教师精准教学能力模型构建研究》（博士学位论文），东北师范大学2020年，第21期。

[③] 黄培森：《实践理性视域下教师教学能力发展：价值、向度与策略》，载《现代教育管理》2021年第10期，第63-69页。

4. 进一步深化教师教学能力发展的影响因素研究

中外学者对教师专业发展影响因素的研究，主要从两个角度来探讨：一种是以教师个人为坐标，把影响因素分为个人因素和非个人因素，非个人因素包括组织因素、环境因素或社会因素、学校因素等；另一种是根据教师专业发展的阶段来讨论影响因素的划分。其中，美国学者费斯勒的影响教师生涯发展的二因素理论（个人环境因素、组织环境因素）、格拉特霍恩的影响教师发展的三因素理论（教师个人、环境因素以及特殊介入活动），以及国内学者王宪平的影响教师教学能力发展的四因素理论（政府、教师教育机构、教师任职学校和教师本人），为本书了解并重视各种影响因素的作用，进而探讨教师教学能力发展路径提供了理论依据，对本书有着重要的指导与借鉴意义。

第三章　教师教学能力的理论重构

"教"的行为原本是旨在引出、导引儿童"学"的行为。教师的影响作用必须是把儿童的学习行为引导到使之成为"人"的行为上去。①

——[日] 丰田久龟

---

① 转引自[日] 佐藤正夫《教学原理》，钟启泉译，教育科学出版社2001年版，第3页。

观念是行动的指南。"教学改革问题绝不是改变单一的教学方式、方法和模式的问题，也不仅仅是知识的处理问题，更不是教与学时间的简单分配、教与学程序的简单翻转的问题。"① "知识是教育实践的核心内容，知识观是教育实践的根本性和基础性认识问题"②，"知识观是我们开展教育工作的前提和从事知识实践的基础"③。知识观的不同，会导致对教育本质认识的不同，更会导致教育实践方向的不同。④

第一节 基于核心素养的观念重建

"严格意义上的教学和教学理论首先必须回答知识观的问题"⑤，"在教育观系统中，知识观与教育观、课程观、学习观、教师观、学生观相互关联、相互影响、彼此作用"⑥。

一、知识观：从认识论立场走向教育学立场

"知识观是人们对知识的基本看法、见解与信念，是人们对知识本质、来源、范围、标准、价值等的种种假设，是人们关于知识问题的总体认识和基本观点。"⑦ 知识观涉及"什么是知识""知识的特征是什么""知识是如何生成

---

① 郭元祥：《"深度教学"：指向学科育人的教学改革实验》，载《中小学管理》2021年第5期，第18-21页。

② 陈丽、逯行、郑勤华：《"互联网+教育"的知识观：知识回归与知识进化》，载《中国远程教育》2019年第7期，第10-18页。

③ 潘洪建：《知识观的概念、特征及教育学意义》，载《江苏大学学报（高教研究版）》2005年第4期，第1-5页。

④ 陈丽、逯行、郑勤华：《"互联网+教育"的知识观：知识回归与知识进化》，载《中国远程教育》2019年第7期，第10-18页。

⑤ 郭元祥：《论深度教学：源起、基础与理念》，载《教育研究与实验》2017年第3期，第1-11页。

⑥ 潘洪建：《知识观的概念、特征及教育学意义》，载《江苏大学学报（高教研究版）》2005年第4期，第1-5页。

⑦ 潘洪建：《知识观的概念、特征及教育学意义》，载《江苏大学学报（高教研究版）》2005年第4期，第1-5页。

的""知识的载体是什么"等问题。①

认识论知识观认为,知识是客观存在的,具有普遍抽象性;知识存在于有限的书本之中,表现为静态固化的文本形态,以分科系统作为分类方式。② 所谓知识,"是客观事物的属性与联系的反映,是客观事物在人脑中的主观映像"③;"知识是人类认识的成果,它是在实践的基础上产生又经过实践检验的对客观实际的反映"④。显然,哲学认识论知识观关于知识的本质,为人们提供了理解知识最普遍的世界观和方法论,但其有明显的时代局限性,不利于学生核心素养的养成。

"教育学的知识立场的基点是人的生成与发展,它始终围绕着人的发展来处理知识问题。"⑤ 从教育的角度来看,挖掘知识的育人价值和精神意义,促进教学达成"转识成智""以文化人"的目的,是教学从知识导向走向素养导向的基本前提。核心素养养成需要的是强有力的、可迁移的活性知识。这种强有力的知识不仅含有知识的公共属性层面的客观成分,更为关键的是,知识在具体的情境中经个体理解与建构后具有了主观成分,它是生成知识个体意义的发源地。⑥ 素养导向的知识形态应超越客观主义知识观视知识为"一成不变的永恒真理"的认识,转向关注知识的实践性与情境性,凸显知识的实践价值与个人意义。2017年,联合国教科文组织在报告《反思教育:向"全球共同利益"的理念转变》中对知识进行了重新界定:知识"可以理解为个人和社会解读经验的方法。因此,可以将知识广泛地理解为通过学习获得的信息、理解、技能、价值观和态度。知识本身与创造及再生产知识的文化、社会、环境和体制背景密不可分"⑦。

挖掘知识的育人价值和精神意义,是教学从知识导向走向素养导向的基本

---

① 陈丽、逯行、郑勤华:《"互联网+教育"的知识观:知识回归与知识进化》,载《中国远程教育》2019年第7期,第10-18页。

② 陈丽、逯行、郑勤华:《"互联网+教育"的知识观:知识回归与知识进化》,载《中国远程教育》2019年第7期,第10-18页。

③ 中国大百科全书出版社编辑部编:《中国大百科全书·教育》,中国大百科全书出版社1985年版,第525页。

④ 中国大百科全书出版社编辑部编:《中国大百科全书·教育》,中国大百科全书出版社1985年版,第1169页。

⑤ 郭元祥:《知识的性质、结构与深度教学》,载《课程·教材·教法》2009年第11期,第17-23页。

⑥ 钟启泉:《概念重建与我国课程创新》,载《北京大学教育评论》2005年第1期,第48-57页。

⑦ 陈丽、郑勤华、徐亚倩:《知识的"技术"发展史与知识的"回归"》,载《现代远程教育研究中心》2022年第5期,第3-9页。

前提。① 促进素养养成的知识形态，兼具主观性与客观性，具有实践性与情境性。② 知识兼具主观性与客观性是指知识要与个体的经验、价值、信念深度融合，才能使知识富有个体意义，成为强有力的活性知识。同时，知识的实践性与情境性对个体意义的生成也极为重要。知识的实践性强调知识的掌握、运用、迁移是一体的，即知识既在实践中生成，亦为解决实践中的问题服务。当知识以符号和文字的形态呈现的时候，人们往往忽略了知识背后具体的、真实的和富于情境性的意义世界。只有将知识复归于具体的情境，在情境中互动才有助于学生自身经验与外部世界建立连接，生成知识的个人意义。因此，《义务教育课程方案（2022年版）》明确指出，要"注重培养学生在真实情境中综合运用知识解决问题的能力"，"学会在真实情境中发现问题、解决问题"，并把"变革育人方式，突出实践"作为课程建设遵循的基本原则。③

二、课程观：从"课程是知识"到"课程是经验"

课程观是人们关于课程问题的总体认识和基本观点，不同的课程观受不同的知识观的影响。有关"课程是什么"的问题，主要有两种代表性观点：一是"课程是知识"，二是"课程是经验"。"课程是知识"的观点，是"知识导向教学"的理论基础；而"课程是经验"的观点，则是"素养导向教学"的理论基础。④

"课程是知识"的观点，是典型的学科本位和知识中心主义的课程观。在英语里，"课程"一词最早出现在斯宾塞的《什么知识最有价值》一文中，"把课程的本质视为知识"这种观点的基本思想是学校课程的主要使命是使学生获得知识。《中国大百科全书教育》对课程的定义是，"课程是指所有学科（教学科目）的总和，或学生在教师指导下各种活动的总和"。这种课程观强调的是受教育者掌握完整的、系统的科学知识；学习者是课程的接受者，教师是课程的说明者、解释者。从历史发展的角度看，学科本位或知识中心主义的课程观有其进步的一面，即使在现代也有其合理性；但站在核心素养时代的高

---

① 余文森：《核心素养导向的课堂教学》，上海教育出版社2017年版，第110页。
② 伍远岳：《论深度教学：内涵、特征与标准》，载《教育研究与实验》2017年第4期，第58－65页。
③ 中华人民共和国教育部：《教育部关于印发义务教育课程方案和课程标准（2022年版）的通知》，见中华人民共和国教育部网（http://www.moe.gov.cn/srcsite/A26/s8001/202204/t20220420_619921.html）。
④ 余文森：《核心素养导向的课堂教学》，上海教育出版社2017年版，第125页。

度，学科本位或知识中心主义的课程观有其明显的局限性，主要表现为关注知识而不关注人，使教育背离了自身的宗旨。①

"课程是经验"的观点，是基于对"课程是知识"观点的反思与超越，是在"课程是知识"观点的基础上加以系统化、理论化而提出的。"课程是经验"的课程观，把课程视为学生在教师指导下所获得的经验和体验，以及学生自发获得的经验和体验。"课程是经验"的观点的基本思想是，只有个体亲身的经历才称得上是学习，才能使外在的知识转化为学习者自身所拥有的经验。课程就是让受教育者体验各种各样的经历，并在这样的过程中将学习对象（包括但不限于知识）转化为自身的经验，并且实现自身的变化与发展。这种课程观强调学习者的主体角色，突出学习者在课程中的体验；注重从学习者的角度出发设计课程；以学习者实践活动的形式实施课程；学习者本人是课程的组织者和参与者。②

教育学立场的知识观是创生的知识观，视知识为一种探索的行动或创造的过程、理解与建构的活动。受教育学知识观的影响，"课程是经验"的课程观认为，课程是与教师的人生阅历、教师的教育理念、师生所处的社会环境以及教育情景相关联的教育要素；课程不是给定的、一成不变的教育要素，而是可以由教师来变更的。在这样的知识观和课程观的支配下，"教师成为课程的创生者，由课程的静态实施者转变为课程的动态实施主体，基于自己的教育知识和教育理解、时刻联系着学生的生活经验和学生生活领域的各种有意义的背景，成为进入课程并改造预设课程内容的要素"③。

教师对课程的"重构"或"二次开发"，是教师和学生在具体情境中创造新课程的过程。课程实施是教师与课程设计者、与文本、与学生以及与教育情境之间的持续对话的过程，通过不断的对话达成共识、生成意义，教师由课程的"执行者""旁观者"变成课程的开发者、创生者。这样一来，教学实践就成为师生共同创生课程、不断生成新意义的过程，成为自主状态下理解、创造、思考并生成出个人知识的过程。④

---

① 余文森：《核心素养导向的课堂教学》，上海教育出版社 2017 年版，第 125 页。
② 余文森：《核心素养导向的课堂教学》，上海教育出版社 2017 年版，第 125 页。
③ 王志林：《论课程意识与教师个人知识的创生》，载《全球教育展望》2008 年第 10 期，第 35-39 页。
④ 王志林：《论课程意识与教师个人知识的创生》，载《全球教育展望》2008 年第 10 期，第 35-39 页。

三、教学观：从"以教定学"到"为学而教"

知识观、课程观影响教学观。教师持有的知识观如何，在很大程度上决定着教师在教学方法的选择、运用、改革、创新等方面的成效；"课程观决定教学观，教师怎么理解课程会从根本上决定怎么理解教学，并因此影响教学改革的深度和广度"①。基于核心素养培育的教学，需要从"以教定学"转变为"为学而教"。所谓"以教定学"是指侧重于从"如何教"的视角来设计教学，教师"教"的过程决定了学生"学"的方式和过程；而"为学而教"则是一种相反的理念和思路，侧重于围绕学生"如何学"来设计"如何教"，是以学习为中心的教学过程。②

近三十年来，我国的教育理论一直因循客观主义知识观，视知识为一种现成的、纯粹客观的实体，把知识作为一个可以直接接受的认识结果，"把教学看成是认识过程，完成认识性任务便成为教学的主要甚至唯一任务"③。这种教学主要是知识的传输与技能的训练，忽视学生的体验、情感、态度、价值观，陷入不断讲知识、听知识、背知识与考知识的恶性循环之中，学生获得孤立的、静态的、碎片化的知识只能用于考试，其负面影响是极易导致教学的"知识本位主义""知识授受主义"和"知识功利主义"倾向。④"知识本位主义""知识授受主义"的知识形态难以进入学生个人的意义世界，无法在复杂的情境中被灵活运用，学生的素养自然难以生成，教学的发展性功能也就难以实现。⑤

教学要致力于构建以学为主线、以学为本的课堂教学体系和结构，建设学习中心课堂。"学是教学的出发点、落脚点，教学的中心、重心在学而不在教，教学应该围绕学来组织设计、展开。"⑥ 教育部原部长陈宝生在2017年全国教育工作会议上明确强调，要"建立以学习者为中心的人才培养模式"。"把教学关系变革提高到人才培养模式的高度，这对我们推进教学改革具有重

---

① 余文森：《核心素养导向的课堂教学》，上海教育出版社2017年版，第127页。
② 杨小微、胡雅静：《从"以教定学"到"为学而教"：中国教学走向现代化的40年》，载《全球教育展望》2018年第9期，第9-23页。
③ 王敏：《我国当代教学观的反思与重建》，载《课程·教材·教法》2003年第5期，第19-24页。
④ 郭元祥：《知识的性质、结构与深度教学》，载《课程·教材·教法》2009年第11期，第17-234页。
⑤ 伍远岳：《论深度教学：内涵、特征与标准》，载《教育研究与实验》2017年第4期，第58-654页。
⑥ 余文森：《核心素养导向的课堂教学》，上海教育出版社2017年版，第147-150页。

要的指导意义。"钟启泉教授也强调:"课堂教学应以学生的自主活动为中心展开,教学目标的设定、教材教法的选择、班级的集体交互作用等所有的构成要素都应当为形成学生的自主活动加以统整,都必须服从于学生自主活动的组织。"① 因此,"把学习的权利和责任还给学生,激发学生的学习兴趣,培养学生的学习能力,引导学生学会自主学习和自我教育。这是当代学习范式重建的前提和基础,也是教学改革深化发展的支点和标志"②。

凸显"学"的地位和作用是当今世界教学改革的共同走向,从"教"转向"学"是当代教学观的主要发展趋势。③ 联合国教科文组织早在1972年出版的报告《学会生存:教育世界的今天和明天》中就明确指出"未来的学校必须把教育的对象变成自己教育自己的主体,受教育的人必须成为教育他自己的人","教学过程的变化是学习过程正趋向于取代教学过程"。④ 基于学生学习的教学不仅是教学本质的体现,还是学生形成学科核心素养的必然要求,应强调教学必须提升课堂的教育涵养,实现育人功能,发展学生的学科素养,特别是学科思想和思维、学科关键能力表现的发展。从教育的角度看,一切进入学生发展历程的知识都应赋予学生成长的意义;学习并掌握基础知识是教学的基本表层目的,但不是教学的终极目的,促进学生成长和个性发展才是教学的终极目的。教学真正需要关心的不是学生在学习知识之后知道了什么,而是学生在价值观念、思维方式、生活方式等方面发生了怎样的精神发育。⑤

四、学习观:由知识本位转为素养导向

20世纪以来,受认识论知识观的影响,知识被视为对客观世界正确反映的绝对真理,学习成了无媒介的人脑被动反映过程,学习活动被视为以观念为对象的大脑细胞突触联结。学习的价值在于"储存知识",整齐划一的标准考试将这种学习客观化、可视化,考试变成了学习目的,学习变成了考试工具,由此衍生了功利主义学习倾向。教学目标指向识记、回忆等低水平认知素养发

---

① 钟启泉:《课堂互动研究:意蕴与课题》,载《教育研究》2010年第1期,第73-80页。
② 余文森:《核心素养导向的课堂教学》,上海教育出版社2017年版,第147-150页。
③ 李香玲:《我国当代教学观的反思与重建》,载《教育与教学研究》2012年第12期,第39-42页。
④ 联合国教科文组织国际教育发展委员会:《学会生存:世界教育的今天和明天》,华东师范大学比较教育研究所译,教育科学出版社1996年版,第200-201页。
⑤ 郭元祥:《论深度教学:源起、基础与理念》,载《教育研究与实验》2017年第3期,第1-11页。

展，人的社会性和情感性素养被抛弃。这种以"储存知识"为基本取向、以学生"被动接受"为基本形式的学习观，既不利于培养学生批判性思维和问题解决能力，也不利于发展学生团队合作与关爱包容意识。①

数字时代需要的人才素养与以往要求的有着极大的不同。面对未来的挑战，我们培养的人才应具备创新能力、协作交流能力、批判性思考和解决真实问题的能力、社会责任和家国情怀等必备品格和关键能力，而国家竞争力也有赖于教育是否做好了培养这种人才的准备。②素养是个体在复杂情境下解决问题的能力，是知识、能力、情感和态度、价值观等的综合体；核心素养是指"学生在接受相应学段教育过程中，逐步形成的适应个人终身发展和社会发展需要的必备品格与关键能力"③。因此，聚焦核心素养，体现育人为本，加强正确价值观引导，重视必备品格和关键能力的培育是当前教育改革与发展的主旋律，也是课程与教学的主要目的所在。2022年4月，教育部颁布《义务教育课程方案（2022年版）》和各科课程标准，提出了深化课堂教学改革的要求，并强调改变教学目的，主张课堂教学应坚持素养导向，培养学生正确价值观、必备品格和关键能力。④

"素养是在知识运用和问题解决的具体情境中生成的，知识并非脱离主体经验与现实情境的实体，其价值和意义体现在知识运用的实践之中⑤。""素养本位"的学习，其价值不在于知识堆积，而在于发展习得知识所必需的认知工具和学习策略，使学生能够使用交互式信息工具，能够在异质群体中有效互动，具有自主性和反思行动等素养，成为具有独创个性与道德完整的终身学习者。信息技术快速发展不断带来各种不确定的未知问题，对新情境中各种问题的恰当应对能力对每个人的生存与生活都十分必要。"素养本位"的学习指向这种能力的发展，是一种综合运用知识、技能、情感、态度等社会心理资源，通过解决复杂情境中的各种问题而获得持久性能力改变的实践活动。"素养本位"的学习秉持知识的建构性与学习的探究性，学习即问题解决、学习即协作、学习即对话；学会思维、学会交往、学会关心是其核心价值追求；坚持问

---

① 张紫屏：《论素养本位学习观》，载《全球教育展望》2016年第3期，第3-14页。
② 郑葳、刘月霞：《深度学习：基于核心素养的教学改进》，载《教育研究》2018年第11期，第56-60页。
③ 辛涛等：《论学生发展核心素养的内涵特征及框架定位》，载《中国教育学刊》2016年第6期，第3-7、28页。
④ 中华人民共和国教育部：《教育部关于印发义务教育课程方案和课程标准（2022年版）的通知》，见中华人民共和国教育部网（http://www.moe.gov.cn/srcsite/A26/s8001/202204/t20220420_619921.html）。
⑤ 崔允漷等：《义务教育课程改革的目标、标准与实践向度（笔谈）：〈义务教育课程方案和课程标准（2022年版）〉解读》，载《现代教育管理》2022年第9期，第6-18页。

题导向、创设真实情境、建构合作关系、实施指导性探究构成了其方法要素。①

五、评价观：从知识为本转向素养为重

"评价的本质功能是为教和学提供反馈，是为了促进学习。筛选、选拔只是其一部分功能。"② 评价对课程和教学改革在客观上发挥着指挥棒作用。如何检验学生通过学习课程内容达成的核心素养综合表现，是全面落实新课标的关键环节。核心素养是个体适应未来社会生存与发展所需要的关键能力、必备品格与价值观念。③ 它超越了简单的知识记忆和技能训练，指向真实情境中的问题解决。

传统教学评价在取向上过度关注书本知识的掌握程度，在方式上以纸笔测试为唯一的评价方式，在效果上以分数高低为衡量教学高低优劣的唯一尺度，这种以"甄别、选拔"为导向的教育评价忽视了评价的诊断与改进功能，无法评估学生的核心素养，不利于核心素养的养成，难以适应时代的新要求，必须予以改革。

素养导向的教学评价，要从关注达成三维目标的知识和能力本位转向发展学生核心素养的育人本位。2011 年版的义务教育课程标准强调评价要以实现三维目标为导向，明确提出"积极推进评价考试制度改革"，"要以课程标准为依据确定科学的评价标准，尤其要重视基础知识与基本技能、过程与方法、情感态度和价值观等课程目标的全面落实"。④《义务教育课程方案（2022 年版）》则强调评价要以落实核心素养为导向，明确提出"更新教育评价观念。强化素养导向，注重对正确价值观、必备品格和关键能力的考查，开展综合素质评价"。⑤

---

① 张紫屏：《论素养本位学习观》，载《全球教育展望》2016 年第 3 期，第 3 – 14 页。
② 杨向东、崔允漷：《课堂评价：促进学生的学习和发展》，华东师范大学出版社 2012 年版，第 155 页。
③ 崔允漷、邵朝友：《试论核心素养的课程意义》，载《全球教育展望》2017 年第 10 期，第 24 – 33 页。
④ 中华人民共和国教育部：《教育部关于印发义务教育语文等学科课程标准（2011 年版）的通知》，见中华人民共和国教育部网（http://www.moe.gov.cn/srcsite/A26/s8001/201112/t20111228_167340.html）。
⑤ 中华人民共和国教育部：《教育部关于印发义务教育课程方案和课程标准（2022 年版）的通知》，见中华人民共和国教育部网（http://www.moe.gov.cn/srcsite/A26/s8001/202204/t20220420_619921.html）。

为了更加凸显核心素养立意的评价育人理念，《义务教育课程方案（2022年版）》以核心素养为主要维度，分别在各个学科创设了学科学业质量标准，这不仅为描述学生在经过课程学习之后应达到的核心素养水平提供了评价依据和客观参照，还在具体的评价标准中更加注重学生素养形成的过程性和真实性，也更加重视考试评价与核心素养紧密结合，以此从评价全程来保障核心素养和立德树人根本任务的有效落实。①

第二节　基于核心素养的教学变革

"核心素养在当前国际教育改革进程中越来越受到人们的重视，基于核心素养的教学，则必然要求有与之匹配的变革行动。"② 核心素养概念的提出本身就具有认识论的价值和意义，能够引领教学主体的思维转型，实现教学的价值自觉。当前，核心素养正深刻影响着世界各国的教育改革，已成为推动课程与教学改革、教师专业发展、教学评价改革的引擎。

一、教学价值：落实立德树人的根本任务

"教学价值取向决定了教学改革的方向和性质，其形成与改变既与历史文化传统的深厚渊源相关，也受当下教育政策导向、教学实践变革、教学理论发展乃至社会心态转变的深刻影响。"③ 核心素养概念的提出反映了教学观念的变革，更深入地引导着教学价值取向的变迁。

"培养什么人、怎样培养人"，是我国社会主义教育事业发展中必须解决的根本问题。党的十八大报告首次"把立德树人作为教育的根本任务"，坚强而有力地回答了这一事关党和国家前途命运的问题，具有里程碑意义。它抓住

---

① 刘志军、徐彬：《新课标下课程与教学评价方式变革的挑战与应对》，载《课程·教材·教法》2022年第8期，第4—11页。
② 张紫屏：《基于核心素养的教学变革：源自英国的经验与启示》，载《全球教育展望》2016年第7期，第3—13页。
③ 杨小微、胡雅静：《从"以教定学"到"为学而教"：中国教学走向现代化的40年》，载《全球教育展望》2018年第9期，第9—23页。

了教育的本质要求，明确了教育的根本使命，符合教育规律和人才培养规律，进一步丰富了人才培养的深刻内涵。课堂教学是人才培养的主渠道，必须将立德树人放在首要位置。立德树人是现代课堂教学的核心理念和本体使命，也是教学贯彻落实以人民为中心思想的具体体现。

坚持立德树人，就是要着眼于学生的全面发展，使之成为德智体美全面发展的社会主义建设者和接班人。首先，坚持立德树人，必须坚持德育为先。教学必须彰显正确的思想和高尚的价值，高质量教学的根本追求就是要让中小学课堂具有深刻的思想性和高度的价值性，这是基于核心素养课堂教学改革的发展方向和重点。[①] 其次，坚持立德树人，必须着眼促进学生全面发展。人的全面发展是人类的崇高追求，是人的发展和社会发展的最高目标、最终价值取向；课堂教学是培养和造就全面发展的人的主渠道，必须将立德树人放在首要位置，必须以学生为本，关注学生的全面发展、和谐发展、持续发展、终身发展和健康成长。教学的育人价值不仅包括人的认知发展，还包括完整的人全面而有个性的发展，既要德智体美劳"五育"并举，也要"五育"融合。

21世纪是一个需要学生能够在复杂情境下有效地解决问题的社会，而这种素养和能力需要通过学校教育得到发展。因此，核心素养的提出迎合了时代发展之需，与教育目标的发展具有内在一致性，即核心素养是教育目标的具体体现，素养的内涵具有时代特性：时代发展对人的发展提出了新要求，"培养什么人"和"怎么培养人"也被增加了新品质和新内涵。[②] 要落实立德树人的根本任务，教师必须从学生发展的角度来思考教学，将教学的重心真正地从学科知识转向学生。也就是说，基于核心素养培育的教学要从知识本位转向育人为本，当教师从学生核心素养的培育出发，按照知识为基、能力为重、价值观为上开展教学，把教学看作学生身体发育、认知成长、心灵不断丰富的过程，着力培养学生扎实的学识、必备的能力、良好的品格和正确的价值观，教学应该具有的教育和教化的功能就能凸显，教学的本体价值就得以彰显。

二、教学目标：推进素养为纲的教学目标建设

不同的教学目标体现了不同时代对人才发展的需求。就教学目标而言，我国中小学教学改革经历了从"双基"到"三维目标"再到"核心素养"三个

[①] 郝志军：《探寻优质课堂》，载《人民教育》2018年第21期，第61-65页。
[②] 张紫屏：《基于核心素养的教学变革：源自英国的经验与启示》，载《全球教育展望》2016年第7期，第3-13页。

阶段，完成了从"知识"到"学科"再到"人"的转向。

教学目标从"双基"到"三维目标"再到"核心素养"的嬗变，缘于主导性教学观念的更迭，深刻体现着教学价值取向的时代变迁。当人民文化水平难以适应现代化建设的需要，急需培养具有基础知识和基本技能的社会建设人才之时，"双基"引领下的教学应运而生；"双基"导向的教学，基础知识、基本技能被当成教学的根本目的和追求，课堂教学逐渐从原来的松散无序走向标准规范。随着时代发展，人们逐渐意识到，仅仅关注"双基"难以支撑学生未来的学习与生活，于是第八次新课改在 2001 年全面启动，正式提出了"三维目标"，即知识与技能、过程与方法、情感态度与价值观。新课改关于"三维目标"的描述与强调，"在一定意义上纠正着人们在知识技能等智力因素与情感、兴趣、个性等非智力因素之间非此即彼的摇摆态度，进而帮助教师树立起相对完整的教学目标观"[1]。21 世纪是知识经济全球化、信息化的时代，社会更加复杂、变化更快、不确定性更大，这就要求劳动力有更强的适应变化的能力、解决复杂问题的能力、交流与合作的能力，以及使用现代信息技术的素养。因此，核心素养的提出就是为了应对 21 世纪的挑战，世界范围内的核心素养热潮实质上是教育目标的升级运动，是国际教育竞争的集中反映。

受国际社会核心素养研究潮流的影响，我国于 2013 年启动了"基础教育和高等教育阶段学生核心素养总体框架研究"项目；2014 年 3 月出台的《教育部关于全面深化课程改革落实立德树人根本任务的意见》正式提出"核心素养体系"这一概念，并将其置于深化课程改革、落实立德树人目标的基础地位；2016 年 9 月发布的《中国学生发展核心素养》以"全面发展的人"为核心，从文化基础、自主发展、社会参与三个方面界定了学生应该具备的人文底蕴、科学精神、学会学习、健康生活、责任担当、实践创新六大素养，标志着我国基础教育课程改革迈进了"核心素养"时代。核心素养被界定为学生应具备的、能适应终身发展和社会发展需要的必备品格和关键能力，从学生学习结果的角度描述了未来社会所需要的人才规格，成为进一步深化基础教育改革、推进课程建设与教学改革的切入点。[2]

"核心素养为纲的教学目标规定了学科教学从以学科为本转向以人为本的根本方向，直接关系到'培养什么人'和'培养人的什么'问题。"[3] "从'双基'的确立，到'三维目标'的提出，再到'核心素养'的出台，每次

---

[1] 杨小微、胡雅静：《从"以教定学"到"为学而教"：中国教学走向现代化的40年》，载《全球教育展望》2018年第9期，第9—23页。

[2] 车丽娜、徐继存：《核心素养之于教学的价值反思》，载《全球教育展望》2017年第10期，第64—72页。

[3] 吴刚平、安桂清等：《新方案·新课标·新征程〈义务教育课程方案和课程标准（2022年版）〉研读》，华东师范大学出版社2022年版，第20页。

转折都会对课堂教学产生深刻且广泛的影响。"① "三维目标"较之于"双基","核心素养"较之于"三维目标",都既有传承的一面又有超越的一面。② "核心素养是三维目标的深化和发展,在新的知识观的指引下,二者在不同的方面朝着同一个方向共同作用于学生的发展。"③ 因此,"三维目标"充实了教学的育人价值,"核心素养"则是对教学价值的聚焦式的表达。作为核心素养主要构成的关键能力和必备品格,实际上是三维目标的提炼和整合,把知识、技能和过程、方法提炼为能力,把情感态度价值观提炼为品格,能力和品格的形成即是"三维目标"的有机统一。④ 核心素养理念在继承"三维目标"逻辑性分类的基础上有效地避免了各维度之间的实践裂隙,基于核心素养的课程标准瞄准学生发展所需的关键因素,使学生在当前阶段通过特定内容的学习为后续的发展打下坚实的基础。⑤

三、课程内容：推进素养为纲的课程结构改革

改革开放以来,我国课程内容的概念理解大致经历三个阶段。一是"双基"为本的学科内容观,二是"三维"整合的教学内容观,三是"素养"为纲的课程内容观。"双基"为本的学科内容观重视学科基础知识和基本技能,但课程意识淡薄,忽视学生主动学习和发展的意义。"三维"整合教学内容观从以知识技能为主,扩展为知识技能、过程与方法、情感态度价值观三维整合的教学内容观,重视完整的人的发展,但缺少国家层面的统一价值导向和评判标准,更多地依赖于教师个体的理解和发挥。因此,"素养"为纲的课程内容观开始受到更多重视。⑥ 从"双基"到"三维目标"再到"核心素养",其变迁体现了从学科知识到学科本质到学科育人价值的转变,从而确立了教学的整体育人价值,使教学回归人、走向人、关注人,人成为教育教学真正的对象和

---

① 曹培杰：《重新定义课堂：核心素养视角下的教学转型》，载《现代教育技术》2017年第7期，第40-46页。
② 杨小微、胡雅静：《从"以教定学"到"为学而教"：中国教学走向现代化的40年》，载《全球教育展望》2018年第9期，第9-23页。
③ 杨九诠：《核心素养与课程改革深化》，载《教师教育论坛》2016年第12期，第12-15页。
④ 余文森：《从三维目标走向核心素养》，载《华东师范大学学报（教育科学版）》2016年第1期，第11-13页。
⑤ 车丽娜、徐继存：《核心素养之于教学的价值反思》，载《全球教育展望》2017年第10期，第64-72页。
⑥ 陈华、吴刚平：《推进素养为纲的课程内容结构改革》，载《中国教育学刊》2022年第7期，第71-78页。

目的，真正实现以人为本。这是教育领域最深刻的变革。①

要实现对学生核心素养的培养，课程内容的确定至关重要。客观主义知识观把知识视为普遍的、外在于人的、供人掌握的、具有普适性的"真理"，认为知识存在于有限的书本之中，表现为静态固化的文本形态，以分科系统作为分类方式。② 这种知识观把课程视为一种不可变的"法定的"知识系统，"课程内容是以学科知识为中心建立起来的一套概念系统"，是一些既定的、静态的学习材料，而教师是课程的忠实执行者。"这种以学科知识传递为核心的表层课程内容观，已远远无法满足学生发展和人才培养的需要，亟须进行概念重建，重视和优化课程内容的多重结构属性关系，发展出体现新时代要求、结构层次丰富的新型课程内容观。"③ 素养为纲的课程内容观将学科知识视为育人的资源和手段，知识的多元性、复杂性、过程性、不确定性开始得到人们的认可。新知识观背景下的课程内容把知识的确定性和不确定性、必然与偶然、理性和非理性的因素结合起来，将显性知识与缄默知识、个体知识与公共知识、过程知识与结果知识、陈述性知识与程序性知识等统一起来，优势互补，共同发挥其对人与社会的价值。④

要实现对学生核心素养的培养，课程内容的组织也至关重要。从促进素养养成的知识结构来看，实现知识的整合不仅是解决复杂问题的实际需要，而且是素养养成的重要基础。知识整合是将知识主体所拥有的隐性和显性知识整合起来，使之形成一个富有逻辑和结构的网络，而不是碎片化知识的堆砌。"在复杂问题解决中，知识的运用是以综合性样态展现的。任何零碎的、孤立的知识对于问题解决毫无作用，如果学生掌握和具备的知识是零乱无序的，就很难灵活运用。"⑤ 为落实核心素养导向的育人目标，新课标重组了课程内容。从课程内容的组织形态来看，"本次课程修订引入大观念、大任务或大主题驱动的问题式学习、项目学习、主题学习、任务学习等综合学习形式，各个科目课程标准，在课程内容结构化设计方面，都强调以课程核心素养为主轴，构建大观念、大概念或大任务、大主题等以问题解决为目标的课程内容结构单位和教

---

① 余文森：《从"双基"到三维目标再到核心素养：改革开放 40 年我国课程教学改革的三个阶段》，载《课程·教材·教法》2019 年第 39 卷第 9 期，第 40－47 页。

② 陈丽、逯行、郑勤华：《"互联网＋教育"的知识观：知识回归与知识进化》，载《中国远程教育》2019 年第 7 期，第 10－18 页。

③ 陈华、吴刚平：《推进素养为纲的课程内容结构改革》，载《中国教育学刊》2022 年第 7 期，第 71－78 页。

④ 岳珂、姜峰、洪希：《走向新知识观下的教学内容设计》，载《贵州师范大学学报（社会科学版）》2008 年第 6 期，第 114－117 页。

⑤ 崔允漷等：《义务教育课程改革的目标、标准与实践向度（笔谈）：〈义务教育课程方案和课程标准（2022 年版）〉解读》，载《现代教育管理》2022 年第 9 期，第 6－18 页。

学单元组织形态"①。

从教学实践层面的政策要求看，义务教育新课程内容标准体现了教、学、评的整合，凸显了课程内容对象性、过程性和结果性的结构特点。"从课程内容载体意义和载体形式的关系视角看，教学就是课程内容由表及里的展开过程。载体形式为表，是教学的外在条件和手段。载体意义为里，是教学的内在本质和目的。"② 2022年义务教育新课标修订，超越学科知识本位和记忆训练本位的对象性内容观念局限，在科目课程标准"课程内容"栏目下，明确按照"内容要求""学业要求""教学提示"三个方面来展开和说明课程内容标准，从而确立了新的复合型课程内容观。这三个方面整合描述的课程内容，不仅包括教什么、学什么的科目内容，还包括怎么教、怎么学的科目活动过程方式，以及为什么教、为什么学的教学目的价值，甚至有教得如何、学得如何的学业结果质量水平。

课程标准层面的内容要求、学业要求和教学建议三合一的课程内容设计思路是一个积极信号，即对象性的内容要求、过程性的教学要求和结果性的学业要求，一起共同构成课程内容的整体结构体系，成为课程政策要求的教、学、评的内容，从而推进课程内容结构化改革向纵深发展。这种教、学、评整合的复合型课程内容观有利于从学科知识本位转向核心素养为纲，突出习得知识的学习方式和运用知识的能力，以及情意态度与价值观，"学生可以在主题活动中，通过完成学习任务获取知识和解决问题，亲历实践、探究、体验、反思、合作、交流等深度学习过程，逐步发展和养成核心素养"③。

四、学习方式：从被动接受转向主动建构

改革开放以来，"学习者的主体地位逐渐得到确立和强化，其学习方式也从被动接受转向主动探究与发现，从个体学习转变为小组合作学习，从传承性学习转变为创新性学习。课堂越来越成为学生学习的主阵地"④。2022年4月，

---

① 陈华、吴刚平：《推进素养为纲的课程内容结构改革》，载《中国教育学刊》2022年第7期，第71-78页。
② 陈华、吴刚平：《推进素养为纲的课程内容结构改革》，载《中国教育学刊》2022年第7期，第71-78页。
③ 陈华、吴刚平：《推进素养为纲的课程内容结构改革》，载《中国教育学刊》2022年第7期，第71-78页。
④ 杨小微、胡雅静：《从"以教定学"到"为学而教"：中国教学走向现代化的40年》，载《全球教育展望》2018年第9期，第9-23页。

教育部颁布《义务教育课程方案（2022年版）》和各科课程标准，提出了深化课堂教学改革的要求，强调改变教学方式，强化学科实践，注重"做中学"，基于问题学习和跨学科主题学习；强调改变教学关系，凸显学生主体地位，引导学生自主合作探究式学习和个性化学习。①

素养是个体在复杂情境下解决问题的能力，是知识、能力、情感和态度、价值观等的综合体。素养是在知识运用和问题解决的具体情境中生成的，素养的养成离不开知识；"知识并非脱离主体经验与现实情境的实体，其价值和意义体现在知识运用的实践之中。知识的灵活运用是高层次素养养成的重要基础。由知识习得到素养养成需要知识形态与呈现方式发生根本性改变"②。

知识习得的实质在于"经验""建构"和"协作对话"。即知识习得是学习者经验的合理化或实用化，而不是记忆事实；知识（意义）习得不是被动灌输，而是主动建构的；知识习得是学习者通过对话与他人互动与磋商而形成共识。③"如果习得的知识是孤立的和碎片化的，不能迁移与灵活运用，就无法实现素养养成。素养养成所需的知识是强有力的、可迁移的活性知识，这意味着知识必须经由个体理解与建构，与个体已有经验融合，生成知识的个人意义，这样才能灵活加以运用。"④

"从内在构成上看，知识具有符号表征、逻辑形式和意义系统的三个不可分割组成部分。"⑤ 在知识的内在结构中，符号是知识的外在表达形式，是知识的存在形式，离开了符号，任何人都不可能生产或创造知识，也不可能理解知识；逻辑形式是知识构成的规则和法则，逻辑形式是人的认识成果系统化、结构化的纽带和桥梁，是认识的方法论系统，没有了特定的逻辑形式，同样不能构成知识；意义是知识的内核，是内隐于符号的规律系统和价值系统。只有把握住符号、逻辑形式、意义之间的内在关联，才能从整体上理解知识和掌握知识。⑥ 知识的符号表征、逻辑形式和意义系统这三个不可分割的组成部分，分别对应事实性知识、方法性知识与价值性知识三种知识形态。从知识分类的

---

① 中华人民共和国教育部：《教育部关于印发义务教育课程方案和课程标准（2022年版）的通知》，见中华人民共和国教育部网（http://www.moe.gov.cn/srcsite/A26/s8001/202204/t20220420_619921.html）。

② 崔允漷等：《义务教育课程改革的目标、标准与实践向度（笔谈）：〈义务教育课程方案和课程标准（2022年版）〉解读》，载《现代教育管理》2022年第9期，第6-18页。

③ 黄甫全：《现代课程与教学论》，人民教育出版社2014年版，第95页。

④ 崔允漷等：《义务教育课程改革的目标、标准与实践向度（笔谈）：〈义务教育课程方案和课程标准（2022年版）〉解读》，载《现代教育管理》2022年第9期，第6-18页。

⑤ 郭元祥：《论深度教学：源起、基础与理念》，载《教育研究与实验》2017年第3期，第1-11页。

⑥ 郭元祥：《知识的性质、结构与深度教学》，载《课程·教材·教法》2009年第11期，第17-23页。

角度看,当前课堂教学的主要问题在很大程度上源于教师秉持的单一的事实性知识观,这导致了学生的方法性知识和价值性知识缺失。为此,需要重视教学方法背后的知识分类,把学习方式与知识类型联结起来,走出"记中学"和"讲授法"的误区,探索"做中学"和"悟中学"的教学模型。①

  知识的性质和内在结构决定了有效教学必须超越表层的符号教学,由符号教学走向逻辑教学和意义教学的统一;② "教学不仅是一个传授知识和学习知识的过程,还是教师和学生共同建构知识和人生的过程;教学不再是教师主导的独角戏,而是师生之间以交流、对话和合作为基础,进行文化传承和创新的特殊交往活动"③。"当教学被当作一种简单的知识传递时,它便不能引发学习,甚至还会阻碍学习。"④ 真正的学习,不是被动地接受学习,而是主动地探究学习。"人的学习是在具体的境脉与情境之中产生的,因此,只有学习者作为当事者参与知识得以现实地起作用的真实的社会实践之中时,学习才得以实现。"⑤

  信息技术的发展给我们的生活带来了极大的变化,也推动教学领域呈现出新面貌。互联网技术的兴起,将主动探究式学习、个性化学习和碎片化学习带入人们的日常生活,推动着学习者主动学习;人工智能技术的发展,为学习交互,甚至是因材施教的学习交互提供了保障。在技术的支持下,学习不再有固定的时间、空间、内容限制,学习者可以根据自己的需求,在任何时间、任何地点学任何自己想学的内容,获得自己所需的指导,学习者在学习中的中心地位日益得到凸显。

五、教学评价:从纸笔测试走向多元整合

  "核心素养的提出,意味着课程内容的调整、教学方式的转变和教学评价的变革。其中,教学评价的变革是关键,是决定核心素养教育的重中之重。"⑥

---

  ① 吴刚平、安桂清、周文叶:《新方案·新课标·新征程〈义务教育课程方案和课程标准(2022年版)〉研读》,华东师范大学出版社2022年,第50—72页。
  ② 吴刚平、安桂清、周文叶:《新方案·新课标·新征程:〈义务教育课程方案和课程标准(2022年版)〉研读》,华东师范大学出版社2022年,第50—72页。
  ③ 黄甫全:《现代课程与教学论》,人民教育出版社2014年版,第95页。
  ④ [法]焦尔当·安德烈:《学习的本质》,杭零译,华东师范大学出版社2015年版,第16页。
  ⑤ 钟启泉:《"能动学习"与能动型教师》,载《中国教育学刊》2020年第8期,第82—87页,第101页。
  ⑥ 李如密、姜艳:《核心素养视域中的教学评价教育原因、价值与路径》,载《当代教育与文化》2017年第6期,第60—66页。

判断学生的核心素养发展情况需要通过评价来实现，而"传统的重视知识和技能分解的评价方法无法全面揭示核心素养的内涵，即传统测试已经严重滞后于核心素养评价"①。中共中央、国务院于2020年10月印发的《深化新时代教育评价改革总体方案》明确提出：改进结果评价、强化过程评价、探索增值评价、健全综合评价，充分体现了教育评价改革的综合性特征。②

改进结果评价，要求教学评价"不仅仅聚焦于学习结果，而且还关注学习过程"③。《义务教育课程方案（2022年版）》强调评价要以落实核心素养为导向，明确提出"提升考试评价质量。全面推进基于核心素养的考试评价，强化考试评价与课程标准、教学的一致性，促进'教—学—评'有机衔接"④。可见，"教—学—评"一体化设计是构建素养导向的新型学业评价的重要指导思想。核心素养背景下的教学评价确立了"教—学—评"一体化设计理念，整合了学习的评价与教学活动，使评价过程成为学习过程的一部分。

健全综合评价，意味着评价内容要"从评价低水平的知识和技能，指向核心素养的多维度本质"⑤。"评价内容多元化是本轮课程改革的核心理念之一。新课程倡导学生评价不能局限于'知识与技能'的评价，要特别关注'过程方法与能力''情感态度与价值观'的评价，尤其是探究能力、创新能力、合作能力、问题解决能力等学科共通能力的发展。"⑥ 然而，受传统文化、招生制度、选人用人标准单一等多种因素的复杂影响，片面强调分数与追求升学率的问题至今尚未得到根本性遏制，唯分数与唯升学率的倾向仍然不同程度地存在，成为掣肘课程改革深入推进的重要因素。为此，教师必须"改变用分数给学生贴标签的做法，创新德智体美劳过程性评价办法，完善综合素质评价体系"⑦。

从评价方法来看，核心素养背景下的教学评价要由标准化测试走向多元评价的整合。在学业评价与考试方面，传统的标准化测验以选择题为主，测验内

---

① 雷浩、崔允漷：《核心素养评价的质量标准：背景、内容与应用》，载《中国教育学刊》2020年第3期，第87-92页。
② 中华人民共和国中央人民政府：《中共中央 国务院印发〈深化新时代教育评价改革总体方案〉》，见中华人民共和国中央人民政府网（http://www.gov.cn/zhengce/2020-10/13/content_5551032.html）。
③ 钟秉林：《深化教育评价改革背景下高考综合改革的实施路径》，载《现代教育管理》2021年第8期，第1-8页。
④ 中华人民共和国教育部：《教育部关于印发义务教育课程方案和课程标准（2022年版）的通知》，见中华人民共和国教育部网（http://www.moe.gov.cn/srcsite/A26/s8001/202204/t20220420_619921.html）。
⑤ 钟秉林：《深化教育评价改革背景下高考综合改革的实施路径》，载《现代教育管理》2021年第8期，第1-8页。
⑥ 赵德成：《中小学学生评价改革的思路与建议》，载《人民教育》2021年第6期，第41-43页。
⑦ 赵德成：《中小学学生评价改革的思路与建议》，载《人民教育》2021年第6期，第41-43页。

容局限于低水平知识与孤立技能,难以考查学生在真实情境中运用知识分析和解决问题的能力。要准确、深入地评价学生的问题解决能力、批判性思考能力等跨学科核心素养,以及逻辑推理、实验探究等特定领域的学科核心素养,必须在命题与评价方法上有所创新。因此,《深化新时代教育评价改革总体方案》强调"改变相对固化的试题形式,增强试题开放性",以"减少死记硬背和'机械刷题'现象",为未来学业评价与考试方法改革指明了方向。[1]

从评价情境来看,核心素养背景下的教学评价是真实性评价。"评价并非只能以纸笔测验方式进行,纸笔测验所能评价的发展目标和内容是有限的,表现评价、成长记录等评价方法是真实评价,能够评价纸笔测验所不能评价的发展目标。"[2] 以促进学生核心素养培育为宗旨的评价,需要走向真实,回归学生真实的生活世界、真实的学科知识和真实和个性发展的真实需要,必须面向学生真实的生活世界和学习过程,尊重教育过程的开放性、生成性和不可预测性,因而是真实的过程性评价。评价的责任主体从教师作为唯一主体,到强调学生对自己的学习和评价过程负责任。

"核心素养背景下教育评价的趋势为:评价质量观由完全重视客观测量指标走向对评价的客观性和评价过程的关注;评价内容由关注任务分解和行为描述走向对核心素养整合性、情境性以及相对稳定性的关注;评价范式由测试走向多元整合。"[3] 为落实立德树人的根本任务、培养学生的核心素养,新课标建立了"教—学—评"一体化设计的学业质量标准,提出了主体多元、形式多样的形成性与终结性评价相结合的评价原则,明确了对学生核心素养发展水平的测评不应仅限于学年或学段末的纸笔测验,要"增强日常考试评价的育人意识,注重伴随教学过程开展评价"[4]。评价不再凌驾于教学之上,而是镶嵌于教学之中,融入日常教育教学的全过程。因此,指向核心素养的教学评价,要改变结果导向的、以聚焦知识与技能的纸笔考试为主的评价范式,探索建立过程与结果相结合的多元评价机制,改变重分数的量化评价实践,建立聚焦学生核心素养发展的新型评价方式。

---

[1] 中华人民共和国中央人民政府:《中共中央 国务院印发〈深化新时代教育评价改革总体方案〉》,见中华人民共和国中央人民政府网(http://www.gov.cn/zhengce/2020-10/13/content_5551032.html)。

[2] 杨向东、崔允漷:《课堂评价:促进学生的学习和发展》,华东师范大学出版社2012年版,第199页。

[3] 雷浩、崔允漷:《核心素养评价的质量标准:背景、内容与应用》,载《中国教育学刊》2020年第3期,第87—92页。

[4] 中华人民共和国教育部:《教育部关于印发义务教育课程方案和课程标准(2022年版)的通知》,见中华人民共和国教育部网(http://www.moe.gov.cn/srcsite/A26/s8001/202204/t20220420_619921.html)。

第三节 教师教学能力的本体探寻

"概念的科学、周延的准确,是科学研究的基本前提,否则无论多么精致的研究都将导入歧途。"[1] 教学能力是一个在教学生活中和学术研究中频繁使用的词汇,由"教学"和"能力"构成。教学能力是能力的属概念,教学能力的概念界定,既要考虑能力的本质和特性,又要考虑教师专业和教学岗位的性质及需要。[2] 因此,为便于对教学能力概念的理解,有必要先分别讨论教学和能力的概念。

一、能力

能力是一个内涵十分丰富、外延相当广泛的概念。长期以来,学者聚焦"能力是什么"这一问题,从不同角度对能力进行了阐释,为本书对能力的理解提供了参考。

在哲学领域,能力是特定的主体在针对特定的客体完成某种活动的过程中表现出来的力量;哲学领域的能力本质上是一个关系的概念,能力是对人与世界的关系、主客体关系的反映。在心理学领域,能力是人在具体的实践活动中表现出来的一种个性特征,是使活动能够顺利完成的个体心理特征。在组织行为学领域,能力即胜任力,能力是针对不同操作对象(客体),而表现出的具体的知识、技能、态度、行为等,与具体的任务、岗位等情境因素密切关联。

哲学领域对能力的界定为本书深入把握能力的概念确立了基本的框架,即对能力的分析应在哲学的主客体在实践活动中的关系框架下进行;心理学倾向于关注主体特征,主要用个体心理特征来界定能力;而组织行为学对能力的界定则更关注行为的客体,表现为以胜任力来指称能力。学者们从不同角度对能

---

[1] 吴忠魁:《私立学校比较研究:与国家关系角度的分析》,北京师范大学出版社1999年版,第18页。
[2] 徐继红:《高校教师教学能力结构模型研究》(博士学位学位),东北师范大学2015年,第21页。

力的阐释，为本书对能力的理解提供了参考。本书认为，能力是指直接影响活动效率并使活动得以顺利完成的个体心理特征。能力是一个多维综合性概念，是认知、技能、态度、价值观、情感、动机、信念等的综合体现；能力是一个关系概念，任何能力都是人与自然或人与社会的关系显现，人的能力的产生和发展离不开社会的发展，社会的发展必将促进人的能力的发展。

能力具有综合性、目标性与实践性。能力的综合性表现为能力是一个综合体，能力由与特定领域相关的知识、技能、动机、信念、情感态度、价值观等要素构成；能力的目标性主要表现为能力是个体在一定的活动情境中，基于一定的知识和技能，直接影响活动目标达成及其成效的个性心理特征；能力的实践性表现为能力总是基于一定的活动情境，离开具体的活动情境就无所谓能力。

能力根据其倾向性可分为一般能力和特殊能力。其中，一般能力和认知活动紧密联系，适用于广泛的活动范围，保证认知活动的顺利开展，观察力、记忆力、注意力、想象力和思维能力都属于一般能力；特殊能力是从事某项专门活动必备的能力，只在特殊活动领域发生作用，是完成某项特定活动必不可少的能力。

二、核心素养

21世纪是一个知识更新速度不断加快的时代，也是经济全球化、国际化、信息技术飞速发展的时代，这个时代为工作、生活和学习带来了持续的变化。而社会发展的变化给教育系统带来了重要挑战，教育要能帮助年轻人为适应未来各种变化做好准备。由此，为顺应国际社会人才培养趋势，基于全民终身学习视角的核心素养教育新范式逐渐进入学界研究视野，基于核心素养发展的教学日渐被关注。

核心素养的研究肇始于世界经济合作与发展组织（Organization for Economic Cooperation and Development，OECD）于1997年启动的"国际学生评定计划"（programme for international student assessment，PISA，简称"匹萨"计划）。该计划认为，学生在完成基础教育后应该获得成功参与社会所需的核心知识与能力，而为了客观评定各成员国学生的知识与能力水平并为之提供适切的评价框架，OECD进一步启动了素养界定与选择项目（definition and selection of competencies project，DeSeCo）。该项目于2003年发表的最终报告《为了成功人生和健全社会的核心素养》，标志着OECD核心素养框架的完成。随后，欧盟参照OECD所研制的核心素养框架，于2006年在教育与培训领域推出了引领终身学习的核心素养框架。美国 21 世纪技能合作组织（Partnership for 21st Century Learning，简称 P21）也于 2007 年发布了引领 21 世纪技能融入中小学教育的"21 世纪学习框架"，认为"在核心知识学习的背景下，学生还必须学习在当今世界获得成功必备的一些技能，如批判性思维、问题解决能力、交流与合作能力"[①]。

受国际社会核心素养研究潮流的影响，我国于 2013 年启动了"基础教育和高等教育阶段学生核心素养总体框架研究"项目。2014 年 3 月，教育部颁布《关于全面深化课程改革落实立德树人根本任务的意见》，正式提出"核心素养体系"这一概念，并将其置于深化课程改革、落实立德树人根本任务的基础地位。2016 年 9 月，中国学生发展核心素养课题组以"全面发展的人"为核心，从文化基础、自主发展、社会参与三个方面界定了学生应该具备的人文底蕴、科学精神、学会学习、健康生活、责任担当、实践创新六大素养。核心素养被界定为"在接受相应学段的教育过程中逐步形成的适应终身发展和社会发展需要的必备品格和关键能力"[②]，从学生学习结果的角度描述了未来社会所需要的人才规格。2017 年 9 月，中共中央办公厅、国务院办公厅发布《关于深化教育体制机制改革的意见》，肯定了核心素养定义中"关键能力"的提法。[③] 核心素养是对"培养什么人、怎么培养人"的未来方向指引。核心素养已成为一个统率各国教育改革的上位概念，引领并拉动课程教材改革、教学方式变革、教师专业发展、教学质量评价等关键教育活动。[④]

三、教学

本研究的教学是指一般的教学。"一般的教学是教师教与学生学统一的活动，必须有教有学，必须通过知识学习来促进学生能力与态度价值的发展。具体的教学则是在特定的教学，是教师、学生围绕具体的学科开展的教学活动。"[⑤]

---

① KIVUNJA C. The Partnership for 21st Century Skills. P21 framework definitions. http://www.p21.org/documents/P21_ Framework_ Definitions.pdf, 2009 – 12 – 09/2017 – 03 – 06.
② 林崇德：《对未来基础教育的几点思考》，载《课程·教材·教法》2016 年第 3 期，第 3 – 10 页。
③ 杨小微、胡雅静：《从"以教定学"到"为学而教"：中国教学走向现代化的 40 年》，载《全球教育展望》2018 年第 9 期，第 9 – 23 页。
④ 褚宏启、张咏梅、田一：《我国学生的核心素养及其培养》，载《中小学管理》2015 年第 9 期，第 4 – 6 页。
⑤ 胡定荣：《核心素养导向课堂教学变革应辩证处理三对矛盾关系》，载《课程·教材·教法》2022 年第 9 期，第 56 – 58 页。

本书认为，教学是教师增强教学能力和学生提升学习素质的动态过程。教学是指学校教师引导学生在专门环境里，以特定的文化内容为核心的教与学相统一的活动，从而使学生有效地掌握知识、形成技能、发展能力和提升道德品质，促进师生的共同发展。教学是教师的教和学生的学所形成的一种双边的社会实践活动，通过师生主体间的交往与对话，最终促进师生的共同学习与发展。随着人工智能的发展，新技术将对教学产生极为深刻的影响，智能时代的教学变革，将从注重"物"的建设向满足"人"的多样化需求和服务转变，教学内容、方式、途径将更加丰富与便捷。[①]

课堂活动是教师教学和学生学习的基本组织形式，是落实课程目标的主要途径。为实现课程目标，教师必须构建与目标一致的课程内容和教学方式，也就是将教学目标和学习结果整合到评价任务和课堂活动中，确保教学、学习与评价的一致性，即实施"教—学—评"一体化的实践范式。"教—学—评"一体化，是指一个完整教学活动中的教、学、评三个方面的融合统一。

完整的教学活动包括教、学、评三个方面。其中，"教"是教师把握学科核心素养的培养方向，通过有效组织和实施课内外教与学的活动，达成学科育人的目标；"学"是学生在教师的指导下，通过主动参与各种教学实践活动，将学科知识与技能转化为自身的学科核心素养；"评"是教师依据教学目标确定评价内容和评价标准，组织和引导学生完成以评价为导向的多种评价活动，以此监控学生的学习过程，检测教与学的效果，实现以评促教、以评促学。可见，"教以目标为导向，指向学科核心素养的培养；学是为了发展核心素养，与教的内容保持一致；评则是为了促教和促学。因此，教、学、评三者本质一致，共同指向发展学生的学科核心素养"[②]。

四、基于核心素养的教学

2017年，教育部颁布新修订的《普通高中课程方案和语文等学科课程标准（2017年版）》，提出了从学科教育角度落实核心素养教育的重要举措，[③]自此，以落实核心素养为标志的新一轮课程改革正式拉开序幕；2021年，教

---

① 郝志军、王冬梅：《深化课堂教学改革必须树立科学的教学观》，载《人民教育》2021年第7期，第62-65页。

② 王蔷、李亮：《推动核心素养背景下英语课堂教—学—评一体化：意义、理论与方法》，载《课程·教材·教法》2019年第5期，第114-120页。

③ 王海霞、唐智松：《教师核心素养教育胜任力研究》，载《课程·教材·教法》2020年第2期，第132-137页。

育部印发《国家义务教育质量监测方案（2021年修订版）》，标志着学生核心素养发展将成为评价教学质量的基本标准；① 2022年，教育部印发《义务教育课程方案》和语文等十六个课程标准，标志着基础教育课程改革全面迈入核心素养时代，基于核心素养的教学将从根本上促进课堂转型与学习转型。

我国学者从不同角度探讨了落实核心素养应该"教什么""怎么教"等问题，明确了核心素养视域下的教学实践需要"在教学目标、内容、方式、评价等方面，推进育人方式的变革"。②

崔允漷认为："核心素养要想成为课程与评价概念，必须在教育目的与学生学习结果之间确立层级化的目标：教育目的、学科目标与教学目标。否则，就会导致核心素养被'悬置'的可能。"③ 钟启泉认为，深化课程改革进程要直面四大挑战与课题，即寻求学力目标的刷新，从"知识本位"转向"素养本位"；寻求教学范式的转型，以学定教，"深度学习"；寻求教育评价的变革，从"知识评价"转向"素养评价"；回应课堂革命的挑战，倡导以"课例研究"为代表的新型的教学研究模式。④ 褚宏启认为，落实核心素养有三个要点：其一，教育目标需要升级并进行结构性调整，要强化创新能力和批判性思维等高级素养，改变评价和考试方式，把核心素养特别是创新能力作为重要的评价内容与考试内容，发挥"指挥棒"的引导作用。其二，课程内容要与核心素养精准对接，要为教育目标服务（核心素养即教育重点目标），是对核心素养培养目标的分解与细化。其三，培育核心素养，在教学方式上，需要倡导启发式、探究式、讨论式、参与式教学，营造独立思考、自由探索、勇于创新的良好环境。在学习方式上，要让学生学会发现学习、合作学习、自主学习。⑤

新一轮课程改革以核心素养为纲，全面规范了课程目标、内容、教学与评价，新课程需要与之配套的新教学。崔允漷教授把"新教学"的典型特征归纳为以下四个方面。⑥

---

① 中华人民共和国教育部：《教育部关于印发〈国家义务教育质量监测方案（2021年修订版）〉的通知》，见中华人民共和国教育部网（http://www.moe.gov.cn/srcsite/A11/moe_1789/202109/t20210926_567095.html）。

② 李煜晖、郑国民：《核心素养视域下的中小学课堂教学变革》，载《教育研究》2018年第2期，第80-87页。

③ 崔允漷：《追问"核心素养"》，载《全球教育展望》2016年第5期，第3-10页、第20页。

④ 钟启泉：《从"知识本位"转向"素养本位"：课程改革的挑战性课题》，载《基础教育课程》2021年第6期，第5-20页。

⑤ 褚宏启：《核心素养是否过时：关键能力能否取代核心素养?》，载《中小学管理》2017年第10期，第58页。

⑥ 崔允漷：《新时代 新课程 新教学》，载《教育发展研究》2020年第18期，第3页。

（一）素养本位的单元设计

核心素养是学生学了该门课程或学科之后逐步养成的关键能力、必备品格与价值观念，它超越了"双基"和"三维目标"，突出育人目标的整体性、发展性、情境性、实践性与反思性。这就要求教学设计不能立足于一个个知识点、主题、课时，而应围绕核心素养的培育，将学生要学的知识与技能结构化为一个个单元。这里的单元不再是内容单位，而是学习单位，其实质就是一种课程或者说是指向某一素养目标的微课程；其目标是要超越知识点的了解、识记与简单应用，关注整合的素养目标，追问掌握了知识与技能之后能做什么事。

（二）真实情境的深度学习

核心素养具有情境性、实践性，这意味着课程改革不只是"改课""换教材"，更重要的是促进学习方式的变革。新教学倡导项目化、对话式、探究型、重实践的教学方式，要求打通知识内容与生活世界的壁垒，借用真实情境的介入，促进知识的条件化与情境化，以实现高阶目标、高度投入的深度学习。它强调学以致用、知行合一，注重真实情境下的问题解决，倡导具身学习、累积学习与反思学习。

（三）问题解决的进阶测评

核心素养规定了课程或学科学业质量的维度（内涵）与水平（进阶），这要求新评价必须重建试题属性，强调"在什么情境下运用哪种类型的知识能完成何种任务"。要重新审视"标准答案、唯一答案"的利弊，变革评分方式，突出过程评价，推进表现性、真实性评价。尤其是测评不能再停留于对学习做判断、下结论，而要用于支持教师的教学改进和引导学生的素养提升。

（四）混合学习的智能系统

核心素养是指向未来的，同样，支持核心素养培育的工具与环境也必须与时俱进。随着 21 世纪智能设备的迅猛发展，新教学必须主动拥抱新技术。新教学需要立足智能系统来创建线上与线下的混合学习，发挥线上与线下学习的不同优势；需要整体提升教学工具与学习环境的技术含量，增强学习的交互性、合作性与探究性，记录丰富的过程数据；需要最大化地满足个性化、多样化的学习需求，实现因材施教的升级，从而培育每位学生适应未来发展所需要的核心素养。

五、教学能力

本书认为，教师教学能力指向实践智慧生成的目标引领、教学方法创新的情感驱动、教学能力提升的实践转化，以及"育人育己"的双向度价值意蕴。教师的教学能力是指教师在一定的教学情境之中，基于一定的教学知识和教学技能，促进教学目标的顺利高效达成，促进学生生命发展所表现出来的个性心理特征；教师的教学能力是以一般能力（智力）为依托，在教学情境中通过特殊能力表现出来的一般能力与特殊能力的结合。教学能力表现为知识与技能的融合。教师教学能力既源自教学实践，又通过教学实践影响师生成长，是教学相长以增进实践智慧和适应现代教育转型的关键。

"教师必须有合理的知识和技能结构，才能有较高的教学能力"[①]，教学知识和教学技能是形成教学能力的基础，教学实践是教学知识和教学技能内化为教学能力的条件。教学能力的提高是教学知识和教学技能协同发展的结果。在一定条件下，教学能力随着教学技能的成熟、教学知识的丰富与更新而不断提高。

教师教学能力具有综合性、情境性、实践性、创造性、发展性和差异性等特点。其中，教师教学能力的综合性，是指时代的发展和深化课程改革带来的教学目标、教学内容等日益综合化，要求教师具有复合教学能力；教师教学能力的情境性表明，教师教学能力反映了教学情境中教师的行为模式，不能脱离教学情境而存在；教学能力的实践性，表现为教学能力与教学活动密不可分，教学能力特指教学实践活动领域中教师特定的专业能力；教师教学能力的创造性，是由教学对象的特殊性和教学复杂性、多变性决定的；教师教学能力的发展性，意味着教学能力伴随着教师个体的成长而不断提升和发展；教师教学能力的差异性，是指教学能力受教师个体的思维特性、个性、知识储备、自我形象、职业动机及其所处的教学情境等的影响。

从已有研究可以看出，核心素养回答的是"培养什么人"的大问题，是整个基础教育的总目的、总方向，引领教育教学改革，贯穿于课程目标、结构、内容、教学实施以及质量标准与评价的整个过程中。育人方式改革回答的是"怎样培养人"的问题，涉及教学目标的确定、教学计划的设计、教学内

---

① 康锦堂：《教学能力结构及测评》，厦门大学出版社1991年版，第32页。

容的选择与处理、教学方法的选择等要素。① 而教师的教学能力是学生核心素养培育的"条件保障",正如钟启泉所言:"教育改革的核心在于课程改革,课程改革的核心在于课堂改革,课堂改革的核心在于教师的专业发展。"

从教师教学能力研究现状来看,基于核心素养背景下教师教学能力的内涵与结构,并针对区域中小学教师教学能力现状进行的调查研究尚不多见。本书认为,落实立德树人根本任务、发展学生核心素养、推进育人方式改革,是当前教师教学能力研究及发展的重要背景。素养本位的新课程改革带来的"课堂革命",深刻影响着教师的教学能力结构,并赋予其新的时代内涵。因此,从落实立德树人根本任务、发展学生核心素养的角度,研究教师的教学能力,有助于深入理解教师教学能力发展的必要性和可行性。

第四节　教师教学能力结构模型的构建

本书在借鉴国外相关研究的基础上,结合我国实际情况,提出核心素养背景下教师教学能力结构模型,并采用文献分析、问卷调查和访谈的方法进行三角互证,验证教师教学能力结构模型的有效性及合理性,为进一步开展教师教学能力评价和发展等实践工作奠定理论基础。②

一、教学能力结构模型构建的技术路线

本书对教学能力结构模型的构建主要分四个步骤完成:理论构想、实践验证、实际应用、模型诠释。其过程如图 3-1 所示。

---

① 褚宏启:《中国教育发展方式的转变:路径选择与内生发展》,载《华东师范大学学报(教育科学版)》2018 年第 1 期,第 1-14 页。
② 徐继红:《高校教师教学能力结构模型研究》(博士学位论文),东北师范大学 2013 年,第 44-51 页。

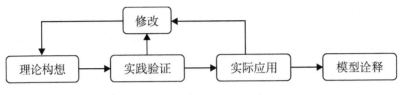

图 3-1 教学能力结构模型构建的技术路线

第一步,理论构想。主要依据相关理论分析,构建教师教学能力结构模型。

第二步,实践验证。主要通过文献分析、问卷调查和访谈的方法,了解专家学者、教育行政人员以及教师对教师教学能力构成的认知,验证教师教学能力结构的合理性,修改完善理论构想。

第三步,实际应用。实际应用是对教学能力结构模型的第二次验证。主要是通过能力结构模型,开发教师教学能力评价工具,并应用该工具对 G 市的中小学教师教学能力发展现状进行调查分析。通过对调查结果的分析,进一步验证教师教学能力结构模型的有效性。

第四步,模型诠释。经过两轮验证与修改,形成比较完善的教师教学能力结构模型,并对模型的特征、特色及适用范围进行阐述的分析。

二、教学能力结构模型构建的理论基础

由于能力的复杂性,关于教师教学能力结构模型或其构成要素的分析,无法形成一个统一的能力构成分类逻辑框架,但相关研究大大拓展了本书的理论视野。[1]

(一) 教师教学能力结构模型构建的哲学依据

从哲学层面来看,能力本质上是一个关系的概念,任何种类、任何水平的能力都是人与自然或人与社会的关系的反映;人的能力的产生和发展离不开社会的发展,社会的发展必将促进人的能力的发展。哲学层面上的能力定义尽管比较抽象和笼统,但为本书理解能力的概念确立了一个基本的框架:能力概念应当放在主客体关系中来理解。基于主客体关系这一概念范畴去认识能力的概

---

[1] 徐继红:《高校教师教学能力结构模型研究》(博士学位论文),东北师范大学 2013 年,第 44-51 页。

念，意味着我们应当从主体、客体和实践活动三个方面去分析能力，即能力总是特定的主体在针对特定客体完成某种活动的过程中表现出来的"力量"。①

（二）教师教学能力结构模型构建的心理学基础

从心理学层面来看，能力是一种个性心理特征，是人在具体的实践活动中表现出来的个性特征；由于实践活动本身的综合性，这种特征不可避免地具有高度的综合性。在这个意义上，能力是个体多种个性特征的综合。在不同情境的实践活动中，各个层面的多种个性心理特征中的每一个都可能起到关键性支持或限制作用。然而，这些特征的结构关系不太容易把握，这就为能力的结构研究增加了难度。但只要将相应实践活动的微观过程描述为由若干环节构成的流程，就可能完成对特定能力结构的描述。

（三）组织行为学关于能力的"冰山模型"和"洋葱模型"

目前，在组织行为学、管理学等领域研究中，比较有代表性的能力结构模型是胜任力"冰山模型"和"洋葱模型"。美国著名管理学家麦克兰德提出了著名的"冰山模型"。该模型认为胜任力包括"动机"（motives）、"个性特质"（traits）、"自我概念"（self-concept characteristics）、"知识"（knowledge）和"技能"（skills）五种类型。"冰山模型"把胜任力形象地描述为漂浮在水面上的冰山，"知识"和"技能"是处于水面以上的看得见的素质，通常容易被感知和测量，也比较容易改变；"动机"和"个性特质"潜藏于水面以下，不容易被挖掘与感知，也最难改变或发展；"自我概念"特征介于二者之间。潜藏于水下的、不易改变的胜任力特征，是个人驱动力的主要部分，也是人格的中心能力，可以预测个人工作上的长期表现。（如图 3-2 所示）

---

① 徐继红：《高校教师教学能力结构模型研究》（博士学位论文），东北师范大学 2013 年，第 45 页。

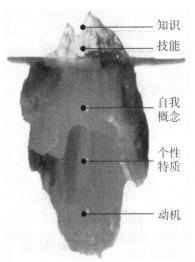

图 3-2 胜任力"冰山模型"

"洋葱模型"是在"冰山模型"基础上演变而来的。"洋葱模型"是美国学者理查德·博亚特兹（Richard Boyatzis）在对"冰山模型"进行深入研究的基础上提出的。该模型展示了素质构成的核心要素，并说明了各构成要素可被观察和衡量的特点。该模型将胜任力素质概括为层层包裹的结构：最外层是"知识"（knowledge）与"技能"（skills），中间层是"态度"（attitude）、"价值观"（value）、"自我形象"（self-image），最内层是"个性"（traits）和"动机"（motives）。越靠外层的能力素质，越易于培养和评价；越向内层的能力素质越难以评价，且很难通过后天学习改变。[①]（如图 3-3 所示）

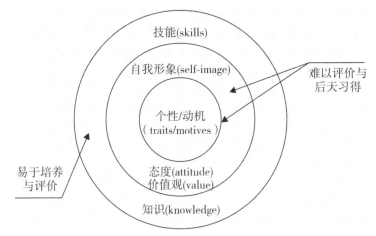

图 3-3 胜任力"洋葱模型"

---

① 徐继红：《高校教师教学能力结构模型研究》（博士学位论文），东北师范大学 2013 年，第 20 页。

"洋葱模型"理论中的"动机"是推动个体为达到目标而采取行动的内驱力;"个性"是个体对外部环境及各种信息等的反应方式、倾向与特性;"自我形象和价值观"是指个体对其自身的看法与评价;"态度"是个体的自我形象、价值观以及社会角色综合作用外化的结果;"知识"是个体在某一特定领域所拥有的事实型与经验型信息;"技能"是个体结构化地运用知识完成某项具体工作的能力。

"洋葱模型"理论的本质内容与"冰山模型"理论是一样的。大体上,"洋葱模型"最外层的"知识"和"技能",相当于"冰山模型"的水上部分;"洋葱模型"最里层的"动机"和"个性",相当于"冰山"水下最深的部分;"洋葱模型"中间的"自我形象"与"社会角色"等,则相当于"冰山"水下浅层部分。但与"冰山模型"理论相比,"洋葱模型"理论对胜任力的表述更突出其层次性,这个模型中的表层是"知识"和"技能",由表层到里层,越来越深入,核心是"动机"和"个性",是个体最深层次的胜任特征,最不容易改变和发展。

试以能力的"冰山模型"来做比喻,倘若视整个教学能力为一座浮在水面上的冰山,在水面上"看得见的"是知识、技能,谓之"硬能力",在水面下"难以看见的"是兴趣、动机、态度,谓之"软能力";"看得见的能力"受"难以看见的能力"支撑。

哲学领域、心理学领域以及组织行为学领域的相关研究,为本书探索教师教学能力结构提供了较好的分析框架。本书认为,哲学领域将能力的本质界定为主客体关系,意味着我们应当从主体、客体和实践活动三个方面去分析能力;心理学领域聚焦主体的心理特征,从主体角度对能力的结构进行探索;组织行为学的"冰山模型"和"洋葱模型"实际上是对能力结构的层次性描述,这种层次性描述不仅借鉴了心理学意义上的能力结构分析,还分析了能力各构成要素可被观察与衡量的特点,凸显了能力各构成要素的层次性,具有更高的解释力。①

三、核心素养背景下教学能力结构模型的建构

教师的教学能力结构是动态的,随着社会的进步和教育发展的不断延伸或拓展,教学能力各构成要素之间是相互支撑与促进的,教师在某具体环境中综

---

① 徐继红:《高校教师教学能力结构模型研究》(博士学位论文),东北师范大学 2013 年,第 46 页。

合应用各种能力，外显为某些教学行为；通过这些教学行为或其产生的教学成果，就可以评价教师教学能力的发展水平。

（一）教学能力结构模型的提出

"教学是一件非常复杂和困难的事情，它需要独特的能力和结构。"[①] 结构是一个严谨的概念，瑞士心理学家皮亚杰认为，"所谓结构，也叫作一个整体、一个系统、一个集合，是指由具有整体性的若干转换规律组成的一人上有自身调整性质的图式体系"。[②] 本研究借鉴王宪平（2006）的研究成果，认为教学能力结构主要是指教学能力组成部分的搭配和组合，是指教学能力组成的一个粗略的框架。[③]

从哲学领域对能力结构的理论分析可以看出，能力可以从"主体—客体—活动"三个层面进行分析描述；W. M. Molenaar 等（2009）在总结相关研究的基础上提出教学能力三维结构模型理论，[④]将教学能力分为相互独立的三个维度，即能力构成维度、组织级别维度、教学领域维度。W. M. Molenaar 等人提出的教学能力三维结构模型与哲学层面的能力的"主体—客体—活动"三个层面类似。其中，"能力构成"维度对应于"主体"层面，是对与教学密切相关的主体个性心理特征的概括；"组织级别"维度对应"客体"层面，根据教师教学工作对象的不同层次，分为宏观、中观和微观三个层面；"教学领域"维度对应"活动"层面，列出了教师教学工作的具体活动形式。[⑤]

本书结合上文对能力结构的理论分析，借鉴哲学领域对能力结构的"主体—客体—活动"三层次理论分析、能力的洋葱模型理论，以及 W. M. Molenaar 等（2009）提出的教师教学能力结构模型、徐继红（2013）提出的高校教师教学能力结构模型，[⑥] 尝试描述教师的教学能力结构，将教师的教学能力分为胜任素质、工作领域和教学活动三个维度进行描述，用以概括描述教师的教学能力结构（如图 3 - 4 所示）。其中，"胜任素质"维度对应"主体"层面，是对与教学密切相关的主体个性心理特征的概括；"工作领域"维度对应"客体"层面，根据教师专业发展实践逻辑下教学能力的不同层次，分为宏

---

① BORICH G D. Effective teaching methods (5th Editiion). New Jersey：Merill Prentice Hall, 2004：3.
② ［瑞士］皮亚杰：《结构主义》，商务印书馆 1984 年版，第 2 页。
③ 王宪平：《课程改革视野下教师教学能力发展研究》（博士论文），华东师范大学 2006 年，第 63 页。
④ MOLENAAR W M, et al. A framework of teaching competencies across the medical education continuum. Medical teacher, 2009, 31 (5)：390 – 396.
⑤ 徐继红：《高校教师教学能力结构模型研究》（博士学位论文），东北师范大学 2013 年，第 47 页。
⑥ 徐继红：《高校教师教学能力结构模型研究》（博士学位论文），东北师范大学 2013 年，第 47 – 49 页。

观、中观和微观三个层面;"教学活动"维度对应"活动"层面,列出了教师教学工作的具体活动形式。

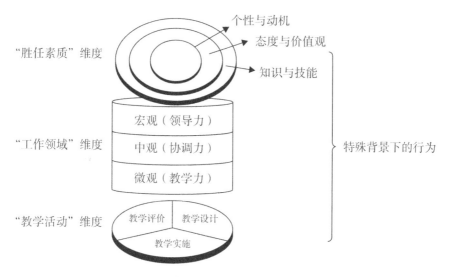

图 3-4 中小学教师教学能力三维结构

(二) 教学能力结构模型的分析说明

1. 教学能力结构模型的维度分析

W. M. Molenaar 等 (2009) 提出的教学能力三维结构模型理论,"为教学能力结构模型构建提供了很好的分类依据":一是按照能力构成,将教学能力分解成各个组成部分,从而将一个复杂的不可直接测量的整体,分解成可观测的各个组成部分,降低了教学能力的测量和分析难度;二是按照工作难度,将教学能力分成不同的组织级别,分析能力发展的不同阶段和水平;三是按照工作领域,将教学能力分解成各个组成部分,每一个组成部分目标明确、容易实现,可以有针对性地了解其发展现状。①

本书借鉴能力的洋葱模型理论,以及 W. M. Molenaar 等 (2009) 提出的教师教学能力结构模型、徐继红 (2013) 提出的高校教师教学能力结构模型,②将教师教学能力分为胜任素质、工作领域、教学活动三个相互独立的维度。其中,"胜任素质"维度将教学能力分为个性与动机、态度与价值观、知识与技

---

① 徐继红:《高校教师教学能力结构模型研究》(博士学位论文),东北师范大学 2013 年,第 39 页。
② 徐继红:《高校教师教学能力结构模型研究》(博士学位论文),东北师范大学 2013 年,第 47-49 页。

能三个层次;"工作领域"维度将教学能力分为宏观层次(领导力)、中观层次(协调力)、微观层次(教学力)三个层次;"教学活动"维度将教学能力分为教学设计、教学实施、教学评价三个环节。

2. 教学能力结构模型的构成要素分析

(1)"胜任素质"维度的要素分析。从"胜任素质"维度研究教学能力构成,不仅借鉴了心理学意义上的能力结构分析,是对与教学密切相关的主体个性心理特征的概括,还包括了组织行为学对影响个体教学行为表现的主要因素分析。

知识是形成技能的基础,技能是支持活动的最直接的个性特征;与教学相关的知识和技能,构成教学能力的主体个性特征。此外,按照能力的"洋葱模型"理论的观点,教师的价值观、性格、气质、动机和思维习惯等一般的个性心理特征,虽然看似与教学活动没有直接的关系,但其对教学活动产生的隐性影响不容忽视。因而,本书参考能力的"洋葱模型"理论,将 W. M. Molenaar 等人提出的教师教学能力结构模型的"胜任素质"要素由内向外分解为三个层面,即个性与动机、态度与价值观、知识与技能。

本书中的"个性"是指不直接影响或不专门指向教学活动的个性特征,如教师的爱心、责任心、亲和力、同情心等,甚至包括教师个体的形貌和健康状况等。"个性"对个体活动的影响具有泛化的特点,即教师的个性特质对教师的影响不仅体现在教学活动中,还在其他各种活动中显现出来。尽管有研究表明,教师的个性特征尤其是教师的爱心、富有激励和想象的倾向性,对教学效果有显著影响,[①] 但这种影响仍需以具备一定的教学能力为前提,否则这种热心和激励就具有盲目性,这种动力作用的指向也会与教学目标不一致。

教师的个性、动机,以及态度与价值观等,并不能为具体的教学活动提供直接的支持,但对教师个体的教学活动具有隐性影响力,为教师的教学活动提供动力支持。教学能力是系统的教学知识和教学技能的有机融合。教学技能是直接支撑教学活动的能力要素,也是教学能力表层的成分,其形成一般依赖于教师对教学知识的掌握情况,而对教学知识的掌握则从根本上取决于个性特征、态度与价值观的作用。[②]

(2)"工作领域"维度的构成要素分析。从"工作领域"维度研究教学能力构成,主要是根据工作对象的范围和难度的不同,将教学能力分为宏观、中观、微观三个层次,着重关注教师的不同职业角色,把教学能力看成是教师专业发展的重要维度。

---

① 皮连生:《学与教的心理学》,华东师范大学出版社1997年版,第265页。
② 徐继红:《高校教师教学能力结构模型研究》(博士学位论文),东北师范大学2013年,第48页。

宏观层次的"领导力",是指教师的课程领导力。无论自上而下提供的正式课程多么完备,要将之真正转化为学生经验生长的环境,则必须经过教师的课程创造。课程实践的动态发展性和教师课程角色的多样性决定了教师必须具有课程领导力。"教师课程领导力是教师为实现课程愿景,以学生发展为本,在课程审议决策、组织设计、资源开发、评价反思等课程事务的实施过程中,所表现出来的引领行为和创造能力,是持续改善课程问题的一种影响力。"①主要表现为对地方或学校课程规划、课程建设、课程决策、课程管理、课程评价等的自主性和创造能力。

中观层次的"协调力",是指教师协同育人的能力,是教师根据工作任务,激励和协调群体(包括教师同伴、学生、家长等)使之相互融合,形成育人共同体,开展教育教学活动,从而实现学校—家庭—社区协同育人的能力。从教师的角色考虑,教师的组织协调能力包括教师与同事的专业合作能力、班级管理能力、班会组织能力,以及教师与家长和社区的协调沟通能力等。

微观层次的"教学力",是指教师在具体的教学活动中表现出来的能力,主要指向微教学单元的设计、开发、利用、管理和评价,如某个教学单元或者某一节课的教学设计、开发、实施、管理和评价等。

上述三个层次中,微观层次的教学能力是中观、宏观层次教学能力的基础,中观层次的教学能力又是宏观层次教学能力的基础;宏观层次的教学能力所完成的工作也为中观和微观层次教学活动提供指导与支持,中观层次的教学能力所完成的工作为微观层次教学活动提供指导与支持。②

(3)"教学活动"维度的构成要素分析。从"教学活动"维度研究教学能力构成,主要是根据教学活动过程和活动结构分析教师教学能力结构。

在"教学活动"维度,对教学能力进行较为完整而又不至于太抽象的分类,确实有一定的难度;由于信息技术渗透于全部教学活动当中,对信息技术的对象和范畴的描述可以移植到对教学活动的描述当中来。因此,全部教学活动无非是对学习过程和资源的设计、开发、利用、管理和评价。本书按照教学活动过程的常见顺序,将教学活动分为教学设计(含开发、利用)、教学实施(含教学管理)、教学评价三个环节。相应地,在"教学活动"维度上,教师的教学能力就分为教学设计、教学实施、教学评价三个环节。

---

① 田友谊、石蕾:《课程图谱:教师课程领导力提升的新路径》,载《教育理论与实践》2022年第16期,第51-56页。
② 徐继红:《高校教师教学能力结构模型研究》(博士学位论文),东北师范大学2013年,第49页。

第四章　教师教学能力调查设计与实施

教学具有科学的基础——教学实践是建立在实证研究和科学证明的基础上的。①

——［美］理查德·I. 阿伦兹（Richard I. Arends）

---

① ［美］理查德·I. 阿伦兹：《学会教学（第九版）》，丛立新、马力克·阿不力孜、张建桥等译，中国人民大学出版社2016年版，第4页。

教学能力是教师专业素质的重要组成部分。中小学教师的教学能力是否达到《教师专业标准》的基本要求？是否胜任素养本位的"课堂革命"？[①] 不同群体教师的教学能力差异如何？针对上述问题，本章在已有研究的基础上进行理论探讨，建构教师教学能力的测评体系，并形成相应的测评工具。

第一节 教师教学能力的测评依据

国家政策对教师教学能力发展的要求、我国新一轮基础教育课程改革对教师教学能力的挑战，以及已有的教学能力评价体系研究成果，是本书构建教师教学能力测评工具的重要依据。

一、教师教学能力发展的政策依据

（一）中小学教师教学能力

2012年，教育部颁布的《教师专业标准》[②]从教师的专业理念与师德、专业知识、专业能力三个维度对中小学教师专业素质提出了基本的专业要求；其中，"专业能力"被划分为教学设计、组织与实施、激励与评价、沟通与合作、反思与发展五个领域。这五个领域的基本要求大致可以把"教学"方面的能力归纳为"教学设计能力""教学实施能力"和"教学评价能力"。从教学环节看，教学设计能力属于"教学前"的教师必备能力，教学实施能力属于"教学中"的教师必备能力，而教学评价能力则是贯穿于整个教学过程中

---

① 钟启泉：《从"知识本位"转向"素养本位"：课程改革的挑战性课题》，载《基础教育课程》2021年第11期，第5-20页。

② 中华人民共和国教育部：《教育部关于印发〈幼儿园教师专业标准（试行）〉〈小学教师专业标准（试行）〉和〈中学教师专业标准（试行）〉的通知》，见中华人民共和国教育部网（http://www.moe.gov.cn/srcsite/A10/s6991/201209/t20120913_145603.html）。

的教师必备能力。① 《教师专业标准》是国家对中小学合格教师专业素质的基本要求，是教师实施教育教学行为的基本规范。②

（二）教师信息技术应用能力

在中小学教师"专业能力"维度的"组织实施"领域，明确规定："将现代教育技术手段整合应用到教学中。"

为全面提升中小学教师的信息技术应用能力，促进信息技术与教育教学深度融合，教育部于2014年5月印发了《中小学教师信息技术应用能力标准（试行）》（以下简称《能力标准》）。

《能力标准》对中小学教师在教育教学和专业发展中应用信息技术提出了基本要求和发展性要求。其中，应用信息技术优化课堂教学的能力为基本要求，主要包括教师利用信息技术进行讲解、启发、示范、指导、评价等教学活动应具备的能力；应用信息技术转变学习方式的能力为发展性要求，主要针对教师在学生具备网络学习环境或相应设备的条件下，利用信息技术支持学生开展自主、合作、探究等学习活动应具有的能力。③

《能力标准》是"规范与引领中小学教师在教育教学和专业发展中有效应用信息技术的准则，是各地开展教师信息技术应用能力培养、培训和测评等工作的基本依据"④；《能力标准》根据教师教育教学工作与专业发展主线，将信息技术应用能力区分为技术素养、计划与准备、组织与管理、评估与诊断、学习与发展五个维度，从而为中小学教师的信息技术应用能力的测评提供政策依据和理论框架。

---

① 杨静：《核心素养背景下教师教学能力发展现状与对策建议：基于 G 市中小学教师的问卷调查》，载《现代中小学管理》2021年第1期，第61-69页。

② 中华人民共和国教育部：《教育部关于印发〈幼儿园教师专业标准（试行）〉〈小学教师专业标准（试行）〉和〈中学教师专业标准（试行）〉的通知》，见中华人民共和国教育部网（http://www.moe.gov.cn/srcsite/A10/s6991/201209/t20120913_145603.html）。

③ 杨静：《核心素养背景下教师教学能力发展现状与对策建议：基于 G 市中小学教师的问卷调查》，载《现代中小学管理》2022年第10期，第59-65页。

④ 中华人民共和国教育部：《教育部办公厅关于印发〈中小学教师信息技术应用能力标准（试行）〉的通知》，见中华人民共和国教育部网（http://www.moe.gov.cn/srcsite/A10/s6991/201405/t20140528_170123.html?ivk_sa=1024320u）。

二、新课程改革对教师教学能力的新要求

我国新一轮基础教育课程改革政策是构建教师教学能力结构的重要依据。教育部颁布的《基础教育课程改革纲要（试行）》（以下简称《纲要》）是我国当前基础教育课程改革的指导性文件。《纲要》对课程改革的目标、课程结构、课程标准、教学过程、教材开发与管理、课程评价、课程管理、教育的培养和培训、课程改革的组织与实施九个方面提出了明确的要求，为教师课程教学能力结构的构建提供了重要依据。

2022年，教育部印发《义务教育课程方案（2022年版）》，其关于课程标准的主要变化是增强了教学改革方面的指导性。比如，各课程标准针对"内容要求"提出"学业要求""教学提示"，细化了评价与考试命题建议，注重实现"教—学—评"一致性，增加了教学、评价案例，不仅明确了"为什么教""教什么""教到什么程度"，而且强化了"怎么教"的具体指导。[①] 同时，针对"课程实施"提出了深化教学改革，以及坚持素养导向、强化学科实践、推进综合学习、落实因材施教四大要求。因此，"义务教育课程方案和课程标准在引导和推动教育教学改革方面发挥了重要作用"[②]，也对教师教学能力发展具有重要的指导意义。

三、教学能力的评价体系研究

A. S. Barr（1994）认为教师素质、教学行为、学生变化是常用的三种评价教师教学能力的方法。[③] 目前，学术界对于成功教学的评价标准主要围绕两个方面，即教师和学生。

很多学者从教师角度评价教学能力。比如，Renfro C. Manning（1988）

[①] 中华人民共和国教育部：《教育部关于印发义务教育课程方案和课程标准（2022年版）的通知》，见中华人民共和国教育部网（http://www.moe.gov.cn/srcsite/A26/s8001/202204/t20220420_619921.html）。

[②] 崔允漷、郭华、吕立杰等：《义务教育课程改革的目标、标准与实践向度（笔谈）：〈义务教育课程方案和课程标准（2022年版）〉解读》，载《现代教育管理》2022年第9期，第6－19页。

[③] BARR A S. Measurememt of teaching ability. *Educational research review*, 1940, 10 (3): 182 - 184.

等人在总结前人研究的基础上制定了一个教师评价系统，其中，教师教学能力标准包括制订教学计划的能力、教学活动能力、课堂管理能力和知识传授能力等。① Ronald D. Simpson（1994）认为好教师应具备的能力标准是知识的广度和深度（breadth and depth of knowledge）、计划（planning）、知识传授和沟通技巧（delivery and communication skills）、教学评价和反馈能力（evaluation and feedback）、个性特征（interpersonal dimension）。②

美国教师专业评价组织从学生发展需要角度对教学能力标准进行了研究。比如，2004年，美国专业教学标准委员会（National Board for Professional Teaching Standards，NBPTS）从学生发展需要的角度，提出了五项教师专业能力标准：①教师应致力于学生及他们的学习；②教师具有他们要教的学科知识以及知道如何把这些知识教给学生；③教师有责任管理和控制学生的学习；④教师应系统地反思自己的实践和从经验中学习；⑤教师应是学习社会中的一员。美国州际新教师评价和支持联盟（Interstate New Teacher Assessment and Support Consortium，INTASC）提出十项教师专业能力标准：①教师应能理解所教科目的核心概念、结构及调查研究的工具，并能创设一种学习情境使学生对这些学科知识有直观的感受；②教师应能理解学生是如何学习和发展的，并能为他们提供支持其智力、社交能力及个人发展、学习的机会；③教师应能理解学生学习方法的差异与不同，并知道如何创造适合不同学习者的教学机会；④教师应能理解并运用各种教学策略，以鼓励学生批判性思维、解决问题及实践操作能力的养成；⑤教师应能运用其对个体与群体动机、行为的认识，创设出有利于积极的社会互动、主动学习以及自我激发的学习动机等机制形成的学习环境；⑥教师应能运用有效的口头、非口头或大众媒介等形式的沟通技术或技巧，鼓励学生在课堂中积极主动地探寻、合作与互动；⑦教师应能在对学科知识、学生、社会及课程目标等认识的基础上对教学实践活动进行规划；⑧教师应能理解并运用正规或非正规的评价策略来评估并确保学习者智力、社交能力以及身体的持续发展；⑨教师应是一个能不断对他人（学生、家长及学区中的其他专业人员）所做行为的结果进行评估的反思性实践者，应是一个能积极寻求专业发展机构的主观能动者；⑩教师应能与学校同事、家长及社会更多部门建立联系，以支持学生的学习和良好发展。③

---

① MANNING R C. The teacher evaluation handbook：Step-by-step techniques & forms up roving instruction. https://www.researchandmarkets.com/re 2219884/the_teacher_evaluation_handbook_step by step.
② SIMPSON R D. Do we really know what constitutes good teaching? *Innovative higher education*，1994，18（4）：239–241.
③ 朱旭东：《教师专业发展理论研究》，北京师范大学出版社2013年版，第101–102页。

第二节 教师教学能力的测评指标

本书的教师教学能力评价工具的编制，以促进发展为评价目的，以评价内容力求综合为基本理念，经历了开放式问卷调查、专家座谈、开发专家咨询问卷和试测问卷分析等过程，最终确定了调查问卷包括教师教学能力和教师信息技术应用能力两个评价工具。其中，教师教学能力具体分为教学设计能力、教学实施能力、教学评价能力三个维度，教师信息技术应用能力则分为技术素养、计划准备、组织管理、评估诊断四个维度。

一、编制过程

本书对教师教学能力评价指标体系的设计运用了多元组织形式。一是开放式问卷。通过发放开放式问卷了解中小学教师对自我教学能力和教师信息技术应用能力的态度及认同程度。二是专家座谈讨论。项目组各位专家成员根据对教师教学能力和信息技术应用能力的内涵分析、开放式问卷统计结果，梳理出教师教学能力和教师信息技术应用能力的构成要素。三是专家咨询。设计专家咨询问卷，对4位高校专家和30位一线教师进行咨询，确定教师教学能力和信息技术应用能力的各级指标和具体题项。四是对试测问卷的数据分析。根据信效度检验结果确定教师教学能力和信息技术应用能力的评价指标。最终使用正式问卷在G市对中小学教师进行调查。

（一）开放式问卷

笔者在阅读有关教师教学能力和信息技术应用能力评价指标的文献之后，了解了学术界以及相关政策制度关于教师教学能力和信息技术应用能力评价指标的构建情况，这是本书构建教师教学能力测评指标的理论基础。

一线教师认为教师教学能力和信息技术应用能力有哪些要素呢？本书首先采用开放式问卷调查的方式，获取在实践中关于教师教学能力和信息技术应用能力的评价要素。共回收开放式问卷215份，涉及小学、初中和普通高中三个学段的教师。通过分析，把握一线教师对教师教学能力和信息技术应用能力结构要素的理解。

本书通过相关文献以及一线教师对教师教学能力和信息技术应用能力构成的体验因素，归纳和提炼了教师教学能力的测评指标。其中，教师教学能力包括教学设计能力、教学实施能力、教学反思能力、教学研究能力；信息技术应用能力包括信息资源选择与运用，利用信息技术进行讲解、启发、示范等教学能力。这些因素为接下来的评价指标提炼提供了实践基础。

（二）专家座谈讨论

在开放式问卷的基础上，专家组成员通过研讨对教师教学能力和信息技术应用能力评价指标进行了总结和提炼。通过头脑风暴，专家组成员提出了一些关键词。专家组成员指出，从教学活动过程的需求出发，教学能力涉及教学设计、教学实施、教学评价等要素；信息技术应用能力包括技术素养、计划与准备、信息化组织管理、信息化教学评价等要素。通过头脑风暴，专家组成员们提出了有关教师教学能力和信息技术应用能力评价指标的一些关键词。其中，教学能力包括三个一级指标，分别是教学设计、教学实施、教学评价，每个一级指标下设若干个二级指标；信息技术应用能力包括四个一级指标，分别是技术素养、计划与准备、组织与管理、诊断与评估，每个一级指标下设若干个二级指标。

（三）专家咨询

国内外学者主要从教学活动过程的需求出发，研究教学能力的结构，虽然观点各异，但都涉及教学设计、教学实施、教学评价等要素，这是教师教学能力结构研究的主导。笔者就教师教学能力和信息技术应用能力评价指标的拟定情况进行专家咨询。专家组成员包括 8 位专家和 50 位一线教师。咨询中理论均值为 3 分，满分为 5 分，各项指标平均数均在 4.27 以上，变异系数均小于 0.30。专家组成员一致认为指标结构良好。

通过专家咨询环节，笔者确定了教师教学能力的测评指标。其中，教师教学能力的一级指标为教学设计、教学实施、教学评价三个维度，这与教育部于 2012 年颁布的《教师专业标准》把"教学"方面的能力大致归纳为"教学设计能力""教学实施能力"和"教学评价能力"一致；信息技术应用能力的一级指标包括技术素养、计划与准备、组织与管理、评估与诊断四个维度，这与教育部颁布的《中小学教师信息技术应用能力标准（试行）》对教师信息技术应用能力的技术素养、计划与准备、组织与管理、评估与诊断四个维度的基本要求一致。本书根据调研情况对评价二级指标进行本土化处理，并对教学能力和信息技术应用能力的评价指标进行了区分。

（四）试测分析

通过开放式问卷调查、专家座谈讨论和专家咨询等，本书形成了初拟问卷，教师教学能力和信息技术应用能力是调查的内容主体。为检验问卷信度、效度情况，以及内容表述和题量是否适宜，本书开展了小规模问卷试测，收集了 206 名教师的试测数据。通过对试测问卷的信度分析、项目分析和因素分析，进一步优化和修改问卷总体结构和具体题项，删除部分信效度不佳的题项，以保障测评工具的科学性和有效性。

（五）正式问卷

经过以上步骤，最终确定正式问卷。问卷包括四部分内容：教师的背景信息、教师教学能力量表、教师信息技术应用能力量表、开放问题调查。其中，教师教学能力评价指标具体包括教学设计能力、教学实施能力、教学评价能力三个指标；教师信息技术应用能力评价指标具体包括技术素养、计划准备、组织管理、评估诊断四个指标。

二、指标构成

教师教学能力指标包括教师教学能力结构和信息技术运用能力结构两部分。其中，教师教学能力结构具体分为教学设计能力、教学实施能力和教学评价能力三个维度，指向传统教学环境下完成教学任务所需的教学能力；信息技术运用能力结构包括技术素养、计划与准备、组织与管理、评估与诊断四个维度的指标，具体指向信息技术与学科整合的教学能力。

（一）教师教学能力结构

为落实核心素养培养目标，新课标提出以单元为教学单位，倡导教师围绕单元主题整合课程内容，实施课堂教学。

1. **教学设计能力**

"教学设计是对教学目标、教学过程、学习方式、教学资源与环境、教学评价等方面的系统性决策活动，是对教学活动的系统性构想。教学价值与目标定位、教学主要变量与教学关系处理、教学程序与活动方式的预设，以及教学资源与环境、教学评价的规划等是教学设计的核心内容。"① 教学设计能力是指教师根据课程方案中各单元或知识点的目标要求，对某一单元的或某一节课的教学进行设计的能力。教学设计包括对教学目标的设计、教学内容的选择与组织、教学策略、教学评价的设计等。

教学设计能力具体包括：①学科育人能力，即教师能根据学生世界观、人生观、价值观形成的特点，注重结合学科教学进行育人活动；②课标解读能力，即教师熟悉所教学科的课程标准，明确课程的性质和目标，领会课程改革倡导的基本理念，从整体上把握本学科教学的内容标准和实施建议；③教材解读能力，即教师熟悉本学科教材的编写意图和特点、学段或各年级之间教材的衔接、整册或整个模块教材的完整结构；④学情分析能力，即教师能通过预习、谈话等手段了解学生的学习态度、知识储备、能力水平，并以此作为教学设计的重要依据；⑤学习目标确定能力，即教师能依据课程标准、教材内容以及学情分析确定学生的学习目标；⑥学习重难点确定能力，即教师能根据课程标准、教材要求以及学生的知识储备、能力水平确定学生学习的重点、难点；⑦教学资源选用能力，即教师能收集、甄别、整合、应用符合课程目标要求、促进学生发展的课程资源等。

2. 教学实施能力②

教学实施是教学设计方案付诸课堂教学实践的主要途径。教学实施能力是指教师能够根据教学设计方案有效创设课堂教学情境、有序组织课堂教学、合理安排课堂教学活动，引导学生不断获取知识、丰富自身灵魂并提升内在素养。教学实施主要体现在教学情境创设、教学方法选用、学习方法指导、学科知识讲授、教学过程调控、有效沟通交流、课堂纪律管理等方面。

课堂教学实施过程通常是从设定教学目标开始，经历教学目标向教学内容的转化、教学内容向教学问题（任务）的转化、教学问题（任务）向师生活动的转化、师生活动向活动序列的转化等环节，概括起来就是目标内容化、内容问题化、问题活动化和活动序列化四个环节。首先，目标内容化要求教师理解课标教材，设计明确、具体、可测的教学目标。其次，要选择与目标匹配度、关联度高的内容。再次，把这些内容转化成学生学习和探究的问题。最后，把教学问题转化成既有逻辑又合乎规律的师生多样化活动及方式，从而实现教师的教学方式、学生的学习方式、教学内容的呈现方式、师生的互动方式

---

① 郭元祥、刘艳：《我国教学设计发展20年：演进、逻辑与趋势》，载《全球教育展望》2021年第8期，第3—14页。

② 黄培森等：《高校初任教师教学能力发展论》，中国教育科学出版社2019年版，第122—129页。

和教学文化的影响方式等方面的转变。①

教学实施能力具体包括：①教学环境创设能力，即教师能创设适宜的教学情境，营造良好的学习环境与氛围，鼓励学生发表不同的见解；②学科知识讲解能力，即教师能准确完成课标及教材规定的知识点讲授，使知识相互联系、融会贯通，并能联系学生生活实际，培养学生正确的情感、态度、价值观；③教法选用能力，即教师能灵活运用启发式、探究式、讨论式、参与式等教学方式，引发学生独立思考和主动探究，发展学生的创新能力；④学法指导能力，即教师能有意识地指导学生形成自己的学习习惯和学习方法；⑤课堂教学调控能力，即教师在教学中能高度关注学生的学习状态，敏锐捕捉各种动态的教学资源，正确处理预设与生成的关系，防止机械照搬教案；⑥沟通交流能力，即教师善于倾听，平等地与学生进行沟通交流；⑦偶发事件处理能力，即教师能合理处理课堂偶发事件，尊重学生人格，保护学生尊严；⑧"三字一话"能力，即教师能使用普通话教学，能规范书写钢笔字、粉笔字、毛笔字；⑨教学板书能力，即板书布局合理，书写清晰整洁，具有条理性、概括性。

3. 教学评价能力

课堂教学评价是课堂教学活动的重要环节。对教与学进行有效的评价，有助于教学以及学习行为的调整和改进，从而提高课堂教学质量，落实核心素养的培养。素养导向的教学评价要超越原来聚焦单一课时知识点的评价，指向基于单元的素养为本的单元学习目标、学习任务实施和学习结果的系统评价。

本书的教师教学评价能力是指教师依据课程标准要求，针对学生的学习过程及学习效果进行资料的收集和整理，从而判断学生是否达成了课程标准中所提出的教学目标的能力。教学评价包括基于教学目标设计合理的评价方案、采用多元评价方式收集信息、合理地评定与解释评价结果、有效交流与运用评价结果改进教学行为等。

教学评价能力具体包括：①课堂评价反馈能力，即教师能采用巡视、练习等形式了解学生的学习情况，并对需要帮助的学生及时进行督促指导；②作业设计能力，即教师能根据课程标准、教材要求以及学情特点，独立编制科学有效的课堂练习与课后作业；③试卷命题能力，即教师能根据课程标准、教材要求以及学情特点，独立编制科学有效的单元测试卷和学期综合试卷；④多元化评价能力，即教师能运用多元化评价，激发学生的学习热情、促进学生全面发展；⑤引导学生自我评价能力，即教师能引导学生对学习进行积极的自我评价；⑥自我评价与改进能力，即教师能自我评价教学效果，并及时调整和改进教学工作。

---

① 郝志军、王冬梅：《深化课堂教学改革必须树立科学的教学观》，载《人民教育》2021年第7期，第62－65页。

（二）信息技术应用能力指标构成

2012 年，教育部颁布《中小学教师信息技术应用能力标准（试行）》，对教师在教育教学和专业发展中应用信息技术提出了基本要求和发展性要求。其中，应用信息技术优化课堂教学的能力为基本要求，主要包括教师利用信息技术进行讲解、启发、示范、指导、评价等教学活动应具备的能力。

本书以教育部于 2012 年颁布的《中小学教师信息技术应用能力标准（试行）》对中小学教师信息技术应用能力的基本要求为理论框架，根据教师教学工作的流程，从技术素养、计划与准备、组织与管理、评估与诊断四个维度，构建中小学教师信息技术应用能力指标。

中小学教师信息技术应用能力，是指运用信息技术改进其工作效能、促进学生学习成效与能力发展，以及支持其自身持续发展的专业能力。[1] 本书的中小学教师信息技术应用能力具体是指中小学教师应用信息技术优化课堂教学的能力。

中小学教师信息技术应用能力指标具体包括以下四个维度。[2]

1. 技术素养

技术素养指教师能够收集、甄别、整合、应用与学科相关的教学资源以优化教学环境。具体包括：理解信息技术对改进课堂教学的作用，具有主动运用信息技术优化课堂教学的意识；了解多媒体教学环境的类型与功能，熟练操作常用设备；了解与教学相关的通用软件及学科软件的功能及特点，并能熟练应用；通过多种途径获取数字教育资源，掌握加工、制作和管理数字教育资源的工具与方法；具备信息道德与信息安全意识，能够以身示范。

2. 计划与准备能力

计划与准备能力具体包括依据课程标准、学习目标、学生特征和技术条件，选择适当的教学方法，找准运用信息技术解决教学问题的契合点；设计有效实现学习目标的信息化教学过程；根据教学需要，合理选择与使用技术资源；加工制作有效支持课堂教学的数字教育资源；确保相关设备与技术资源在课堂教学环境中正常使用；预见信息技术应用过程中可能出现的问题，制订应对方案。

---

[1] 祝智庭、闫寒冰：《〈中小学教师信息技术应用能力标准（试行）〉解读》，载《电化教育研究》2015 年第 9 期，第 5 – 10 页。

[2] 中华人民共和国教育部：《教育部办公厅关于印发〈中小学教师信息技术应用能力标准（试行）〉的通知》，见中华人民共和国教育部网（http://www.moe.gov.cn/srcsite/A10/s6991/201405/t20140528_170123.html?ivk_sa=1024320u）。

3. 组织与管理能力

组织与管理能力即教师能够利用技术支持，改进教学方式，有效实施课堂教学；让每个学生平等地接触技术资源，激发学生学习兴趣，保持学生学习注意力；在信息化教学过程中，观察和收集学生的课堂反馈，对教学行为进行有效调整；灵活处置课堂教学中因技术故障引发的意外状况；鼓励学生参与教学过程，引导学生提升技术素养并发挥其技术优势。

4. 评估与诊断能力

评估与诊断能力，即教师在教学中能应用技术对学生的学习过程进行有效反馈评价。其包括教师根据学习目标科学设计并实施信息化教学评价方案；尝试利用技术工具收集、整理与分析学生学习过程信息，发现教学问题并提出针对性的改进措施；尝试利用技术工具开展测验、练习等工作，提高评价工作效率；尝试建立学生学习电子档案，为学生综合素质的评价提供支持。

第三节 教师教学能力的调查实施

中小学教师的教学能力是否达到《教师专业标准》的基本要求？是否胜任素养本位的"课堂革命"？[①] 不同群体教师的教学能力差异如何？针对上述问题，本书以《教师专业标准》有关"教学"方面的能力框架，以及教育部于2014年5月印发的《中小学教师信息技术应用能力标准（试行）》对中小学教师信息技术应用能力的基本要求为理论框架，编制调查问卷，对中小学教师的教学能力进行实证调查。

一、调查问卷的设计与构成

调查问卷分为四个部分（见表4-1）。

---

① 钟启泉：《从"知识本位"转向"素养本位"：课程改革的挑战性课题》，载《基础教育课程》2021年第6期，第5—20页。

表 4-1 中小学教师教学能力调查问卷总体构成

调查内容	一级指标	题项数
教师基本信息	人口学变量信息	12
	教师职业背景	
	学校组织信息等	
教师教学能力调查	教学设计	15
	教学实施	15
	教学评价	15
信息技术应用能力调查	技术素养	5
	计划准备	5
	组织管理	5
	评估诊断	5
开放问题	教师教学能力与信息技术应用能力提升建议	2

第一部分为教师的基本信息，包括教师的性别、年龄、教龄、学历、职称、专业背景、工作岗位、任教学段、任教学科，以及学校的办学性质以及城乡地域等。

第二部分为"中小学教师教学能力量表"。该量表中关于"教学能力"的编制，是在文献分析和访谈的基础上，以《教师专业标准》中有关"教学"方面的能力框架为基准，并根据新一轮基础教育课程改革对课堂教学的新要求，从"教学设计""教学实施""教学评价""信息技术应用"四个维度，对教师的"教学能力"进行解读和构建，共设置22个具体指标45个题项，每个题项均包含"符合程度"知觉，以探查当前中小学教师对自我教学能力的感知情况，透视教师教学能力的现实状况。其中"教学设计"包括学科育人、课程标准解读、教材解读、学情分析、学习目标制定、学习重难点确定、教学资源选用七个方面，"教学实施"包括学习环境创设、学科知识讲解、教学方法选用、学法指导、教学进度调控、偶发事件处理、有效沟通交流、三字一话、教学板书九个方面，"教学评价"包括课堂评价反馈、多元化评价、作业设计、试卷命制、教学的自我评价、引导学生自我评价六个方面。

第三部分为"中小学教师信息技术应用能力量表"。该量表的编制，是在文献分析和访谈的基础上，以教育部于2014年5月印发的《中小学教师信息技术应用能力标准（试行）》对中小学教师信息技术应用能力的基本要求为理论框架，根据教师教学工作的流程，从技术素养、计划准备、组织管理、评估诊断四个维度，对中小学教师信息技术应用能力进行解读和构建，共设置20个题项。

第四部分为开放问题，调查中小学教师对提升教师教学能力及其信息技术应用能力的建议。

二、调查问卷的试测与分析

初拟问卷确立后，为检验问卷信度、效度情况，以及内容表述和题量是否适宜，本书开展了小规模问卷试测。通过问卷星发放电子问卷，收集到230位中小学教师的试测反馈信息，根据答题时间及反向题判断，筛选出有效问卷214份。一方面，分析接受调查的教师对问卷的改进建议，对问卷内容表述和题量进行调整；另一方面，采用SPSS20.0进行统计分析，对教师教学能力量表进行更加深入的问卷质量分析。

信度是指测验或量表工具所测结果的稳定性以及一致性，利克特量表最常用的信度检验方法为检验克隆巴赫 α（Cronbach's α）系数，用来判断量表题项的内部一致性。克隆巴赫 α 系数越大，代表量表的内部一致性越好。在社会科学领域的研究中，总量表的信度系数在0.80以上、分量表的信度系数在0.70以上则较为理想。

本书对测验问卷的量表部分进行了信度分析，教师教学能力量表和教师信息技术应用能力量表的克隆巴赫 α 系数分别为0.970、0.885，各维度分量表的克隆巴赫 α 系数均在0.70以上（见表4-2和表4-3）。这说明初拟问卷信度较高。

表4-2 初拟问卷的教师教学能力量表的克隆巴赫 α 系数

维度	克隆巴赫 α 系数	基于标准化的克隆巴赫 α 系数	题项数
教学设计	0.930	0.930	16
教学实施	0.940	0.940	16
教学评价	0.925	0.925	16
总体	0.970	0.970	48

表4-3 初拟问卷的教师信息技术应用能力量表的克隆巴赫 α 系数

维度	克隆巴赫 α 系数	基于标准化的克隆巴赫 α 系数	题项数
技术素养	0.838	0.838	5
计划准备	0.846	0.846	5
组织管理	0.825	0.825	5
评估诊断	0.865	0.865	6
总体	0.885	0.885	21

为检验各个题项对总体信度的影响,我们依次对删除各题项后的克隆巴赫 α 系数进行检验,结果显示,当删除教师教学能力量表题项T6、T24、T40和信息技术应用能力量表题项T63,量表总体的克隆巴赫 α 系数会提高(见表4-4和表4-5),因此考虑将这些题项删除,但还需要根据各题项的项目分析和因素分析结果进行最终判断。

表4-4 删除题项后教师教学能力量表的克隆巴赫 α 系数

题项	删除题项后的标准值	删除题项后的标准方差	修正后的项与总计相关性	删除题项后的克隆巴赫 α 系数
T6	257.23	1867.46	0.05	0.98
T24	259.27	1856.66	0.14	0.98
T40	258.52	1867.20	0.21	0.98

表4-5 删除题项后教师信息技术应用能力量表的克隆巴赫 α 系数

题项	删除题项后的标准值	删除题项后的标准方差	修正后的项与总计相关性	删除题项后的克隆巴赫 α 系数
T63	234.83	1600.70	0.08	0.90

三、正式调查问卷的形成与检验

（一）正式问卷的基本结构

经过对试测问卷进行修订和调整，最终确定中小学教师教学能力的正式调查问卷，用于大规模施测和进一步分析。问卷修订主要体现在量表的内容上，教师教学能力量表由教学设计、教学实施、教学评价、信息技术应用能力四个维度的45个题项构成。教师信息技术能力量表由技术素养、计划准备、组织管理、评估诊断四个维度的20个题项构成。

（二）正式问卷的信度分析

教师教学能力量表的总体信度系数 α 为 0.972。其中，教学设计的信度系数 α 为 0.935，教学实施的信度系数 α 为 0.940，教学评价的信度系数 α 为 0.925，信息技术应用能力的信度系数 α 为 0.887，信度系数 α 均在 0.80 以上，表明正式问卷测试结果的稳定性和一致性较高，数据具有较高的可靠性。（见表4-6和表4-7）

表4-6　教师教学能力量表的克隆巴赫 α 系数

维度	克隆巴赫 α 系数	基于标准化的克隆巴赫 α 系数	题项数
教学设计	0.935	0.935	15
教学实施	0.940	0.940	15
教学评价	0.925	0.925	15
信息化应用	0.887	0.887	20
总体	0.972	0.972	65

表4-7　教师信息技术能力量表的克隆巴赫 α 系数

维度	克隆巴赫 α 系数	基于标准化的克隆巴赫 α 系数	题项数
技术素养	0.840	0.840	5
计划准备	0.847	0.847	5

续上表

维度	克隆巴赫α系数	基于标准化的克隆巴赫α系数	题项数
组织管理	0.835	0.835	5
评估诊断	0.869	0.869	5
总体	0.887	0.887	20

（三）正式问卷的效度分析

效度（validity）即有效性，是衡量综合评价体系是否能准确反映评价目的和要求的指标，是指测量工具能测出其所要测量的特征的正确性程度。效度越高，表示测量结果越能显示其所要测量的特征，反之，效度越低。

本书中的问卷为事实性调查问卷，信度在一定程度上说明了效度。信度高说明答题者前后回答比较一致，没有随意乱答，即调查结果能反映真实情况。内容效度是指问卷题项反映所要测量的内容能否达到测量目的的程度。笔者在形成初拟问卷之前，通过咨询专家及中小学教师确立了教学能力的分析框架维度，根据专家认可的教学能力维度设置问卷题项，并且题项内容借鉴了国内外已有的量表或问卷，并考虑了中国中小学教师的实际情况。之后，课题组内多位专家又就问卷的结构和题项的表述等进行讨论，对问卷中存在问题的题项进行修改或删除，最终确定"中小学教师教学能力调查问卷"的题项。因此，本问卷具有较高的内容效度。

四、问卷调查的样本分布

本书以G市中小学教师为研究对象，采用分层随机抽样的方法，抽取G市的387所小学、376所中学进行调查，共回收教师问卷24940份，用于统计分析的有效问卷22945份，有效样本量超过了当地中小学教师总人数的1/3。其中，男教师问卷6109份（26.62%），女教师问卷16836份（73.38%）；一般任课教师问卷8154份（35.54%），班主任问卷7792份（3.96%），备课组组长问卷1737份（7.57%），学科科长问卷2161份（9.42%），年级级长问卷916份（3.99%），中层干部问卷1814份（7.91%），校级领导371份（1.63%）；小学教师问卷12430份（54.17%），初中教师问卷5491份（23.93%），普通高中教师问卷5024份（21.90%）；公办学校教师问卷18202

份（79.33%），民办学校教师问卷 4743 份（20.67%）；城区学校教师问卷 13950 份（60.80%），镇区学校教师问卷 4182 份（18.23%），乡村学校教师问卷 4813 份（20.98%）。

五、调查问卷的数据处理

本书采用 Likert 自评五级量表形式计分，评价调查对象对项目描述的认同程度。对问卷的五种回答"完全符合""大部分符合""不确定""不太符合""非常不符合"分别记为 5、4、3、2、1 分，以表明调查对象的态度强弱或不同状态；得分越高，表明该教师对项目描述的认同程度越高、教学能力水平越高。问卷数据采用 SPSS20.0 软件进行统计分析，主要方法有描述性统计分析、方差分析和独立样本 T 检验。

六、访谈提纲的设计与构成

进行访谈主要是为了弥补问卷调查的不足。根据问卷调查反映的问题，通过访谈进一步了解教师的想法、感受、需求等，或者补充调查某些区域的特殊情况。本次访谈的主要对象为学校校长、班主任、教师。访谈均依照访谈提纲进行，访谈提纲中的维度与问卷大致相同。

以下是教师访谈的具体问题：

（1）您如何理解教学能力？

（2）您所在的学校对教师教学能力发展有何保障制度和激励举措？

（3）关于提升教师教学能力，您有什么建议？请分别从政府、教师培训机构、学校以及教师个人的角度，谈谈您的想法。

第五章　教师教学能力发展的总体情况

如果教师能够把精力集中到他们能影响、改变的事情上面,他们就能够取得更大的成就。①

——[美]理查德·I. 阿伦兹（Richard I. Arends）

---

① [美]理查德·I. 阿伦兹:《学会教学（第九版）》,丛立新、马力克·阿不力孜、张建桥等译,中国人民大学出版社2016年版,第156页。

判断教育改革实施是否成功的重要因素,是看教育改革是否在学校产生效果,以及改革的理念与目标是否在课堂中体现出来。一般认为,课程实施包含教材的变革、教师的理解、教学行为的变化、教学信念的变化等,而真正的实际变化是教师的教学行为,包括教学的组织方式与教学策略与方法等。因此,本书对教师教学能力的调查侧重于从"教学活动"维度理解教学能力,把教学分为教学设计、教学实施、教学评价三个环节。

本书从"教学设计""教学实施""教学评价""信息技术应用"四个维度,对教师的"教学能力"进行解读和构建,自编调查问卷。问卷分为两个部分,第一部分为教师的基本信息,包括教师的性别、年龄、教龄、学历、职称、专业背景、学科、岗位、学段以及地域等;第二部分为"中小学教师教学能力量表",以及开放问题。

第一节 教师教学能力发展的现实样态

一、中小学教师教学能力总体水平

调查结果显示,中小学教师教学能力的总体均值为 $M=4.21$,四个维度("教学设计""教学实施""教学评价""信息技术应用")的均值为 $4.08\sim 4.22$,都在良好以上($M=4.00$)(见表 5-1 和图 5-1)。各维度能力水平由高到低分别为:"教学实施"($M=4.22$)、"教学评价"($M=4.21$)、"教学设计"($M=4.19$)、"信息技术应用"($M=4.08$)。这说明,中小学教师教学能力的发展水平基本达到了《教师专业标准》和《中小学教师信息技术应用能力标准(试行)》对教师教学能力的基本要求,且总体发展水平良好。

表 5-1 中小学教师教学能力水平

分类	总体均值 ($N=22945$)	教学设计 ($N=22945$)	教学实施 ($N=22945$)	教学评价 ($N=22945$)	信息技术应用 ($N=22945$)
均值(M)	4.21	4.19	4.22	4.21	4.08

续上表

分类	总体均值 ($N=22945$)	教学设计 ($N=22945$)	教学实施 ($N=22945$)	教学评价 ($N=22945$)	信息技术应用 ($N=22945$)
标准差（SD）	0.49	0.52	0.51	0.53	0.58
极小值	1	1	1	1	1
极大值	5	5	5	5	5

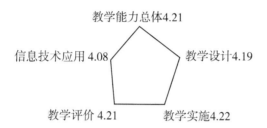

图5-1 教师教学能力及各维度均值

二、中小学教师教学能力各维度具体表现

通过进一步分析各维度的内部指标，笔者发现中小学教师教学能力各维度发展不平衡。

从"教学设计"能力维度的内部指标来看，"教学目标制定"（$M=4.25$）、"教学重难点确定"（$M=4.26$）的指标均值，均高于"教学设计"能力维度均值（$M=4.19$）；而"学科育人"（$M=4.17$）、"课程标准解读"（$M=4.18$）、"教材解读"（$M=4.16$）、"资源选用"（$M=4.14$）的指标均值，均低于"教学设计"能力维度均值（$M=4.19$），也低于"教学能力"总体均值（$M=4.21$）。"学情分析"（$M=4.19$）在"教学设计"能力维度没有优势，并低于"教学能力"总体均值（$M=4.21$）。这说明，教师的教学目标的制定和教学重难点的确定两方面能力的自我感知度较高，而基于新课程改革的课程标准解读、教材解读、学科育人以及资源选用等方面能力的自我感知度则较低。

从"教学实施"能力维度的内部指标来看，"偶发事件处理"（$M=4.41$）、"教学过程调控"（$M=4.28$）、"学科知识讲解"（$M=4.24$）的指标均值，均高于"教学实施"能力维度均值（$M=4.22$）和"教学能力"总均值（$M=4.21$）；而"教学环境营造"（$M=4.20$）、"教学方法选用"（$M=4.16$）、"学习方法指导"（$M=4.16$）、"三字一话"（$M=4.19$）、"学习板书"（$M=4.17$）的指标均值，均低于"教学实施"能力维度均值（$M=4.22$）和"教学能力"总体均值（$M=4.21$）。这说明教师对课堂教学的把控意识和掌控能力较强，教学板书、语言表达、学法指导等方面的能力较为薄弱。

从"教学评价"能力维度的内部指标来看，除了"课堂评价反馈"（$M=4.37$）指标均值高于"教学评价"能力维度均值（$M=4.21$），其余指标，如"作业设计"（$M=4.18$）、"考试命题"（$M=4.11$）、"引导学生自我评价"（$M=4.19$）、"多元评价"（$M=4.20$）等，均低于"教学评价"能力维度均值（$M=4.21$）和"教学能力"总体均值（$M=4.21$）。这说明教师的作业设计和试卷命制能力较薄弱。

从"信息技术应用"能力维度的内部指标来看，各维度发展不均衡，能力水平由高到低分别为"计划准备"（$M=4.18$）、"组织管理"（$M=4.11$）、"评估诊断"（$M=4.08$）、"技术素养"（$M=3.96$）。除"技术素养"外，其他三个维度（"计划准备""组织管理""评估诊断"）的均值为 4.08～4.18，均处于良好水平。这说明教师的技术素养较薄弱。

教师教学能力各维度内部指标均值如图 5-2 所示。

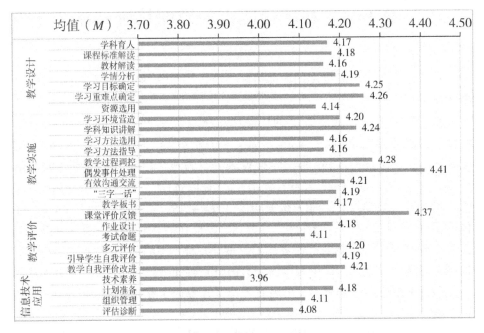

图 5-2　教师教学能力各维度内部指标均值

第二节 教师教学能力发展的差异比较

本书分别以性别、年龄、教龄、学历、职称、学段、专业背景、工作岗位、任教学科以及城乡地域为自变量,对中小学教师教学能力的差异进行分析。

一、性别差异

从图5-3可以看出,在教学能力总体水平,以及教学实施能力、教学评价能力维度,男教师的均值低于女教师;在教学设计维度,男教师的均值显著高于女教师;在信息技术应用能力维度,男女教师的均值没有差异。

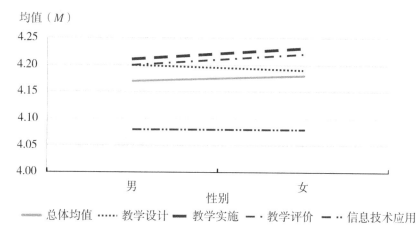

图5-3 不同性别教师教学能力的总体及各维度均值比较

从表5-2可以看出,单因素方差分析结果表明,在教学能力总体水平($F=0.309$,$P=0.579>0.05$)和信息技术应用维度($F=0.037$,$P=0.847>0.05$),不同性别教师的差异并不显著;尽管男教师的教学能力总体均值低于女教师,但单因素方差分析结果表明,这种差异并不显著。在教学实施($F=4.110$,$P=0.043<0.05$)、教学设计维度($F=4.106$,$P=0.043<0.05$)和

教学评价维度（$F=5.243$，$P=0.022<0.05$），不同性别教师的差异显著。

表 5-2 不同性别教师教学能力的差异比较

性别	总体均值 M/SD	教学设计 M/SD	教学实施 M/SD	教学评价 M/SD	信息技术应用 M/SD
男	4.17/0.52	4.20/0.54	4.21/0.54	4.20/0.56	4.08/0.62
女	4.18/0.48	4.19/0.51	4.23/0.50	4.22/0.52	4.08/0.57
F值	0.309	4.106*	4.110*	5.243*	0.037

注：*表示 $P<0.05$，**表示 $P<0.01$，***表示 $P<0.001$。

二、年龄差异

从图 5-4 可以看出，总体看来，在教学设计、教学实施、教学评价维度，教师教学能力均值随着教师的年龄增长而提高，45～49 岁年龄段达到峰值；在信息技术应用能力维度，40 岁以下的教师的教学能力均值随着教师的年龄增长而提升，40 岁以上的教师的教学能力均值随着教师的年龄增长呈明显下降态势；受信息技术应用能力的影响，教师教学能力总体均值在 35～39 岁年龄段达到峰值，随后随着年龄的增长快速下降。

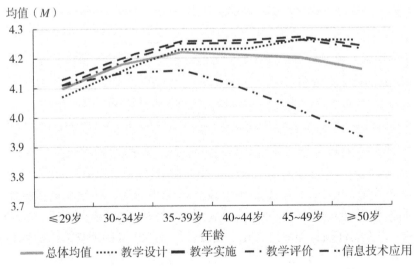

图 5-4 不同年龄教师教学能力的总体及各维度均值比较

从表 5-3 可以看出，单因素方差分析结果表明，无论是教师教学能力总体情况（$F=73.144$，$P=0.000<0.001$），还是教学设计（$F=87.937$，$P=0.000<0.001$）、教学实施（$F=55.396$，$P=0.000<0.001$）、教学评价（$F=57.215$，$P=0.000<0.001$）、信息技术应用（$F=2.340$，$P=0.000<0.001$）四个维度的具体表现，不同年龄教师的差异显著。

表 5-3 不同年龄教师教学能力的差异比较

年龄	总体均值 M/SD	教学设计 M/SD	教学实施 M/SD	教学评价 M/SD	信息技术应用 M/SD
≤29 岁（A）	4.10/0.49	4.07/0.51	4.13/0.51	4.11/0.53	4.11/0.56
30～34 岁（B）	4.18/0.48	4.16/0.50	4.20/0.50	4.19/0.52	4.15/0.56
35～39 岁（C）	4.22/0.48	4.23/0.50	4.26/0.50	4.25/0.52	4.16/0.57
40～44 岁（D）	4.21/0.49	4.23/0.51	4.26/0.51	4.25/0.53	4.10/0.58
45～49 岁（E）	4.20/0.49	4.26/0.52	4.27/0.51	4.26/0.53	4.02/0.59
≥50 岁（F）	4.16/0.51	4.26/0.53	4.24/0.52	4.23/0.55	3.93/0.62
F 值	35.358***	87.937***	55.396***	57.215***	$F=72.340$***
LSD 检验	CDEF＞B＞A	EF＞CD＞B＞A	CDE＞F＞B＞A	CDE＞F＞B＞A	BC＞AD＞E＞F

注：*表示 $P<0.05$，**表示 $P<0.01$，***表示 $P<0.001$。

采用 LSD 多重比较法进行事后检验发现：总体看来，40 岁以下教师的教学能力总体水平与教师的年龄呈显著正相关，40 岁以上教师的差异不显著；在教学设计能力维度，45 岁及以上年龄段教师的均值显著高于 45 岁以下年龄段教师；在教学实施、教学评价能力维度，35～49 岁年龄段教师显著高于 35 岁以下和 50 岁以上教师，35～44 岁年龄段教师的差异不显著；在信息技术应用能力维度，40 岁以下教师群体的信息技术应用能力与教师的年龄呈极其显著的正相关，30～39 岁年龄段教师群体的信息技术应用能力最高；40 岁以上教师群体的信息技术应用能力与教师的年龄呈显著负相关，50 岁以上教师群体的信息技术应用能力最低。

三、教龄差异

从图 5-5 可以看出，总体看来，10 年以下教龄教师的教学能力总体均值随着教龄的增长而提高，10～20 年教龄段达到高峰，此后，教师的教学能力均值提升停滞甚至略有下降；在教学设计、教学实施、教学评价维度，教师的能力均值随着教龄的增长而提高；在信息技术应用能力维度，能力均值整体上并没有随着教龄的增长而提高，7～9 年教龄教师群体的信息技术应用能力达峰值，随后，教师信息技术应用能力随着教龄的增长而大大下降；受信息技术应用能力的影响，教师教学能力总体均值在 10～20 年教龄段达峰值，随后随着教龄的增长快速下降。

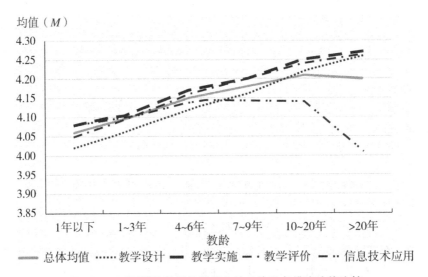

图 5-5　不同教龄教师教学能力的总体及各维度均值比较

从表 5-4 可以看出，单因素方差分析结果表明，无论是教师教学能力总体均值（$F=38.297$，$P=0.000<0.001$），还是教学设计（$F=98.145$，$P=0.000<0.001$）、教学实施（$F=63.525$，$P=0.000<0.001$）、教学评价（$F=66.701$，$P=0.000<0.001$）、信息技术应用（$F=46.943$，$P=0.000<0.001$）四个维度的具体表现，不同教龄教师的差异极其显著。在教学能力总体均值以及教学设计、教学设施、教学评价维度，3 年及以下教龄的教师显著低于其他年龄段教师，10 年及以上教龄的教师显著高于其他年龄段教师；在信息技术应用维度，20 年教龄的教师最低，4～20 年教龄的教师显著高于其他年

龄段教师。

表 5-4 不同教龄教师专业能力的差异性比较

教龄	总体均值 M/SD	教学设计 M/SD	教学实施 M/SD	教学评价 M/SD	信息技术应用 M/SD
1年以下（A）	4.06/0.52	4.02/0.55	4.08/0.54	4.05/0.55	4.08/0.59
1～3年（B）	4.10/0.48	4.07/0.51	4.11/0.51	4.10/0.52	4.10/0.55
4～6年（C）	4.15/0.46	4.12/0.49	4.17/0.49	4.16/0.50	4.14/0.55
7～9年（D）	4.18/0.48	4.16/0.50	4.20/0.50	4.20/0.52	4.15/0.56
10～20年（E）	4.21/0.48	4.22/0.50	4.25/0.50	4.24/0.52	4.14/0.57
>20年（F）	4.20/0.49	4.26/0.52	4.27/0.51	4.26/0.54	4.01/0.60
F 值	38.297***	98.145***	63.525***	66.701***	46.943***
LSD 检验	EF>CD>B>A	F>E>D>C>B>A	F>E>D>C>B>A	F>E>D>C>B>A	CDE>AB>F

注：＊表示 $P<0.05$，＊＊表示 $P<0.01$，＊＊＊表示 $P<0.001$。

四、学历差异

从图 5-6 可以看出，教学能力总体均值以及在教学设计、教学实施、教学评价维度，大学本科学历的教师均值最高，硕士及以上学历的教师次之，大专及以下教师最低；在信息技术应用能力维度，均值随着学历层次的提高而增大，硕士及以上学历教师的均值最高。

从表 5-5 可以看出，单因素方差分析结果表明，不同学历教师的教学能力差异显著。无论是教师教学能力总体情况（$F=9.758$，$P=0.000<0.001$），还是教学设计（$F=15.127$，$P=0.000<0.001$）、教学实施（$F=7.414$，$P=0.001<0.01$）、教学评价（$F=7.569$，$P=0.001<0.01$）、信息技术应用（$F=9.263$，$P=0.000<0.001$）四个维度的具体表现，不同学历教师均存在显著差异。

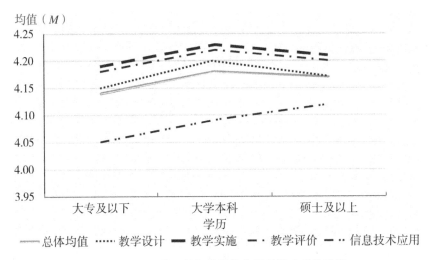

图 5-6 不同学历教师教学能力及各维度均值比较

表 5-5 不同学历教师教学能力的差异比较

学历	总体均值 M/SD	教学设计 M/SD	教学实施 M/SD	教学评价 M/SD	信息技术应用 M/SD
大专及以下（A）	4.14/0.52	4.15/0.55	4.19/0.55	4.18/0.56	4.05/0.61
大学本科（B）	4.18/0.48	4.20/0.51	4.23/0.50	4.22/0.53	4.09/0.58
硕士及以上（C）	4.17/0.49	4.17/0.52	4.21/0.51	4.20/0.53	4.12/0.59
F 值	9.758***	15.127***	7.414**	7.569**	$F=9.263$***
LSD 检验	BC>A	B>C>A	BC>A	BC>A	C>B>A

注：*表示 $P<0.05$，**表示 $P<0.01$，***表示 $P<0.001$。

采用 LSD 多重比较法进行事后检验发现，在教学能力总体水平及教学设计、教学实施、教学评价维度的具体表现上，专科及以下学历教师群体的均值显著低于本科及以上学历的教师；本科学历教师的均值最高，但事后多重比较 LSD 检验结果表明，这种差异仅在教学设计维度表现显著；在教学能力总体水平及教学实施、教学评价维度的具体表现上，虽然硕士学历教师的均值低于本科学历教师，但事后多重比较 LSD 检验结果表明这种差异并不显著；在信息技术应用能力维度，教师的能力水平与学历层次呈显著正相关，硕士及以上学历教师的均值显著高于本科及以下学历教师。

五、职称差异

从图 5-7 可以看出，在教学能力总体水平以及教学设计、教学实施、教学评价维度，教师的能力均值随着教师的职称增长而提高，至正高职称达到峰值。在信息技术应用能力维度，教师的能力均值随着教师职称增长呈现波动趋势，二级职称及以下教师的能力均值随着职称增长而提高，一级职称和高级职称教师的能力均值有所下降，至正高职称教师的能力均值快速增长并达到峰值。

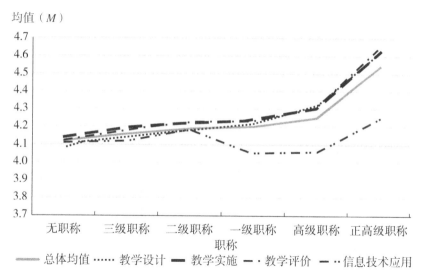

图 5-7 不同职称教师教学能力的总体及各维度均值比较

从表 5-6 可以看出，单因素方差分析结果表明，无论是教师教学能力总体情况（$F=38.453$, $P=0.000<0.001$），还是教学设计（$F=103.830$, $P=0.000<0.001$）、教学实施（$F=61.686$, $P=0.000<0.001$）、教学评价（$F=64.828$, $P=0.000<0.001$）、信息技术应用（$F=14.355$, $P=0.000<0.001$）四个维度的具体表现，不同职称教师的差异显著。未定职称教师的教学能力均值显著低于已定职称教师；虽然二级职称教师的教学能力均值高于三级职称教师，但事后多重比较 LSD 检验结果表明，这种差异并不显著；一级职称、高级职称、正高级职称教师的教学能力均值，分别显著高于较低职称等级教师；正高级职称教师的教学能力均值显著高于其他职称教师群体。

表5-6 不同职称教师教学能力的差异比较

职称	总体均值 M/SD	教学设计 M/SD	教学实施 M/SD	教学评价 M/SD	信息技术应用 M/SD
无职称（A）	4.12/0.50	4.09/0.53	4.14/0.53	4.12/0.54	4.11/0.58
三级职称（B）	4.16/0.48	4.15/0.50	4.19/0.50	4.18/0.52	4.12/0.52
二级职称（C）	4.19/0.49	4.18/0.53	4.23/0.51	4.23/0.53	4.18/0.57
一级职称（D）	4.20/0.48	4.22/0.51	4.24/0.50	4.23/0.53	4.05/0.59
高级职称（E）	4.25/0.48	4.32/0.50	4.31/0.49	4.31/0.52	4.06/0.60
正高级职称（F）	4.54/0.39	4.63/0.42	4.63/0.43	4.65/0.43	4.25/0.66
F 值	38.453***	103.830***	61.686***	64.828***	F=14.355***
LSD 检验	F>E>D>BC>A	F>E>D>BC>A	F>E>D>BC>A	F>E>D>BC>A	F>ABC>DE

注：*表示 $P<0.05$，**表示 $P<0.01$，***表示 $P<0.001$。

六、专业背景差异

从图5-8可以看出，教师的专业背景对教师教学能力具有显著影响。无论是教学能力的总体均值，还是教学设计、教学实施、教学评价三个维度的具体表现，师范专业毕业教师的能力均值高于非师范专业毕业教师；在信息技术应用维度，师范专业毕业教师的能力均值低于非师范专业毕业教师。

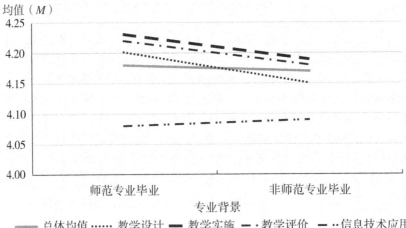

图5-8 不同专业背景教师教学能力及各维度均值比较

从表 5-7 可以看出，单因素方差分析结果表明，教师的专业背景对教师教学能力具有显著影响。无论是教学能力的总体均值（$F=11.770$，$P=0.001<0.005$），还是教学设计（$F=29.809$，$P=0.000<0.001$）、教学实施（$F=18.939$，$P=0.000<0.001$）、教学评价（$F=15.254$，$P=0.000<0.001$）三个维度的具体表现，师范专业毕业教师的教学能力均值显著高于非师范专业毕业教师；在信息技术应用维度（$F=0.427$，$P=0.514<0.05$），虽然师范专业毕业教师的均值低于非师范专业毕业教师，但单因素方差分析结果表明，这种差异并不显著。这说明教师的专业背景对教师信息技术应用能力没有显著影响。

表 5-7　不同专业背景教师教学能力的差异比较

专业背景	总体均值 M/SD	教学设计 M/SD	教学实施 M/SD	教学评价 M/SD	信息技术应用 M/SD
师范专业毕业（A）	4.18/0.49	4.20/0.51	4.23/0.51	4.22/0.53	4.08/0.58
非师范专业毕业（B）	4.17/0.50	4.15/0.53	4.19/0.52	4.18/0.54	4.09/0.59
F 值	11.770**	29.809***	18.939***	15.254***	0.427

注：*表示 $P<0.05$，**表示 $P<0.01$，***表示 $P<0.001$。

七、工作岗位差异

从图 5-9 可以看出，总体看来，一般科任教师的能力均值低于其他岗位教师；中层干部的能力均值比一般科任教师略高，但低于其他岗位教师；学科科长和备课组长的能力均值差异不大，年级级长的能力均值仅次于校级领导，校级领导的能力均值处于最高水平。

从表 5-8 可以看出，单因素方差分析结果表明，无论是教师教学能力总体情况（$F=16.479$，$P=0.000<0.001$），还是教学设计（$F=15.439$，$P=0.000<0.001$）、教学实施（$F=17.648$，$P=0.000<0.001$）、教学评价（$F=18.924$，$P=0.000<0.001$）、信息技术应用（$F=9.078$，$P=0.000<0.001$）四个维度的具体表现，不同工作岗位教师的差异显著；总体来看，一般科任教师的能力均值显著低于其他岗位教师。

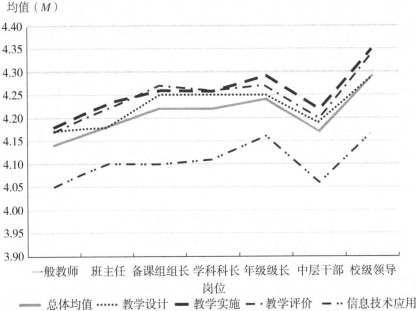

图 5-9　不同岗位教师教学能力的总体及各维度均值比较

表 5-8　不同工作岗位教师教学能力的差异比较

工作岗位	总体均值 M/SD	教学设计 M/SD	教学实施 M/SD	教学评价 M/SD	信息技术应用 M/SD
一般科任教师	4.14/0.51	4.17/0.54	4.18/0.53	4.17/0.55	4.05/0.61
班主任	4.18/0.48	4.18/0.51	4.23/0.50	4.22/0.51	4.10/0.57
备课组组长	4.22/0.47	4.25/0.50	4.26/0.50	4.27/0.52	4.10/0.58
学科科长	4.22/0.47	4.25/0.49	4.26/0.49	4.26/0.51	4.11/0.56
年级级长	4.24/0.48	4.25/0.50	4.29/0.51	4.27/0.52	4.16/0.57
中层干部	4.17/0.49	4.19/0.51	4.22/0.51	4.20/0.54	4.06/0.58
校级领导	4.29/0.47	4.29/0.51	4.35/0.49	4.34/0.52	4.17/0.56
F 值	16.479***	15.439***	17.648***	18.924***	9.078***

注：*表示 $P<0.05$，**表示 $P<0.01$，***表示 $P<0.001$。

八、任教学段差异

从图 5-10 可以看出，小学教师的教学能力总体均值高于中学教师，高中教师的教学能力总体均值高于初中教师；在教学设计、教学实施和教学评价维度，高中教师的能力均值高于初中、小学教师，小学教师的能力均值高于初中教师；在信息技术应用维度，小学教师和高中教师的能力均值高于初中教师，小学教师和高中教师的能力均值一样。

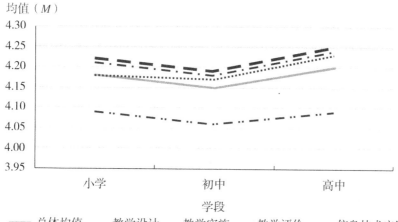

图 5-10 不同任教学段教师教学能力及各维度均值比较

从表 5-9 可以看出，单因素方差分析结果表明，无论是教师教学能力总体情况（$F = 15.674$，$P = 0.000 < 0.001$），还是教学设计（$F = 21.370$，$P = 0.000 < 0.001$）、教学实施（$F = 19.243$，$P = 0.000 < 0.001$）、教学评价（$F = 18.580$，$P = 0.000 < 0.001$）、信息技术应用（$F = 6.661$，$P = 0.000 < 0.001$）四个维度的具体表现，不同任教学段教师的差异显著。

事后多重比较 LSD 检验结果表明，教学能力的总体情况，以及教学实施、教学评价维度的具体表现，高中教师的能力均值显著高于小学教师和初中教师，初中教师最低；在教学设计维度，高中教师的能力均值显著高于小学教师和初中教师，小学教师和初中教师的差异不显著；在信息技术应用维度，小学教师和高中教师的能力均值显著高于初中教师，小学教师和高中教师的差异不显著。

表5-9 不同任教学段教师教学能力的差异比较

学段	总体均值 M/SD	教学设计 M/SD	教学实施 M/SD	教学评价 M/SD	信息技术应用 M/SD
小学（A）	4.21/0.49	4.18/0.52	4.22/0.51	4.21/0.53	4.09/0.58
初中（B）	4.15/0.49	4.17/0.52	4.19/0.51	4.18/0.53	4.06/0.59
高中（C）	4.20/0.48	4.23/0.51	4.25/0.50	4.24/0.53	4.09/0.59
F值	15.674***	21.370***	19.243***	18.580***	$F=6.661$***
LSD检验	C>A>B	C>AB	C>A>B	C>A>B	AC>B

注：*表示$P<0.05$，**表示$P<0.01$，***表示$P<0.001$。

九、任教学科差异

从图5-11可以看出，美术、音乐、语文、物理教师的教学能力总体均值比较高，处于4.20~4.25，其中，美术、音乐教师的总体均值最高，这与李广等人的职业幸福感研究结果[①]比较一致；其次是地理、英语教师；综合实践教师的教学能力总体均值最低。信息技术教师在教学设计、教学实施以及教学评价维度的均值处于较低水平，但在信息技术应用维度居于最高水平；体育教师在教学实施和信息技术应用维度的均值居于较低水平。

从表5-10可以看出，单因素方差分析结果表明，无论是教师教学能力总体情况（$F=7.505$，$P=0.000<0.001$），还是教学设计（$F=5.432$，$P=0.000<0.001$）、教学实施（$F=9.819$，$P=0.000<0.001$）、教学评价（$F=8.413$，$P=0.000<0.001$）、信息技术应用（$F=14.691$，$P=0.000<0.001$）四个维度的具体表现，不同学科教师的差异极其显著。

---

① 李广、柳海民、梁红梅等：《中国教师发展报告2020—2021：中小学教师职业幸福感发展态势、面临挑战与提升举措》，科学出版社2022年版，第123页。

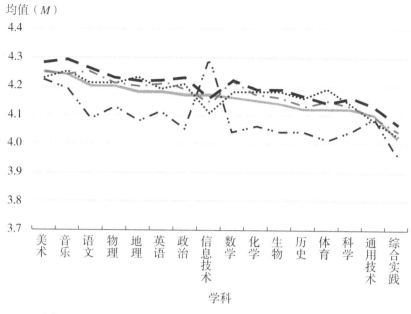

图 5-11　不同学科教师教学能力及各维度均值比较

表 5-10　不同任教学科教师教学能力的差异比较

学科	总体均值 M/SD	教学设计 M/SD	教学实施 M/SD	教学评价 M/SD	信息技术应用 M/SD
美术	4.25/0.50	4.23/0.54	4.28/0.52	4.25/0.53	4.22/0.57
音乐	4.24/0.48	4.25/0.51	4.29/0.50	4.24/0.53	4.19/0.56
语文	4.20/0.48	4.21/0.51	4.26/0.50	4.25/0.52	4.09/0.57
物理	4.20/0.51	4.21/0.54	4.23/0.53	4.21/0.55	4.13/0.60
地理	4.18/0.48	4.23/0.50	4.22/0.49	4.20/0.53	4.08/0.57
英语	4.18/0.47	4.19/0.50	4.22/0.49	4.21/0.51	4.11/0.56
政治（道德与法治）	4.17/0.46	4.21/0.49	4.23/0.48	4.19/0.52	4.05/0.56
信息技术	4.17/0.52	4.11/0.56	4.16/0.53	4.14/0.55	4.29/0.56
数学	4.16/0.49	4.18/0.51	4.22/0.51	4.22/0.53	4.04/0.59
化学	4.15/0.51	4.18/0.53	4.19/0.52	4.17/0.54	4.06/0.60
生物	4.14/0.48	4.18/0.50	4.19/0.50	4.16/0.53	4.04/0.57
历史	4.12/0.50	4.16/0.52	4.17/0.51	4.13/0.54	4.04/0.60

续上表

学科	总体均值 M/SD	教学设计 M/SD	教学实施 M/SD	教学评价 M/SD	信息技术应用 M/SD
体育	4.12/0.54	4.19/0.55	4.14/0.56	4.15/0.59	4.01/0.64
科学	4.12/0.49	4.14/0.53	4.16/0.52	4.13/0.53	4.04/0.57
通用技术	4.10/0.50	4.08/0.54	4.13/0.51	4.10/0.55	4.09/0.59
综合实践	4.02/0.53	4.03/0.52	4.07/0.56	4.04/0.58	3.96/0.63
F值	7.505	5.432	9.819	8.413	14.691
P	0.000	0.000	0.000	0.000	0.000

注：*表示 $P<0.05$，**表示 $P<0.01$，***表示 $P<0.001$。

十、城乡地域差异

从图5-12可以看出，无论是教学能力的总体能力均值，还是教学设计、教学实施、教学评价、信息技术应用四个维度的能力均值，城区教师均高于镇区、乡村学校教师，镇区学校教师略高于乡村学校教师。

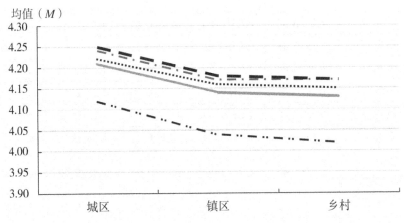

图5-12 城乡不同区域教师教学能力及各维度均值比较

从表5-11可以看出，单因素方差分析结果表明，无论是教师教学能力总体情况（$F=64.824$，$P=0.000<0.001$），还是教学设计（$F=41.011$，$P=$

0.000 < 0.001)、教学实施（$F = 62.881$，$P = 0.000 < 0.001$）、教学评价（$F = 49.978$，$P = 0.000 < 0.001$）、信息技术应用（$F = 64.933$，$P = 0.000 < 0.001$）四个维度的具体表现，不同地域教师均存在显著差异。

事后多重比较 LSD 检验结果表明，无论是教学能力的总体情况，还是教学设计、教学实施、教学评价、信息技术应用四个维度的具体表现，城区教师的教学能力均值显著高于镇区学校和乡村学校教师，镇区学校和乡村学校教师的教学能力差异不显著。这说明镇区和乡村中小学教师的教学能力相对较弱，城乡中小学教师的教学能力差异极其显著。

表 5-11 不同地域教师教学能力的差异比较

城乡地域	总体均值 M/SD	教学设计 M/SD	教学实施 M/SD	教学评价 M/SD	信息技术应用 M/SD
城区（A）	4.21/0.49	4.22/0.51	4.25/0.51	4.24/0.53	4.12/0.58
镇区（B）	4.14/0.50	4.16/0.53	4.18/0.52	4.17/0.54	4.04/0.58
乡村（C）	4.13/0.49	4.15/0.52	4.17/0.52	4.17/0.54	4.02/0.58
F 值	64.824***	41.011***	62.881***	49.978***	$F = 64.933$***
LSD 检验	A > BC	A > BC	A > BC	A > BC	A > BC

注：* 表示 $P < 0.05$，** 表示 $P < 0.01$，*** 表示 $P < 0.001$。

第三节 教师教学能力调查的结论与讨论

一、教师教学能力总体上处于良好水平，各维度发展不平衡

中小学教师教学能力在总体上处于良好水平，但各维度发展不平衡，基于新课程标准的教学能力较为薄弱，信息技术应用能力、教学基本功也有待提

高。指向核心素养培育的"新教学"要求教师不仅需要思考"教什么""怎么教",还要考虑"为什么教""教到什么程度";即要像"课程标准专家"一样整体地思考课程标准,实现内容标准、教学目标、教学实施的一致性。① 调查结果表明,开展基于核心素养培育的"教—学—评"一体化教学,对广大中小学教师来说是个较大的挑战。主要表现为以下四个方面。

(一) 基于新课程标准的教学设计能力不足

2001 年,《教育部关于印发〈基础教育课程改革纲要(试行)〉的通知》就明确指出:"国家课程标准是教材编写、教学、评估和考试命题的依据。"② 本书发现,中小学教师在"教学目标制定""教学重难点确定"两方面能力的自我感知度较高,在基于新课程改革的"课程标准解读""教材解读""资源选用""学科育人"方面的自我效能感不足,而"缺少对课程标准、教材特征、学生特点的一致性分析,脱离了教学实际需要的教学目标""教学重难点""只能成为教案中的一个'摆设。'"③ 这说明,教师有适应新课程改革的意识,但在教学设计的实践层面,教学目标与课程标准还存在着较大的偏差,相当多的教师还未能较好地将课程标准真正落实于日常教学中。在深化新课程改革的过程中,"教师遇到的最大困难是学科核心素养如何落实于课堂教学"④。

(二) 课堂教学方式还待转变

国家高度重视教学方式的改革,以及教师教学基本功、教学技能的培养,颁布了一系列政策文件。2010 年颁布的《国家中长期教育改革和发展规划纲要(2010—2020 年)》明确指出,要"倡导启发式、探究式、讨论式、参与式教学,帮助学生学会学习。激发学生的好奇心,培养学生的兴趣爱好,营造独立思考、自由探索、勇于创新的良好环境",要强化"钢笔字、毛笔字、粉笔字和普通话等教学基本功和教学技能训练"。2001 年教育部印发的《基础教

---

① 崔允漷、李锋:《基于课程标准教学的理论诉求》,载《基础教育课程》2014 年第 6 期,第 43 – 46 页。
② 中华人民共和国教育部:《教育部关于印发〈基础教育课程改革纲要(试行)〉的通知》,见中华人民共和国教育部网(http://www.moe.gov.cn/srcsite/A26/jcj_kcjcgh/200106/t20010608_167343.html)。
③ 李锋、崔允漷等:《基于课程标准教学的现实需要》,载《基础教育课程》2014 年第 7 期,第 42 – 45 页。
④ 中国教育学会中学数学教学专业委员会:《关于新课程、新教材教育教学中面临的主要问题和困难调查报告》,载《中国数学教育·下半月(高中版)》2020 年第 5 期,第 3 – 19 页。

育课程改革纲要（试行）》指出，要"改变课程实施过于强调接受学习、死记硬背、机械训练的现状，倡导学生主动参与、乐于探究、勤于动手，培养学生搜集和处理信息的能力、获取新知识的能力、分析和解决问题的能力，以及交流与合作的能力"[1]。2018年颁布的《中共中央　国务院关于全面深化新时代教师队伍建设改革的意见》明确要求"根据基础教育改革发展需要，以实践为导向优化教师教育课程体系，强化'钢笔字、毛笔字、粉笔字和普通话'等教学基本功和教学技能训练"[2]。

本书发现，中小学教师在"课堂教学调控""学科知识讲解"等指标的均值远高于教师"灵活运用启发式、探究式、讨论式、参与式等教学方式发展学生创新能力"的"教法选用"，以及培养学生"学习习惯和学习方法"的"学法指导"指标的均值，也高于"应用信息技术优化课堂教学、改善学生学习方式"的信息技术运用、"三字一话""教学板书"等教学基本功等指标的均值。这说明，"课堂控制倾向未得到根本扭转，即便是基于核心素养发展的教学，教师依然不会放弃对课堂的控制"。课堂教学中"教师的教学方式仍然以讲授式为主，教学方式仍然比较单一"，"转变教学方式是本次课改的重点"，"也是教师日常教学中出现的主要问题"[3]。另外，教师的信息技术应用能力以及"三字一话""教学板书"等教学基本功还有待提高。

（三）基于新课程标准的教学评价能力比较薄弱

《深化新时代教育评价改革总体方案》明确提出要"改进结果评价，强化过程评价，探索增值评价，健全综合评价"。本书发现，中小学教师的"课堂评价反馈"指标的均值高于"教学评价"总体均值，中小学教师的"作业设计""试卷命制""多元化评价""引导学生自我评价"等指标的均值，低于"教学评价"总体均值和"教学能力"总体均值。这说明，中小学教师在课堂教学中比较注重对学生学习过程的评价反馈，但评价方式和评价主体较单一，且"根据课程标准、教材要求以及学情特点，独立编制科学有效的课堂练习与课后作业"，以及"根据课程标准、教材要求以及学情特点，独立编制科学

---

[1]　中华人民共和国教育部：《教育部关于印发〈基础教育课程改革纲要（试行）〉的通知》，见中华人民共和国教育部网（http://www.moe.gov.cn/srcsite/A26/jcj_kcjcgh/200106/t20010608_167343.html）。

[2]　中华人民共和国中央人民政府：《中共中央　国务院关于全面深化新时代教师队伍建设改革的意见》，见中华人民共和国中央人民政府网（http://www.gov.cn/zhengce/2018-01/31/content_5262659.html）。

[3]　BYRNE J, DOWNEY C, SOUZA A. Planning a competence-based curriculum: The case of four secondary schools in England. *The curriculum journal*, 2013, 24 (3): 335-350.

有效的单元测试卷和学期综合试卷"的学业评价能力较弱。这一结果支持了已有研究结论,即"长期以来,我国中小学教师从培养到培训,关注最多的是'如何上课',而忽视了'如何评价',以及如何将课程标准、备课、上课、作业与评价建立起内在的必要联系。我国中小学教师的评价素养水平低甚至缺失"①。

(四)技术与教学有效融合能力还比较薄弱

中小学教师信息技术应用能力总体上处于良好水平。但"了解与教学相关的通用软件及学科软件的功能及特点,并能熟练应用"和"通过多种途径获取数字教育资源,掌握加工、制作和管理数字教育资源的工具与方法"等信息素养还有待提高,"尝试利用技术工具收集、整理、分析学生学习过程信息,发现教学问题,提出针对性的改进措施"和"尝试利用技术工具开展测验、练习等工作,提高评价工作效率"等信息化"评估与诊断"能力比较薄弱。这说明在多年的教师信息化能力提升工程的推动下,大部分中小学教师已具备基础的信息技术能力,但如何促进技术与教学有效融合以及如何运用技术改进教学仍是难点。

二、不同群体教师教学能力的差异显著

总体来看,教师的年龄、教龄、学历、职称、专业背景、工作岗位、任教学科、任教学段及其任教学校的城乡地域,对中小学教师教学能力的影响极其显著。

(一)教师的年龄影响其教学能力水平

总体看来,35岁以下教师的教学能力均值显著低于其他年龄段教师,40岁以下中小学教师的教学能力与教师的年龄呈显著正相关,40岁以上教师的教学能力差异不显著。这说明35岁以下教师群体的教学能力最弱,需要更多的学习和磨炼;40岁以下教师群体正处于职业发展的上升期,发展需求最为强烈;40岁以上教师群体基本上完成了职称晋升,若缺少足够的外部激励,很容易进入专业发展的"高原期"。深化新课程改革以及互联网+时代的教育

---

① 崔允漷:《亟须培育教师的评价素养》,见《中国教师报》2018年9月12日第2版。

转型，要求教师改变原有的教学理念和教学方式，但长期形成的教学惯性很难改变。① 相对于新教师而言，老教师面临更大的挑战和压力需要做出更大的改变。而随着教龄的增加，"教师所获得各方面的支持反而在不断减少"，10 年以上教龄教师"各方面资源获取情况要显著低于其他成长阶段的教师"②。因此，要给不同年龄段教师提供针对性的专业发展支持，要充分关注和大力促进中老年教师的专业发展。

（二）教师的教龄影响其教学能力水平

总体来看，10 年以下教龄教师的教学能力总体均值，随着教龄的增长而提高，10～20 年教龄段达到高峰；在教学设计、教学实施、教学评价维度，教师的能力均值随着教龄的增长而提高；在信息技术应用能力维度，7～9 年教龄教师群体的信息技术应用能力最高，随后，教师信息技术应用能力随着教龄的增长而大大下降；受信息技术应用能力的影响，教学能力总体均值在 10～20 年教龄段达峰值，并随着教龄的增长反而下降。

（三）教师教学能力与其学历层次呈正相关

在教学能力总体水平及其三个维度的具体表现上，专科及以下学历教师群体的教学能力水平显著低于本科及以上学历教师群体。这说明专科及以下学历的教师群体的教学能力较弱。教师的质量绝不取决于教师的受教育水平，但规定教师最低学历标准、提高中小学教师的学历准入门槛，是保证教育质量的重要措施。

（四）教师的职称影响其教学能力水平

在教学能力总体水平及其三个维度的具体表现上，未定职称教师群体的教学能力水平显著低于已定职称教师群体，高级及以上职称教师群体的教学能力水平显著高于其他职称等级教师群体，正高级职称教师群体的教学能力发展处于最高水平。这说明职称等级在总体上代表着教师的教学能力水平；我国中小学教师职称制度，对调动广大中小学教师的积极性、提高中小学教师队伍整体

---

① 崔允漷、黄山：《普通高中课程改革改了什么：教师的视角》，载《当代教育科学》2015 年第 8 期，第 19－22 页。
② 叶颖：《不同成长阶段教师专业发展的现实困境与对策：基于 TALIS2018 上海数据结果的实证分析》，载《上海教育科研》2020 年第 9 期，第 58－62 页。

素质发挥了积极作用。

（五）师范专业背景的教师教学能力水平更高

在教学能力总体水平及其三个维度的具体表现上，师范毕业教师的教学能力水平显著高于非师范专业毕业教师。这说明，"非师范生通过教师资格证的职业准入方式"已成为"中小学教师队伍来源的重要补充"，[①] 教师资格证作为职业准入条件，难以取代系统而集中的教师教育专业化训练，需要强化非师范生背景的中小学教师的专业能力培训。

（六）教师的工作岗位影响其教学能力水平

不同工作岗位教师的教学能力差异显著。校级领导的能力均值处于最高水平，年级级长的能力均值仅次于校级领导，学科科长和备课组长的能力均值差异不大，中层干部的能力均值比一般科任教师略高，但低于其他岗位教师；一般科任教师的能力均值显著低于其他岗位教师，处于最低水平。

（七）教师任教的学段影响其教学能力水平

不同学段教师能力差异显著。高中教师的教学能力总体水平显著高于小学教师和初中教师；在教学设计维度，高中教师的教学能力水平显著高于小学、初中教师，小学、初中教师的差异不显著；在信息技术应用维度，初中教师的能力水平显著低于小学教师和高中教师，小学教师和高中教师的差异不显著。这说明，初中教师的教学能力效能感不足。

（八）教师任教的学科影响其教学能力水平

不同学科教师教学能力的差异极其显著。美术、音乐、语文、物理教师的教学能力总体均值比较高，其中，美术、音乐教师的总体均值最高，这与李广等人的职业幸福感研究结果较一致；其次是地理、英语教师；综合实践教师的教学能力总体均值最低。信息技术教师在教学设计、教学实施以及教学评价维度的均值均处于较低水平，但在信息技术应用维度居于最高水平；体育教师在教学实施和信息技术应用维度的均值居于较低水平。

[①] 何云峰：《教师队伍优质化不可忽略非师范生来源》，载《上海教育》2018 年第 4 期，第 54 页。

（九）城乡不同地域教师的教学能力差异显著

无论是教学能力的总体情况，还是教学设计、教学实施、教学评价三个维度的具体表现，城乡中小学教师的教学能力存在显著差异，乡村、镇区中小学教师的教学能力相对薄弱。进一步分析城乡中小学教师的人口学特征差异性可以发现：城乡中小学教师的学历和年龄差异性极其显著。与城区比较，乡镇中小学教师学历层次偏低，乡村中小学教师年龄结构老化并在30～39岁年龄段出现断层。这说明，镇区和乡村中小学教师教学能力相对较弱，乡村、镇区中小学教师的学历层次偏低，乡村中小学教师年龄结构老化及断层，可能是导致其教学效能感不足的主要原因。

第四节 促进教师教学能力发展的对策建议

一、加强基于课程标准的教学研修，全面提高中小学教师的教学能力

在深度理解教育部颁布的《教师专业标准》，以及整体把握国家课程标准、学科育人价值的基础上，通过项目引领，建立并完善基于课程标准的中小学教师教学能力指标体系，引领中小学教师关键能力的全面提升。整合教科研资源，研发基于课程标准的中小学教师教学能力诊断工具，在日常教学、学科教研和教师培训中，开展基于课程标准的中小学教师教学能力诊断，服务教师专业成长。"以新时代教师素质要求和国家课程标准为导向""提高教师培养培训质量""突出新课程、新教材、新方法、新技术培训"。[①] 整合优质资源，建立由教科研人员、大学教授、一线教师三方联动的研修共同体，探索市、

[①] 中华人民共和国教育部：《中共中央国务院关于深化教育教学改革全面提高义务教育质量的意见》，见中华人民共和国教育部网（http://www.moe.gov.cn/jyb_xxgk/moe_1777/moe_1778/201907/t20190708_389416.html）。

区、校三级联动的深度研修机制，引导教师扎根日常工作现场，深化课堂教学改革，开展基于课程标准的"教—学—评一体化"浸入式研修，加强对课程、教学、作业和考试评价等育人关键环节的研究，提高作业设计质量，切实减轻学生过重的课业负担，形成在课程目标引领下的"教—学—评一体化"的教学新格局。

二、搭建分层分类分级成长平台，提高不同教师群体的教学能力

要以教育部颁布的《中小学幼儿园教师培训课程指导标准》为指导，对照教师教学能力标准，制订实践导向的培训目标，设置针对性的培训课程，强化师德教育，开展分层分类分级的教师培训。建立并健全新的教师规范化研修制度，开展以夯实教学基本功为主题的新教师研修，引领新教师尽快成长为合格教师。研制并实施青年教师从胜任教师到优秀教师的成长计划，开展以教学能力和教学研究能力提升为主题的青年教师研修；建立青年教师教学能力大赛常态化工作机制，不断提升青年教师专业素质能力。为中老年教师提供更多的学习发展平台，促进其自我内驱发展、积极更新教学观念、变革教学方式，提高信息技术应用能力；开展以教学创新能力培养为主题的骨干教师研修、以教学经验提炼和成果推广应用为主题的名教师研修，加强领军人才队伍建设，构建骨干教师、卓越教师、教育家型教师阶梯式培养体系，培养造就一批具有社会影响力的教学名师。研制并实施"非师范生来源教师队伍优质化行动计划"，"加强非师范专业毕业生教育教学技能培训，提升教育教学基本素质与能力"。① 基于乡村中小学教师年龄结构老化的现实，为乡村中老年教师的专业发展提供针对性的支持条件。

---

① 中华人民共和国教育部：《教育部办公厅　财政部办公厅关于做好2021年农村义务教育阶段学校教师特设岗位计划实施工作的通知》，见中华人民共和国教育部网（http://www.moe.gov.cn/srcsite/A10/s7151/202103/t20210331_523712.html）。

三、严格教师准入，健全教师资格认定制度

"严格教师准入，提高入职标准，重视思想政治素质和业务能力"①，切实加强教师专业标准的贯彻落实，以"四有好老师"的要求招聘教师。完善教师资格认定制度，对师范生和非师范生实施不同的职业准入方式。创新教师教育模式，注重教学基本功训练和实践教学；各地及相关学校要结合实际，严格贯彻执行教育部于2021年4月印发的《中学教育专业师范生教师职业能力标准（试行）等五个文件的通知》②，尽快建立师范生教育教学能力考核制度，深入推进师范生免试认定中小学教师资格改革，全面提升师范生培养质量；"完善教师资格考试政策，逐步将修习教师教育课程、参加教育教学实践作为认定教育教学能力、取得教师资格的必备条件"③，不断提升非师范生的教育教学能力和专业知识素养。严格落实中小学教师持证上岗制度，提高乡村教师的入职门槛，从源头上保证中小学教师的质量。

四、采取多种举措，切实提高中小学教师队伍的学历层次

加强督导检查，确保国家相关政策落地见效。提高教师的培养层次，"为义务教育学校培养更多接受过高质量教师教育的素质全面、业务见长的本科层次教师，为普通高中培养更多专业突出、底蕴深厚的研究生层次教师"④。要

---

① 中华人民共和国中央人民政府：《中共中央 国务院关于全面深化新时代教师队伍建设改革的意见》，见中华人民共和国中央人民政府网（http://www.gov.cn/zhengce/2018-01/31/content_5262659.html）。

② 中华人民共和国教育部：《教育部办公厅关于印发〈中学教育专业师范生教师职业能力标准（试行）〉等五个文件的通知》，见中华人民共和国教育部网（http://www.moe.gov.cn/srcsite/A10/s6991/202104/t20210412_525943.html）。

③ 中华人民共和国中央人民政府：《中共中央 国务院关于全面深化新时代教师队伍建设改革的意见》，见中华人民共和国中央人民政府网（http://www.gov.cn/zhengce/2018-01/31/content_5262659.html）。

④ 中华人民共和国教育部：《教育部等五部门关于印发〈教师教育振兴行动计划（2018—2022年）〉的通知》，见中华人民共和国教育部网（http://www.moe.gov.cn/srcsite/A10/s7034/201803/t20180323_331063.html）。

根据教育事业发展的需要，提高教师的入职标准，切实提高中小学教师队伍本科以上学历人数和比例；要优化教师招聘工作，在公开招聘中小学专任教师时，制定科学合理的招聘学历层次要求。为乡村学校培养"下得去、留得住、教得好、有发展"的合格教师。实施"乡村教师学历提升计划"，吸引优秀人才到乡村任教，提高乡村中小学教师的学历层次；各级政府要多方联动，利用互联网+教育及大数据管理手段，每年遴选一定数量的乡村教师，为其免费提供提升学历的课程及考试服务，重点提升乡村教师基于课程标准的教学能力。

五、深化激励评价改革，引导中小学教师潜心教书育人

教师激励评价要充分关注"转变育人方式、落实立德树人根本任务的努力和实效"[①]。"深化中小学教师职称制度改革"，进一步强化职称的激励评价功能，"适当提高中小学中级、高级教师岗位比例，畅通教师职业发展通道"，"完善中小学教师的职称评价标准，突出教育教学实效"。[②] 加强对高级及以上职称教师的聘后管理和任用，研制高级及以上职称教师的聘后目标考核制度，充分发挥高级及以上职称教师的示范带动作用。完善中小学教师的考核评价制度，充分发挥评价的激励引领作用，探索建立中小学教师教学述评制度，将教学述评纳入教师的考核体系。完善中小学教师绩效考核办法，绩效工资分配注重教师的教育教学效果，引导教师潜心教书育人。加大对教学成果奖的评选表彰力度，完善中小学教师的荣誉体系，构建纵向整体协调、横向基本均衡、结构相对合理的中小学教师荣誉序列，加大对优秀中小学教师的表彰宣传。

---

① 辛涛、李刚：《高质量基础教育体系的新时代内涵》，载《人民教育》2021 年第 1 期，第 17 - 20 页。

② 中华人民共和国中央人民政府：《中共中央国务院关于全面深化新时代教师队伍建设改革的意见》，见中华人民共和国中央人民政府网（http://www.gov.cn/zhengce/2018 - 01/31/content_ 5262659. html）。

第六章　教师信息技术应用能力的现实考察

教师的信息技术应用能力提升被认为是破解教育信息化发展瓶颈、推进基础教育课程改革和促进教师专业发展的重要软实力。[①]

——祝智庭　闫寒冰

---

① 祝智庭、闫寒冰:《〈中小学教师信息技术应用能力标准（试行）〉解读》，载《电化教育研究》2015年第9期，第5-10页。

信息技术在教育领域被寄予了驱动教育变革的厚望，人们期望信息技术能够改变长久以来在教学中以机械灌输知识为主的现状。信息技术应用能力是信息化社会教师必备的专业能力。中小学教师信息技术应用能力，是指中小学教师运用信息技术改进其工作效能、促进学生学习成效与能力发展，以及支持其自身持续发展的专业能力。①

为全面提升中小学教师的信息技术应用能力，促进信息技术与教育教学深度融合，教育部于 2014 年 5 月印发了《中小学教师信息技术应用能力标准（试行）》（以下简称《能力标准》）。②《能力标准》对教师在教育教学和专业发展中应用信息技术提出了基本要求和发展性要求，并将信息技术应用能力区分为技术素养、计划与准备、组织与管理、评估与诊断、学习与发展五个维度，其中，教师信息技术应用能力的基本要求涉及技术素养、计划与准备、组织与管理、评估与诊断四个维度。

中小学教师的信息技术应用能力是否达到《能力标准》的基本要求？不同群体教师信息技术应用能力的差异如何？针对上述问题，本书以《能力标准》的基本要求为依据，建立分析框架，对中小学教师的信息技术应用能力进行实证调查。本书自编调查问卷，问卷分为两个部分，第一部分为教师的基本信息，包括教师的性别、年龄、学历、职称、任教学段、任教学科、专业背景以及城乡地域等；第二部分为"中小学教师信息技术应用能力量表"。该量表的编制，是在文献分析和访谈的基础上，以《能力标准》对中小学教师信息技术应用能力的基本要求为理论框架，根据教师教学工作的流程，从技术素养、计划准备、组织管理、评估诊断四个维度，对中小学教师信息技术应用能力进行解读和构建；共设置 20 个题项，每个题项均包含"符合程度"知觉，以探查当前中小学教师对自己的信息技术应用能力的感知情况，透视教师信息技术应用能力的现实状况。

本书采用 Likert 自评五级量表形式记分法，每个题项选项从"完全不符合"到"完全符合"分别计 1～5 分，得分越高则表明该方面的能力越强。问卷结果分析显示信度系数（Cronbach's α）为 0.887，表明数据具有较高的可靠性。

---

① 祝智庭、闫寒冰：《〈中小学教师信息技术应用能力标准（试行）〉解读》，载《电化教育研究》2015 年第 9 期，第 5－10 页。
② 中华人民共和国教育部：《教育部办公厅关于印发〈中小学教师信息技术应用能力标准（试行）〉的通知》，见中华人民共和国教育部网（http：//www.moe.gov.cn/srcsite/A10/s6991/201405/t20140528_170123.html?ivk_sa=1024320u）。

第一节　教师信息技术应用能力的现实样态

一、中小学教师信息技术应用能力总体水平

中小学教师信息技术应用能力的总体均值为 4.08，处于良好水平（$M=4$ 为良好水平）；各维度能力水平由高到低分别为：计划准备（$M=4.18$）、组织管理（$M=4.11$）、评估诊断（$M=4.08$）、技术素养（$M=3.96$）。除技术素养外，其他三个维度（计划准备、组织管理、评估诊断）的均值为 4.08～4.18，均为良好水平。（见表6-1、图6-1）

表6-1　中小学教师信息技术应用能力总体水平

变量	样本数（人）	均值（分）	标准差（SD）
总体水平	22945	4.08	0.58
技术素养	22945	3.96	0.75
计划准备	22945	4.18	0.64
组织管理	22945	4.11	0.66
评估诊断	22945	4.08	0.67

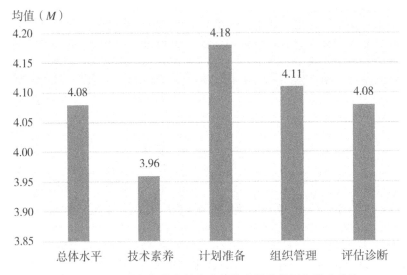

图 6-1 中小学教师信息技术应用能力的总体及各维度均值

二、中小学教师信息技术应用能力各维度具体表现

进一步分析各维度的内部指标可以发现，中小学教师信息技术应用能力各维度发展不平衡。其中，"利用技术支持改进教学方式，有效实施课堂教学""应用技术对学生的学习活动进行管理""尝试利用技术对学生的学习过程进行反馈评价"等方面的能力均达到了《能力标准》的基本要求，但"了解与教学相关的通用软件及学科软件的功能及特点，并能熟练应用""通过多种途径获取数字教育资源，掌握加工、制作和管理数字教育资源的工具与方法"等信息素养还待提高，"尝试利用技术工具收集、整理、分析学生学习过程信息，发现教学问题，提出针对性的改进措施""尝试利用技术工具开展测验、练习等工作，提高评价工作效率"等信息化教学"评估与诊断"能力比较薄弱。这说明在多年的教师信息化能力提升工程的推动下，G市中小学教师的信息技术应用能力总体上达到了《能力标准》的基本要求，大部分中小学教师已具备基础的信息技术能力，但如何促进技术与教学有效融合，以及如何运用技术改进教学仍是难点。

第二节 教师信息技术应用能力的差异比较

为进一步了解中小学教师信息技术应用能力的特点，本书选取性别、年龄、职称、学历、专业背景、学段、地域等为变量，采用单因素方差分析和独立样本 T 检验进行检验，分析教师信息技术应用能力的差异性。

一、性别差异

从图 6-2 可以看出，在信息技术应用能力总体水平以及评估诊断维度，男女教师的均值一样；在技术素养和组织管理维度，男教师的均值比女教师略高；在计划准备维度，女教师的均值略高。

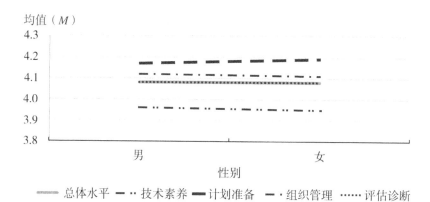

图 6-2　不同性别教师信息技术应用能力总体水平及各维度均值

从表 6-2 可以看出，单因素方差分析结果表明，教师的性别对教师信息技术应用能力没有显著影响。无论是信息技术应用能力的总体水平（$P = 0.847 > 0.05$），还是技术素养（$P = 0.362 > 0.05$）、计划准备（$P = 0.074 > 0.05$）、组织管理（$P = 0.410 > 0.05$）、评估诊断（$P = 0.581 > 0.05$）四个维度的具体表现，男教师与女教师的能力差异均不显著。这说明，教师的性别对中小学教师信息技术应用能力水平没有显著影响,这与赵艳等人的相关研究结果①比较相似。

表6-2 不同性别教师信息技术应用能力的差异分析

维度	男（$N=6109$）M/SD	女（$N=16836$）M/SD	F值	显著性
总体水平	4.08/0.62	4.08/0.57	0.037	0.847
技术素养	3.96/0.78	3.95/0.74	0.831	0.362
计划准备	4.17/0.68	4.19/0.62	3.200	0.074
组织管理	4.12/0.69	4.11/0.65	0.680	0.410
评估诊断	4.08/0.69	4.08/0.66	0.304	0.581

二、年龄差异

从图6-3可以看出,随着年龄的增加,教师的信息技术应用能力的总体水平,以及计划准备、组织管理、诊断评估维度的具体均值,呈先上升再下降的波动变化,35~39岁年龄段教师的均值达到峰值;在技术素养维度,均值随着年龄的增长而降低,尤其是40岁以上年龄段教师的均值下降幅度比较大。

从表6-3可以看出,单因素方差分析结果表明,不同年龄教师的信息技术应用能力的差异极其显著,无论是信息技术应用能力总体水平($P=0.000<0.001$),还是技术素养($P=0.000<0.001$)、计划准备($P=0.000<0.001$)、组织管理($P=0.000<0.001$)、评估诊断($P=0.000<0.001$)四个维度的具体表现,不同年龄段教师群体的差异极其显著。这种差异与张静、蒋立兵②,孙妍妍等人③的调查研究结果基本一致。

---

① 赵艳、赵蔚、李绿山等:《学习分析视域下小学教师整合技术的学科教学知识（TPACK）研究:以东北C市为例》,载《现代远距离教育》2015年第5期,第42-48页。

② 张静、蒋立兵:《中小学教师融合技术的学科教学知识现状调查与对策研究》,载《教育学术月刊》2015年第5期,第105-111页。

③ 孙妍妍、吴雪琦、王超等:《中小学教师信息化教学能力调研》,载《开放教育研究》2021年第2期,第84-93页。

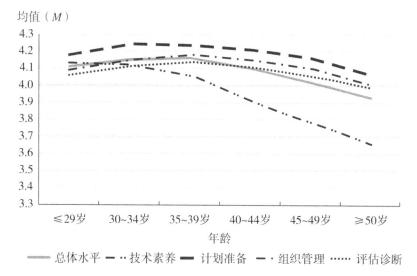

图6-3 不同年龄教师信息技术应用能力总体水平及各维度均值

表6-3 不同年龄教师信息技术应用能力的差异分析

年龄	总体水平 M/SD	技术素养 M/SD	计划准备 M/SD	组织管理 M/SD	评估诊断 M/SD
≤29岁（A）	4.11/0.56	4.13/0.68	4.18/0.62	4.09/0.65	4.06/0.65
30～34岁（B）	4.15/0.56	4.12/0.69	4.24/0.61	4.15/0.65	4.11/0.64
35～39岁（C）	4.16/0.57	4.06/0.71	4.24/0.62	4.18/0.64	4.14/0.65
40～44岁（D）	4.10/0.58	3.92/0.75	4.21/0.64	4.15/0.65	4.11/0.67
45～49岁（E）	4.02/0.59	3.78/0.77	4.16/0.66	4.10/0.67	4.06/0.67
≥50岁（F）	3.93/0.62	3.66/0.80	4.07/0.69	4.01/0.71	3.99/0.71
F值	F=72.340***	F=241.654***	F=32.832***	F=27.610***	F=23.115***
LSD检验	BC>AD>E>F	AB>C>D>E>F	BC>D>AE>F	C>BD>AE>F	C>BD>AE>F

注：*表示$P<0.05$，**表示$P<0.01$，***表示$P<0.001$。

事后多重比较LSD检验结果表明：总体看来，40岁以下教师群体的信息技术应用能力与教师的年龄呈极其显著的正相关，40岁及以上的教师群体的信息技术应用能力与教师的年龄呈极其显著的负相关；30～39岁年龄段教师群体的信息技术应用能力均值最高，50岁以上教师群体的信息技术应用能力均值最低。这说明在技术素养维度，教师的信息技术素养与教师的年龄呈显著负相关，教师的年龄越大，信息技术素养均值越低。

同时，信息技术应用能力是技术与教学整合的教学技能，技术素养和信息技术应用缺一不可。30～39岁年龄段教师的技术素养和信息技术应用能力均处于较好水平，信息技术应用能力均值最高；29岁以下的教师技术素养均值最高而教学经验相对不足，老教师拥有丰富的教学经验而技术掌握程度低，因此，实施技术与教学的有效整合难度更大。

三、教龄差异

从图6-4可以看出，总体来看，随着教龄的增加，教师信息技术应用能力均值呈先上升再下降的波动变化。教师信息技术应用能力的总体水平均值，在7～9年教龄段达到峰值；在技术素养维度，4～6年教龄段教师的均值达到峰值；在计划准备和组织管理维度，7～20年教龄段教师的均值达到峰值；在诊断评估维度，10～20年教龄段教师的均值达到峰值。

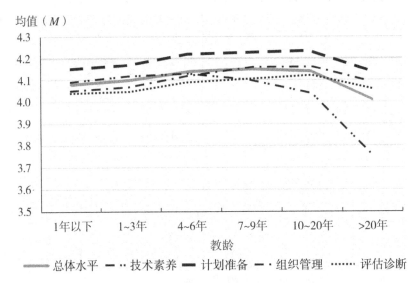

图6-4 不同教龄教师信息技术应用能力总体水平及各维度均值

从表6-4可以看出，单因素方差分析结果表明，无论是信息技术应用能力总体水平（$P=0.000<0.001$），还是技术素养（$P=0.000<0.001$）、计划准备（$P=0.000<0.001$）、组织管理（$P=0.000<0.001$）、评估诊断（$P=0.000<0.001$）四个维度的具体表现，不同教龄段教师的差异极其显著。

表6-4 不同教龄教师信息技术应用能力的差异分析

教龄	总体水平 M/SD	技术素养 M/SD	计划准备 M/SD	组织管理 M/SD	评估诊断 M/SD
1年以下（A）	4.08/0.59	4.09/0.70	4.15/0.65	4.05/0.67	4.04/0.66
1~3年（B）	4.10/0.55	4.12/0.69	4.17/0.61	4.07/0.64	4.05/0.65
4~6年（C）	4.14/0.55	4.13/0.67	4.22/0.61	4.12/0.64	4.09/0.64
7~9年（D）	4.15/0.56	4.10/0.71	4.23/0.63	4.16/0.64	4.11/0.65
10~20年（E）	4.14/0.57	4.04/0.72	4.23/0.62	4.16/0.65	4.12/0.66
>20年（F）	4.01/0.60	3.76/0.78	4.14/0.67	4.09/0.68	4.06/0.69
F值	46.943***	210.199***	17.847***	16.431***	9.774***
LSD检验	CDE>AB>F	ABCD>E>F	CDE>ABF	CDE>F>AB	DE>C>ABF

注：*表示 $P<0.05$，**表示 $P<0.01$，***表示 $P<0.001$。

事后多重比较 LSD 检验结果表明：3年及以下教龄教师的信息技术应用能力与教师的年龄呈显著的正相关，20年教龄以上教师的信息技术应用能力与教师的年龄呈显著负相关；在信息技术应用能力总体水平以及计划准备、组织管理、评估诊断维度，7~20年教龄段教师的能力均值显著高于6年以下、20年以上教龄段教师；在技术素养维度，10年以下教龄段教师的能力均值显著高于10年以上教龄段教师。

四、学历差异

从图6-6可以看出，中小学教师的信息技术应用能力均值随着学历层次的提升而提升，即学历越高信息技术应用能力越强。

从表6-5可以看出，单因素方差分析结果表明，总体看来，中小学教师的信息技术应用能力与学历层次呈显著正相关，学历越高信息技术应用能力越强。无论是教师信息技术应用能力总体情况（$F=9.263$，$P=0.000<0.001$），还是在技术素养（$F=63.365$，$P=0.000<0.001$）、计划准备（$F=8.635$，$P=0.000<0.001$）维度的具体表现，不同学历教师的差异极其显著；在组织管理（$F=0.572$，$P=0.565>0.05$）、评估诊断（$F=0.548$，$P=0.578>0.05$）维度，不同学历教师的差异不显著。

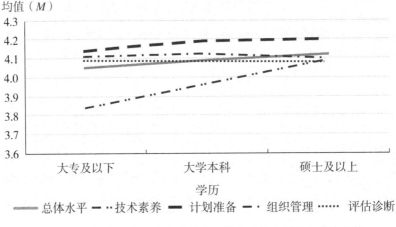

图 6-5　不同学历教师信息技术应用能力总体水平及各维度均值

表 6-5　不同学历教师教师信息技术应用能力的差异分析

学历	总体水平 M/SD	技术素养 M/SD	计划准备 M/SD	组织管理 M/SD	评估诊断 M/SD
大专及以下	4.05/0.61	3.84/0.81	4.14/0.68	4.11/0.68	4.09/0.69
大学本科	4.09/0.58	3.96/0.74	4.19/0.63	4.12/0.66	4.08/0.66
硕士及以上	4.12/0.59	4.09/0.70	4.20/0.63	4.10/0.67	4.08/0.67
F 值	9.263***	63.365***	8.635***	0.572	0.548
P	0.000	0.000	0.000	0.565	0.578
LSD 检验	BC>A	BC>A	BC>A	—	—

注：*表示 $P<0.05$，**表示 $P<0.01$，***表示 $P<0.001$。

采用 LSD 多重比较法进行事后检验发现，在信息技术应用能力总体水平及其技术素养、计划准备维度的具体表现上，教师的能力水平与学历层次呈显著正相关，本科及以上学历教师群体的信息技术应用能力水平显著高于专科及以下学历教师群体，硕士及以上学历教师群体的信息技术应用能力水平高于本科及以下学历教师群体。

五、职称差异

从图6-6可以看出,随着职称等级的提升,教师信息技术应用能力均值呈先上升再下降的波动变化,正高级教师处于最高水平。教师信息技术应用能力的总体水平,以及在计划准备、组织管理、诊断评估的具体维度,正高级教师的能力均值最高,三级职称教师次之;在技术素养维度,三级职称教师的能力均值最高,正高级教师次之。

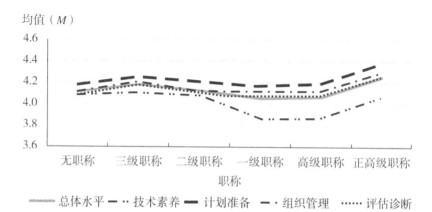

图6-6 不同职称教师信息技术应用能力总体水平及各维度均值

通过单因素方差分析可以发现,不同职称教师的信息技术应用能力总体水平的差异极其显著($P=0.000<0.001$)(见表6-6)。事后多重比较LSD检验结果表明:一级以上职称教师的信息化教学总体水平显著低于一级及以下职称教师,高级职称教师的信息化教学总体水平显著低于正高级职称教师。从技术素养维度来看,中级以下职称教师群体的技术素养显著高于中级及以上职称教师群体;在计划准备维度,二级教师"应用信息技术优化课堂教学,改善学生学习方式"的能力显著弱于三级教师。在组织管理、诊断评估维度,不同职称教师群体的差异不显著。无论是信息化教学总体水平还是各维度的具体表现,正高级教师的均值高于其他教师群体,但事后多重比较LSD检验结果表明,其仅在总体水平存在显著差异。这说明,受信息素养的限制,拥有较高级职称的教师的信息技术应用能力无法在信息化教学环境下充分发挥和体现,其信息技术应用能力并没有比新手教师更有优势。

表6-6 不同职称教师信息技术应用能力的差异分析

分类	总体水平 M/SD	技术素养 M/SD	计划准备 M/SD	组织管理 M/SD	评估诊断 M/SD
无职称（A）	4.11/0.58	4.08/0.71	4.18/0.64	4.11/0.66	4.08/0.66
三级职称（B）	4.18/0.52	4.10/0.72	4.25/0.57	4.20/0.58	4.17/0.61
二级职称（C）	4.12/0.57	4.07/0.70	4.21/0.61	4.12/0.65	4.09/0.66
一级职称（D）	4.05/0.59	3.86/0.77	4.17/0.65	4.11/0.66	4.07/0.67
高级职称（E）	4.06/0.60	3.87/0.77	4.19/0.65	4.12/0.67	4.08/0.69
正高级职称（F）	4.25/0.66	4.06/0.77	4.38/0.69	4.29/0.78	4.26/0.73
F 值	14.355***	94.271***	3.429**	1.573	1.808
P	0.000	0.000	0.004	0.164	0.108
LSD 检验	F > ABC > DE	AB > DE	B > C	B > AC	B > ACDE

注：* 表示 $P<0.05$，** 表示 $P<0.01$，*** 表示 $P<0.001$。

六、专业背景差异

从图6-7可以看出，无论是信息技术应用能力的总体均值，还是计划准备、评估诊断维度的具体表现，师范专业毕业教师的均值略高于非师范专业毕业教师；在组织管理维度，师范专业毕业教师的均值与非师范专业毕业教师一样；在技术素养维度，非师范毕业教师的均值略高于师范毕业教师的均值。

从表6-7可以看出，经独立样本 T 检验，总体来看，专业背景对教师信息技术应用能力没有显著影响。无论是信息技术应用能力的总体均值（$P=0.514>0.05$），还是计划准备（$P=0.601>0.05$）、组织与管理（$P=0.233>0.05$）、评估诊断（$P=0.041<0.05$）三个维度的具体表现，师范毕业教师与非师范毕业教师的差异不显著；仅在技术素养（$P=0.041<0.05$）维度，非师范毕业教师的信息技术应用能力显著高于师范毕业教师。这说明，教师的专业背景对教师的信息技术应用能力没有显著影响。

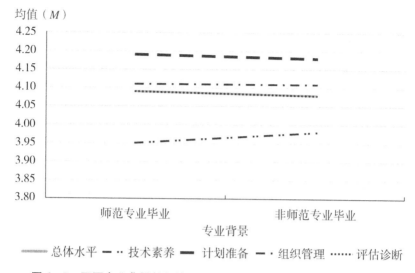

图6-7 不同专业背景教师的信息技术应用能力总体水平各维度均值

表6-7 不同专业背景教师信息技术应用能力的差异分析

专业背景	总体水平 M/SD	技术素养 M/SD	计划准备 M/SD	组织管理 M/SD	评估诊断 M/SD
师范专业毕业（A）	4.09/0.58	3.95/0.77	4.19/0.64	4.11/0.66	4.09/0.67
非师范专业毕业（B）	4.08/0.59	3.98/0.75	4.18/0.65	4.11/0.66	4.08/0.67
T值	-0.653	-2.047*	0.722	0.523	-1.193
Sig.	0.514	0.041	0.470	0.601	0.233

注：* 表示 $P<0.05$，** 表示 $P<0.01$，*** 表示 $P<0.001$。

七、工作岗位差异

从图6-8可以看出，校级领导的能力均值处于最高水平，年级级长的信息技术应用能力均值仅次于校级领导，班主任、备课组组长、学科科长的均值差异不大，中层干部和一般科任教师的信息技术应用能力均值低于其他岗位教师。

从表6-8可以看出，单因素方差分析结果表明，无论是信息技术应用能力的总体均值（$F=9.078$，$P=0.000<0.001$），还是计划准备（$F=11.796$，$P=0.000<0.001$）、组织与管理（$F=9.270$，$P=0.000<0.001$）、评估诊断

($F=6.808$, $P=0.000<0.001$) 三个维度具体表现，不同工作岗位教师差异显著。在技术素养（$F=3.478$, $P=0.000<0.001$）维度，不同工作岗位教师的差异不显著。

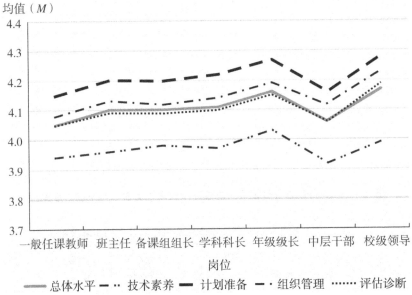

图 6-8 不同岗位教师信息技术应用能力总体水平及各维度均值

表 6-8 不同工作岗位教师信息技术应用能力的差异分析

工作岗位	总体水平 M/SD	技术素养 M/SD	计划准备 M/SD	组织管理 M/SD	评估诊断 M/SD
一般任课教师	4.05/0.61	3.94/0.77	4.15/0.66	4.08/0.69	4.05/0.69
班主任	4.10/0.57	3.96/0.74	4.20/0.62	4.13/0.64	4.09/0.65
备课组组长	4.10/0.58	3.98/0.75	4.20/0.64	4.12/0.65	4.09/0.66
学科科长	4.11/0.56	3.97/0.73	4.22/0.62	4.14/0.65	4.10/0.64
年级级长	4.16/0.57	4.03/0.73	4.27/0.64	4.19/0.65	4.15/0.66
中层干部	4.06/0.58	3.92/0.75	4.16/0.64	4.12/0.65	4.06/0.66
校级领导	4.17/0.56	3.99/0.73	4.28/0.61	4.23/0.63	4.19/0.65
F 值	9.078	3.478	11.796	9.270	6.808
P	0.000	0.002	0.000	0.000	0.000

八、学科差异

从图 6-9 可以看出，无论是信息技术应用能力的总体均值，还是计划准备、组织管理、评估诊断三个维度的具体表现，信息技术、美术、音乐等学科教师的信息技术应用能力总体均值比较高，为 4.19～4.29，其中信息技术教师的总体均值最高；其次是物理、英语、语文教师；体育、数学、生物、历史等学科教师的均值较低，其中体育教师的均值最低。在技术素养维度，体育、数学、语文等学科教师的均值较低，体育教师的均值最低。

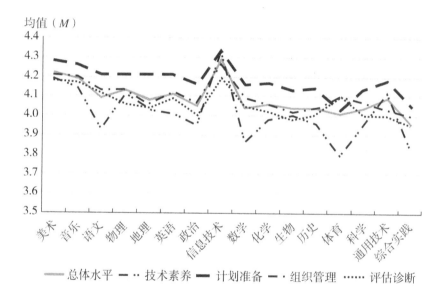

图 6-9 不同学科教师信息技术应用能力总体水平及各维度均值

从表 6-9 可以看出，单因素方差分析结果表明，无论是信息技术应用能力的总体均值（$F=14.691$，$P=0.000<0.001$），还是技术素养（$F=32.739$，$P=0.000<0.001$）、计划准备（$F=12.655$，$P=0.000<0.001$）、组织管理（$F=7.409$，$P=0.000<0.001$）、评估诊断（$F=8.214$，$P=0.000<0.001$）四个维度的具体表现，不同工作岗位教师的差异显著。

表6-9 不同学科教师信息技术应用能力的差异分析

学科	总体水平 M/SD	技术素养 M/SD	计划准备 M/SD	组织管理 M/SD	评估诊断 M/SD
美术	4.22/0.57	4.19/0.71	4.28/0.62	4.21/0.65	4.18/0.66
音乐	4.19/0.56	4.14/0.69	4.26/0.61	4.20/0.65	4.17/0.63
语文	4.09/0.57	3.93/0.76	4.21/0.63	4.13/0.65	4.11/0.66
物理	4.13/0.60	4.11/0.73	4.21/0.64	4.13/0.67	4.06/0.68
地理	4.08/0.57	4.03/0.71	4.21/0.62	4.06/0.68	4.04/0.66
英语	4.11/0.56	4.01/0.72	4.21/0.61	4.12/0.65	4.09/0.65
政治（道德与法治）	4.05/0.56	3.95/0.70	4.16/0.60	4.07/0.64	4.00/0.66
信息技术	4.29/0.56	4.33/0.62	4.34/0.63	4.27/0.63	4.20/0.64
数学	4.04/0.59	3.86/0.76	4.16/0.65	4.09/0.67	4.05/0.68
化学	4.06/0.60	3.98/0.73	4.17/0.63	4.06/0.68	4.02/0.67
生物	4.04/0.57	4.00/0.68	4.13/0.63	4.02/0.65	3.98/0.68
历史	4.04/0.60	3.96/0.77	4.14/0.64	4.04/0.66	4.01/0.65
体育	4.01/0.64	3.80/0.80	4.03/0.74	4.10/0.71	4.10/0.71
科学	4.04/0.57	3.95/0.72	4.14/0.63	4.07/0.64	4.00/0.68
通用技术	4.09/0.59	4.12/0.71	4.18/0.62	4.03/0.65	4.00/0.70
综合实践	3.96/0.63	3.82/0.76	4.05/0.71	4.00/0.72	3.95/0.71
F 值	14.691	32.739	12.655	7.409	8.214
P	0.000	0.000	0.000	0.000	0.000

九、学段差异

从图6-10可以看出，无论是信息技术应用能力的总体水平，还是计划准备、组织管理、评估诊断三个维度的具体表现，初中教师的能力均值低于小学教师和高中教师；在技术素养维度，小学教师的能力均值低于中学教师。

从表6-10可以看出，通过单因素方差分析可以发现，不同学段教师的信

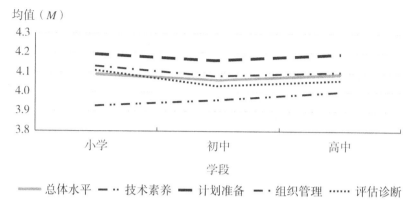

图 6-10　不同学段教师信息技术应用能力总体水平及各维度均值

息技术应用能力存在显著差异（$P=0.000<0.001$）；事后多重比较 LSD 检验结果表明，初中教师的信息技术应用能力总体水平显著低于小学教师和高中教师，小学教师信息技术应用能力总体水平与高中教师不存在显著差异。从技术素养维度来看，不同学段教师的差异极其显著（$P=0.000<0.001$），高中教师"熟练使用图片、动画、音频、视频等编辑软件，制作教学素材"的能力水平显著高于小学、初中教师，初中教师又显著高于小学教师；在计划准备维度，不同学段教师群体的差异极其显著（$P=0.01<0.001$），小学教师和高中教师在"应用信息技术优化课堂教学，改善学生学习方式"的能力水平显著高于初中教师；在组织管理维度，不同学段教师群体的差异水平极其显著（$P=0.000<0.001$），小学教师"应用技术对学生的学习活动进行有效管理"的能力水平显著高于初中教师和高中教师；在诊断评估维度，不同学段教师群体的差异极其显著（$P=0.001<0.001$），小学教师"应用技术对学生的学习过程进行有效反馈评价"的能力水平显著高于初中、高中教师。这说明与小学教师和高中教师相比，初中教师的信息技术应用能力相对薄弱。

表 6-10　不同学段教师信息技术应用能力的差异分析

学段	总体水平 M/SD	技术素养 M/SD	计划准备 M/SD	组织管理 M/SD	评估诊断 M/SD
小学（A）	4.09/0.58	3.93/0.76	4.19/0.64	4.13/0.65	4.11/0.66
初中（B）	4.06/0.60	3.96/0.74	4.16/0.65	4.08/0.67	4.03/0.68
高中（C）	4.09/0.59	4.00/0.74	4.19/0.64	4.10/0.68	4.06/0.67
F 值	6.661***	13.278***	4.562**	15.229***	28.824**
P	0.001	0.000	0.010	0.000	0.000

续上表

学段	总体水平 M/SD	技术素养 M/SD	计划准备 M/SD	组织管理 M/SD	评估诊断 M/SD
LSD 检验	AC>B	C>B>A	AC>B	A>BC	A>C>B

注：*表示 P<0.05，**表示 P<0.01，***表示 P<0.001。

十、城乡地域差异

从图 6-11 可以看出，无论是信息技术应用能力的总体情况，还是技术素养、计划与准备、组织管理、评估诊断四个维度的具体表现，城区教师的均值高于镇区学校和乡村学校教师，镇区学校教师的均值略高于乡村学校教师。

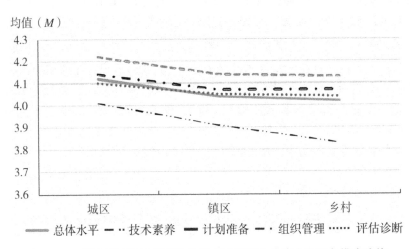

图 6-11　城乡不同地域教师信息技术应用能力总体水平及各维度均值

从表 6-11 可以看出，单因素方差分析结果表明，不同地域中小学教师的信息技术应用能力的差异极其显著；无论是信息技术应用能力总体情况（P=0.000<0.001），还是技术素养（P=0.000<0.001）、计划准备（P=0.000<0.001）、组织管理（P=0.000<0.001）、评估诊断（P=0.000<0.001）四个维度的具体表现，不同地域教师存在极其显著的差异。事后多重比较 LSD 检验结果表明，城区教师的信息技术应用能力水平显著高于镇区学校和乡村学校教师；镇区学校教师的均值仅在信息素养能力维度高于乡村学校教师，镇区学校教师和乡村学校教师的信息技术应用能力总体上差异不显著。这说明镇区和

乡村中小学教师的信息技术应用能力相对较弱,城乡中小学教师信息技术应用能力的差异极其显著。

表6-11 城乡不同地域教师信息技术应用能力的差异分析

城乡地域	总体水平 M/SD	技术素养 M/SD	计划准备 M/SD	组织管理 M/SD	评估诊断 M/SD
城区(A)	4.12/0.58	4.01/0.74	4.22/0.64	4.14/0.66	4.10/0.66
镇区(B)	4.04/0.58	3.91/0.75	4.14/0.64	4.07/0.66	4.05/0.67
乡村(C)	4.02/0.58	3.83/0.77	4.13/0.64	4.07/0.66	4.04/0.66
F 值	F=64.933***	F=114.074***	F=43.820***	F=27.931***	F=25.213***
LSD 检验	A>BC	A>B>C	A>BC	A>BC	A>BC

注:* 表示 $P<0.05$,** 表示 $P<0.01$,*** 表示 $P<0.001$。

第三节 教师信息技术应用能力调查结论与讨论

一、教师在技术、学科和教学方法三者之间融会贯通的情况并不乐观

G 市中小学教师的信息技术应用能力总体上处于良好水平,达到了《能力标准》对教师信息技术应用能力的基本要求,但各维度发展不均衡,表明教师在技术的操作及其与教学的整合方面不尽如人意。尤其是在技术知识(TK)、融合技术的教学法知识(TPK)以及融合技术的学科教学知识(TPCK)方面,都处于较低水平。[①] 这说明在我国多年的信息化基础设施建设与教师信息技术应用能力提升工程的推动下,大部分中小学教师已具备基本的

---

① 张静、蒋立兵:《中小学教师融合技术的学科教学知识现状调查与对策研究》,载《教育学术月刊》2015 年第 5 期,第 105-111 页。

信息技术能力，但目前还无法有效地将之应用于教学实践，"教师对于技术、学科和教学方法三者之间融会贯通的情况并不乐观"①，如何将技术与教学内容融合、使用技术改变传统教与学仍是难点。

二、性别、专业背景对教师的信息技术应用能力总体水平没有显著影响

男、女教师的信息技术应用能力水平没有显著差异，这与赵艳等人的相关研究结果较相似："小学教师的性别与其 TPACK 知识结构无显著差异。"② 教师的专业背景对教师的信息技术应用能力没有显著影响，系统的师范专业训练在整体提升教师的信息技术应用能力方面没有显著帮助。

三、教师的年龄、职称、学历、学段等影响其信息技术应用能力

总体来看，教师的年龄、职称、学历、任教学段、任教学科、工作岗位、任教学校所在的城乡地域对中小学教师的信息技术应用能力的影响极其显著。

（一）教师的年龄影响其信息技术应用能力

这种差异在青年教师和中老年教师之间尤为明显，这与张屹等、兰义湧等③、孙妍妍等④的调查研究结果一致。调查结果表明，45 岁以下的教师群体是"开展技术整合教学的主力军"⑤，50 岁以上的老教师处于信息技术应用能

---

① 张静、蒋立兵：《中小学教师融合技术的学科教学知识现状调查与对策研究》，载《教育学术月刊》2015 年第 5 期，第 105–111 页。
② 赵艳、赵蔚、李绿山等：《学习分析视域下小学教师整合技术的学科教学知识（TPACK）研究：以东北 C 市为例》，载《现代远距离教育》2015 年第 5 期，第 42–48 页。
③ 孙妍妍、吴雪琦、王超等：《中小学教师信息化教学能力调研》，载《开放教育研究》2021 年第 2 期，第 84–93 页。
④ 张哲等：《教师信息技术应用行为影响因素模型构建研究》，载《中国电化教育》2018 年第 1 期，第 116–124 页。
⑤ 张静、蒋立兵：《中小学教师融合技术的学科教学知识现状调查与对策研究》，载《教育学术月刊》2015 年第 5 期，第 105–111 页。

力最低水平；29 岁以下的初任教师尽管技术素养均值最高，但信息技术应用能力（TPCK）的表现却不如 30～39 岁年龄段的青年教师；拥有丰富学科教学经验的老教师，尽管专业知识和教学经验都足够丰富，但由于技术掌握程度过低，也难以顺利地实施技术与教学的整合。[1] 这说明"信息技术应用能力是技术与课程教学整合的教学技能"，"单纯的熟悉技术并不能将技术有效的整合到教学中，需要在掌握技术的基础上，了解某种信息技术的特点、作用，使之与教学内容、教学方法有效的整合起来"。[2]

（二）教师的职称等级影响其信息技术应用能力

中级以下职称教师群体的信息化教学总体水平显著高于中级及以上职称教师群体。这说明，尽管"职称等级代表着专业技术人才的学术技术水平和教学能力"[3]，但受信息素养的限制，较高职称教师的信息技术应用能力无法在信息化教学环境下充分发挥和体现，"专家型教师对于新手教师的成长具有重要影响。然而，针对在教学中应用信息技术的问题，相当一部分专家型教师并没有表现出比新手教师更加具有优势"[4]。

（三）教师的学历层次影响其信息技术应用能力

总体来看，中小学教师的信息技术应用能力与学历层次呈显著正相关，学历越高能力越强，本科及以上学历教师群体的能力水平显著高于专科及以下学历教师群体，硕士及以上学历的教师群体的能力水平高于本科及以下学历教师群体。

（四）不同教龄教师的信息技术应用能力差异显著

总体来看，随着教龄的增加，教师信息技术应用能力均值呈先上升再下降

---

[1] 张静、蒋立兵：《中小学教师融合技术的学科教学知识现状调查与对策研究》，载《教育学术月刊》2015 年第 5 期，第 105-111 页。

[2] 赵艳、赵蔚、李绿山等：《学习分析视域下小学教师整合技术的学科教学知识（TPACK）研究：以东北 C 市为例》，载《现代远距离教育》2015 年第 5 期，第 42-48 页。

[3] 杨静：《教师教学能力发展现状与对策建议：基于 G 市中小学教师的问卷调查》，载《现代教育管理》2021 年第 12 期，第 61-69 页。

[4] 张哲等：《教师信息技术应用行为影响因素模型构建研究》，载《中国电化教育》2018 年第 1 期，第 116-124 页。

的波动变化。教师信息技术应用能力的总体水平均值，7～9年教龄段达到峰值；在技术素养维度，4～6年教龄段教师的均值达到峰值；在计划准备和组织管理维度，7～20年教龄段教师的均值达到峰值；在诊断评估维度，10～20年教龄段教师的均值达到峰值。

（五）教师的任教学段影响其信息技术应用能力

初中教师的信息技术应用能力总体水平显著低于小学教师和高中教师，小学教师的信息技术应用能力总体水平与高中教师不存在显著差异。初中教师的信息技术应用能力相对薄弱，原因可能在于：一是相对于中学生，信息化教学的技术效果更容易引起小学生的兴趣，从而有助于提高小学教师开展信息化教学的动机；二是小学课程与初高中课程相比抽象程度低，教师更容易应用信息技术支持教学，不需要花费更多精力设计信息化教学材料；三是小学阶段面临的升学压力比中学低，这可能让教师有更多时间进行信息化教学改革创新。[①]

（六）不同工作岗位教师的信息技术应用能力差异显著

总体来看，校级领导的信息技术应用能力均值处于最高水平，年级级长的信息技术应用能力均值仅次于校级领导，班主任、备课组长、学科科长的均值差异不大，中层干部和一般科任教师的信息技术应用能力均值低于其他岗位教师。

（七）不同学科教师的信息技术应用能力差异显著

信息技术、美术、音乐等学科教师的信息技术应用能力总体均值比较高，其中，信息技术学科教师的总体均值最高；其次是物理、英语、语文教师。体育、数学、生物、历史等学科教师的均值较低，其中体育教师的均值最低。在技术素养维度，体育、数学、语文等学科教师的均值较低，体育教师的均值最低。

（八）城乡地域影响教师的信息技术应用能力

镇区和乡村中小学教师的信息技术应用能力相对较弱。这与其他研究者的

---

① 孙妍妍、吴雪琦、王超等：《中小学教师信息化教学能力调研》，载《开放教育研究》2021年第2期，第84-93页。

调研结果一致:"从地域角度看,城乡中小学教师的信息化教学能力发展不均衡。乡镇教师的水平整体显著低于城市教师。"① 乡镇教师的信息化教学基础设施处于劣势,对信息化教学的认可与重视程度不如城市教师,在信息化教学方面投入的精力比城市教师少等因素,② 可能是造成乡镇教师的信息技术应用能力相对薄弱的原因。

第四节 教师信息技术应用能力的提升策略

一、坚持标准引领,全面提升教师的信息技术应用能力

加强组织领导,完善教师信息技术应用能力标准体系,各级教育行政部门要根据《教育信息化2.0行动计划》和《教师教育振兴行动计划(2018—2022年)》的总体部署,服务国家"互联网+"、大数据、人工智能等重大战略,引导教师主动适应信息化、人工智能等新技术变革,充分发挥《能力标准》的引领和导向作用③,将信息技术应用能力的提升纳入教师的培养培训体系,开展教师信息技术应用能力测评,并加强对培训效果的检查,建立合理的反馈评价系统,切实提升广大教师信息技术应用能力。高等学校要"创新师范生培养方案,完善师范教育课程体系"④,将《能力标准》作为教师培养的重要依据,把提高信息素养作为师范生培养的重要目标,加强师范生信息素养

---

① 孙妍妍、吴雪琦、王超等:《中小学教师信息化教学能力调研》,载《开放教育研究》2021年第2期,第84—93页。

② 孙妍妍、吴雪琦、王超等:《中小学教师信息化教学能力调研》,载《开放教育研究》2021年第2期,第84—93页。

③ 中华人民共和国教育部:《教育部关于实施全国中小学教师信息技术应用能力提升工程2.0的意见》,见中华人民共和国教育部网(http://www.moe.gov.cn/srcsite/A10/s7034/201904/t20190402_376493.html?from=timeline&isappinstalled=0)。

④ 中华人民共和国教育部:《教育部关于印发〈教育信息化2.0行动计划〉的通知》,见中华人民共和国教育部网(http://www.moe.gov.cn/srcsite/A16/s3342/201804/t20180425_334188.html)。

培育和信息化教学能力培养。中小学校要将《能力标准》作为推动教师专业发展的重要依据，制订教师信息技术应用能力提升规划，加强校本研修，为教师提升信息技术应用能力提供有效支持，积极开展信息化教育教学。广大中小学教师要主动将《能力标准》作为自身专业发展的重要依据，积极利用技术赋能教学，转变教育教学方式，不断提升信息技术应用能力。

二、构建智慧学习支持环境，提高中小学教师信息化教学诊断评估能力

调查结果显示，信息化教学诊断评估能力在信息技术应用能力体系中相对薄弱。信息时代学生学习形式的多样化和教学过程的复杂性，对教师的教学诊断评估能力提出了新要求；整合信息技术的教学评价，不同于传统的课堂教学评价，要求教师能够运用技术对教学进行全面监控，并收集整理学生的学习过程数据，对学生个体的学习情况进行针对性评价反馈，更好地满足学生的个性化需要。因此，各级教育行政部门和中小学校要"深化教育大数据应用，充分利用云计算、大数据、人工智能等新技术，构建全方位、全过程、全天候的支撑体系"①，大力推进智能教育，加强以学习者为中心的智能化教学支持环境建设，推动人工智能在教学、管理等方面的全流程应用，支持教师对学生学习过程的信息收集、精准学情分析，促进差异化、交互性教学和个别化指导，以信息技术赋能教师的教学诊断和因材施教，不断提高教学质量。

三、综合考虑不同教师群体的发展需求，提高教师信息技术应用能力研训实效性

各级教师培训和学科教研，要针对不同学科、不同学段、不同发展阶段教师的能力提升需求，综合考虑不同地域信息化环境和教师信息技术应用能力水平的差异，推行"菜单式、自主性、开放式"的教师培训选学机制，确保按需施训。一是针对年龄差异，青年教师要侧重教学法知识和教学内容知识培训，着力丰富其教学经验，充分发挥其信息素养优势，提升其信息技术与课程

---

① 中华人民共和国教育部：《教育部关于印发〈教育信息化2.0行动计划〉的通知》，见中华人民共和国教育部网（http://www.moe.gov.cn/srcsite/A16/s3342/201804/t20180425_334188.html）。

教学整合的能力；引导中青年教师探索和反思课堂教学与信息技术融合的方式方法，培养其新技术选择和决策的敏锐性与创造性，发挥其信息技术与教学整合的最佳水平；中老年教师侧重信息技术知识和技能培训，尤其是先进教学软件的使用技能，大力提高其信息素养，从而充分发挥其丰富的学科教学经验优势。二是针对学段差异，考虑不同学段的教学需求，为不同学段教师的信息技术应用能力发展提供多样性的个性化培训，创新培训方式，注重任务驱动和案例学习，开展主题式研修，推动学、思、用结合。三是缩小城乡差距，加强乡镇教师信息技术能力培训的力度，注重培养乡镇教师对信息化教学的认同感，加大乡镇学校信息化资源建设，构建有效的支持系统，培养乡镇教师信息化教学的实践能力，提高乡镇教师应用信息技术改进教学的信心和能力。

第七章　教师教学能力发展的实践路径

> 工作中人的行为既不是仅由内因驱动的，也不是仅由外因塑造和决定的，而是由人的行为、认知等主体因素以及环境三者之间构成动态的交互关系决定着。①
>
> ——阿尔伯特·班杜拉（Albert Bandura）

---

① 转引自于文浩《从学习隐喻的演化视域管窥专业能力的发展》，载《开放教育研究》2013年第2期，第14-23页。

事物的发展总是处在一定的系统之中,有一定的参与者和执行者;事物的发展本质上就是参与者与执行者之间的一个互动过程,教师教学能力的发展也不例外。教师个体是教学能力发展的执行者,即教学能力发展的主体;就教育系统来说,教师教学能力发展的参与者主要有政府、教师教育机构、教师任职学校等。因此,本书主要从教师教学能力发展的参与者和执行者角度来探讨影响教师发展教学能力的因素,即从政府、教师任职学校和教师本人三个方面来讨论影响教师教学能力发展的因素。[①] 其中,政府的政策制度是保障与支持因素,教师任职学校是关键性影响因素,教师个人是根本性影响因素。

第一节 加强政策制度的规范与保障

教育政策是国家和政府制定的调整教育领域问题和利益关系的公共政策,是为实现一定历史时期的教育任务而制定的行动准则。教育政策可以渗透到社会生活和教育活动的各个领域,发挥广泛的作用。一个国家的教育政策是影响教师成长的宏观环境因素,为教师成长提供物质和精神保障,赋予教师基本的权利和义务,体现国家和社会对教师的基本要求。[②] 本书所指的政府包括中央政府和地方各级政府。在教师教学能力发展过程中,政府是一个外驱式发展路径,是保障与支持系统,政府对教师教学能力发展的影响主要是通过政策制度等来实施。在教学能力发展过程中,政府的有关政策制度为教师教学能力发展提供物质保障和精神支持。[③]

---

① 王宪平:《课程改革视野下教师教学能力发展研究》(博士学位论文),华东师范大学2006年,第91页。

② 赵昌木、徐继存:《教师成长的环境因素考察:基于部分中小学实地调查和访谈的思考》,载《湖南师范大学教育科学学报》2005年第5期,第16—22页。

③ 王宪平:《课程改革视野下教师教学能力发展研究》(博士学位论文),华东师范大学2006年,第91页。

一、完善教师资格制度，强化对教师教学能力的考核

目前，许多国家的教师教育政策都通过实施教师资格证书制度对教师任用标准予以规范。教师资格制度，是在一定的历史条件下，国家对从事教师职业、专业或教育教学活动的工作人员所应具备的条件或身份的一种强制性的规定，是国家对教师实行的法定的职业许可制度，是国家对专门从事教育教学工作人员的基本要求，是公民获取教师岗位的法定前提。教师资格证书制度是一项针对教师行业的职业准入制度，它对于规范教师的任用标准、加强教师专业化、提高教育质量都具有重要意义。[①]

教学能力是教师专业特性的核心内容，一名合格的教师必须具备一定的教学能力。教师资格是对准备从教者的基本要求，以非师范专业毕业生为主体的社会人员虽然具有合格的学历，但由于缺乏系统的学习和训练，总体来说，他们在教学能力方面显然不能同师范专业毕业生相比；而在信息技术迅猛发展、课程改革不断深化的背景下，教学理念、教学内容等方面的更新，使教学过程变得更为复杂，需要新的教学能力与之相适应。虽然在教师资格认定过程中也有对教师教学能力的考核，但并不能全面地考查申请者的教学能力。为了保证教师的基本教学能力，参加教学实习实践是一条有效路径，因此，在教师资格认定过程中对申请者提出教学实习经历的要求，能有效地保证申请者的教学能力。

国家高度重视教师资格认定，且不断健全相关政策制度。2018年1月颁布的《中共中央 国务院关于全面深化新时代教师队伍建设改革的意见》明确规定："完善中小学教师准入和招聘制度。完善教师资格考试政策，逐步将修习教师教育课程、参加教育教学实践作为认定教育教学能力、取得教师资格的必备条件。"[②] 自此，国家在政策层面把教学实习经历纳入教师资格认定要求，健全了我国的教师资格认定制度，有助于保证申请者的教学能力，尤其是非师范生的教学能力。为推进师范生免试认定中小学教师资格的改革，建立师范生教育教学能力考核制度，教育部于2021年4月印发了《中学教育专业师

---

① 赵昌木、徐继存：《教师成长的环境因素考察：基于部分中小学实地调查和访谈的思考》，载《湖南师范大学教育科学学报》2005年第5期，第16—22页。

② 中华人民共和国中央人民政府：《中共中央 国务院关于全面深化新时代教师队伍建设改革的意见》，中华人民共和国中央人民政府网（http://www.gov.cn/zhengce/2018-01/31/content_5262659.html）。

范生教师职业能力标准（试行）等五个文件》①。此政策的出台，对"建立师范生教育教学能力考核制度，推动教师教育院校将国家中小学教师资格考试标准和大纲融入日常教学、学业考试和相关培训中，提高师范类专业人才培养质量，从源头上提升教师队伍教书育人的能力水平"②，具有重要的实践意义。

二、充分发挥专业标准对教师教学能力发展的引导作用

教师教育政策是一种规范体系，是对教师行为进行约束、限定和引导的一种规范形式，对每位教师具有强制性的约束力。教师能力标准已经被各国教育局认定为推行教师专业化的有效工具，而且这种"标准化"的效应甚至开始蔓延到整个师资培育体系，形成了所谓的"标准本位的教师教育"（standards-based teacher education）③。欧洲15国家④的教师"专业化"，其共同的重要政策行为就是推行"标准化"的教师能力检定和资格审核。目前，这些国家都以法定政策文本的形式确立了名目不同的教师能力标准，即"一整套使得个人可以按照专业标准的要求有效完成特定职业或工作职责的相关知识、技能和情感态度"⑤。

我国高度重视教师的专业标准建设。为建设高素质专业化教师队伍，教育部于2012年印发的《小学教师专业标准（试行）》《中学教师专业标准（试行）》（以下简称《专业标准》）明确规定，《专业标准》是国家对"合格教师专业素质的基本要求，是教师实施教育教学行为的基本规范，是引领教师专业

---

① 中华人民共和国教育部：《教育部办公厅关于印发〈中学教育专业师范生教师职业能力标准（试行）〉等五个文件的通知》，见中华人民共和国教育部网（http://www.moe.gov.cn/srcsite/A10/s6991/202104/t20210412_525943.html）。

② 中华人民共和国教育部：《教育部办公厅关于印发〈中学教育专业师范生教师职业能力标准（试行）〉等五个文件的通知》，见中华人民共和国教育部网（http://www.moe.gov.cn/srcsite/A10/s6991/202104/t20210412_525943.html）。

③ "标准本位的教师教育"又称"基于标准的教师教育"，意为"以标准为基础或驱动的教师教育"。其作为一个专门术语，出现于20世纪90年代以来的研究文献中。

④ 主要包括15个国家：奥地利、比利时、芬兰、法国、德国、希腊、冰岛、爱尔兰、意大利、卢森堡、荷兰、葡萄牙、西班牙、瑞典、英国。

⑤ KLEIN J, et al. Instructor competencies: Standards for face-to-face, online, and blended settings. Greenwich, CT: Information Age Publishing, 2004.

发展的基本准则,是教师培养、准入、培训、考核等工作的重要依据"[①]。为提高中小学教师教育技术能力水平,促进教师专业能力发展,教育部于2004年印发了《中小学教师教育技术能力标准(试行)》。本标准适用于中小学教学人员、中小学管理人员、中小学技术支持人员的教育技术能力培训与考核,[②] 是指导中小学教学人员、中小学管理人员、中小学技术支持人员教育技术培训与考核的基本依据。

教师能力标准到底应该在师资培育中发挥怎样的作用呢?首先,教师能力标准应该发挥其对教师培养的定向功能。这就要求"标准"应该反映师资培育的整体目标,能清楚地描述教师教育应该培养什么样的教师,即一定要反映"应然"的价值,从而引导教师教育事业的发展方向与预定的目标保持一致。这种定向是标准的核心功能,从根本上确保教师教育活动能有所依循,避免在社会性质和发展方向上发生失误。其次,教师能力标准应该发挥其对教师专业发展活动的调控功能。标准作为教师教育的目标指向,应该对教师教育活动有一种内在规定性,对整个教师教育发挥调控功能。最后,教师能力标准应发挥其对教师专业发展活动的评价功能。强调能力标准对教师个体专业水平的评价功能,要改变以往对教师个体进行终结性评价,而应该更多地考虑运用教师能力标准对教师专业发展活动开展形成性评价,以辅助其调控功能的实现。[③]

三、强化政策制度对教师教学能力发展的保障与激励

随着教育改革的逐步深入,人们日益清楚地看到教育改革的成败、教育质量的高低关键在于学校是否拥有大批教学水平较高的教师;而保证教师生活、工作和学习的基本条件是教师发展和成长的先决条件。为此,许多国家制定了一系列政策,为教师教学能力的发展与提高提供政策保障。

我国为保障教师的基本待遇、工作和学习条件,制定了一系列政策。2018

[①] 中华人民共和国教育部:《教育部关于印发〈幼儿园教师专业标准(试行)〉〈小学教师专业标准(试行)〉和〈中学教师专业标准(试行)〉的通知》,见中华人民共和国教育部网(http://www.moe.gov.cn/srcsite/A10/s6991/201209/t20120913_145603.html)。

[②] 中华人民共和国教育部:《教育部关于印发〈幼儿园教师专业标准(试行)〉〈小学教师专业标准(试行)〉和〈中学教师专业标准(试行)〉的通知》,见中华人民共和国教育部网(http://www.moe.gov.cn/srcsite/A10/s6991/201209/t20120913_145603.html)。

[③] 张倩、李子建:《教师专业化的国际经验及其启示》,载《中国教育学刊》2014年第10期,第93-97页。

年印发的《中共中央国务院关于全面深化新时代教师队伍建设改革的意见》指出,"到2035年,尊师重教蔚然成风,广大教师在岗位上有幸福感、事业上有成就感、社会上有荣誉感,教师成为让人羡慕的职业"①;2019年,中共中央、国务院印发的《中国教育现代化2035》强调,"夯实教师专业发展体系,推动教师终身学习和专业自主发展。提高教师社会地位,完善教师待遇保障制度,健全中小学教师工资长效联动机制,全面落实集中连片特困地区生活补助政策。加大教师表彰力度,努力提高教师政治地位、社会地位、职业地位"②。然而,由于受诸多因素的影响,这些政策在实际贯彻过程中,往往偏离政策导向或者并没有得到有力的实施;基础教育改革不断推进,教育内容不断革新,教育规划迅速扩展,但相应的政策配套资金却依然缺位。

"大量事实证明,如果工资级别保持在教师认为不合理的水平上,那么教师会产生不满,就不能对职业发展、成就和认可的机会做出积极的反应。"③调查数据显示,只有48.86%的中小学教师表示"对当前教师的社会地位感到满意",有48.34%的中小学教师表示"对当前教师的工资水平感到满意",有68.47%的中小学教师表示"如果重新选择,仍愿意当老师";63.94%的中小学教师认为"薪酬待遇与付出不匹配"是消减自己职业幸福感的首要因素,有31.84%的中小学教师认为"激励表彰机制不足"是消减自己职业幸福感的首要因素。回归分析结果表明,职业认同对教师职业幸福感的影响力最大,职业认同每增加1个单位,教师职业幸福感就会增加1.462个单位。④

良好的社会氛围会产生巨大的精神力量,激励教师不断发展成长。为了创造良好的教师成长的社会环境,教育政策除了要保障和提高教师的待遇,还必须倡导尊师重教的社会风尚,使教师真正成为令人羡慕、令人尊重的职业。一是要加强教师工资待遇保障,加大经费保障力度,全面落实义务教育教师平均工资收入水平不低于当地公务员平均工资收入水平要求,促进中小学教师收入待遇稳步增长。二是深化激励评价改革,引导中小学教师潜心教书育人;探索建立中小学教师教学述评制度,将教学述评纳入教师的考核体系;完善中小学教师绩效考核办法,绩效工资分配要充分关注"转变育人方式、落实立德树

---

① 中华人民共和国中央人民政府:《中共中央 国务院关于全面深化新时代教师队伍建设改革的意见》,见中华人民共和国中央人民政府网(http://www.gov.cn/zhengce/2018-01/31/content_5262659.html)。
② 中华人民共和国中央人民政府:《中共中央 国务院印发〈中国教育现代化2035〉》,见中华人民共和国中央人民政府网(http://www.gov.cn/xinwen/2019-02/23/content_5367987.html)。
③ 赵昌木、徐继存:《教师成长的环境因素考察:基于部分中小学实地调查和访谈的思考》,载《湖南师范大学教育科学学报》2005年第5期,第16-22页。
④ 杨静:《广州市中小学教师职业幸福感现状、影响因素与对策建议》,载《教育决策参考》2022年第24期,第1-18页。

人根本任务的努力和实效"①。三是"深化中小学教师职称制度改革",进一步强化职称的激励评价功能,"适当提高中小学中级、高级教师岗位比例,畅通教师职业发展通道","完善中小学教师的职称评价标准,突出教育教学实效"。② 加强对高级及以上职称教师的聘后管理和任用,研制高级及以上职称教师的聘后目标考核制度,充分发挥高级及以上职称教师的示范带动作用。四是加大对教学成果的评选表彰力度,完善中小学教师的荣誉体系,加大对优秀中小学教师的表彰宣传力度,提升教师的职业荣誉感与自豪感。强化尊师教育,厚植校园师道文化,加强各方联动,倡导全社会尊师重教,加深全社会对教师职业的认同度,进一步提高教师的政治地位、社会地位、职业地位。③

四、充分发挥教育评价在构建良好教育生态的导向作用

为充分发挥教育评价的导向、激励、诊断、发展等多重积极功能,中共中央 国务院于 2020 年 10 月印发《深化新时代教育评价改革总体方案》(以下简称《总体方案》)④,明确了教育评价改革的指导思想、主要原则、目标及重点任务,成为未来教育评价改革的重要政策依据。《总体方案》强调,新时代教育评价改革要"全面贯彻党的教育方针","落实立德树人根本任务","引导全党全社会树立科学的教育发展观、人才成长观、选人用人观,推动构建服务全民终身学习的教育体系,努力培养担当民族复兴大任的时代新人,培养德智体美劳全面发展的社会主义建设者和接班人"。⑤

要落实教育立德树人的根本任务,培养德智体美劳全面发展的社会主义建设者与接班人,需要更新教育观念,深化教育改革,构建科学、有效的教育评价体系。①从教育督导评价的视角来看,新时代教育评价改革就是要改变以升

---

① 辛涛、李刚:《高质量基础教育体系的新时代内涵》,载《人民教育》2021 年第 1 期,第 17 - 20 页。

② 中华人民共和国中央人民政府:《中共中央 国务院关于全面深化新时代教师队伍建设改革的意见》,见中华人民共和国中央人民政府网(http//www.gov.cn/zhengce/2018 - 01/31/content_5262659.html)。

③ 杨静:《核心素养背景下教师教学能力发展现状与对策建议:基于 G 市中小学教师的问卷调查》,载《现代中小学管理》2021 年第 12 期,第 61 - 69 页。

④ 中华人民共和国中央人民政府:《中共中央 国务院印发〈深化新时代教育评价改革总体方案〉》,见中华人民共和国中央人民政府网(http://www.gov.cn/zhengce/2020 - 10/13/content_5551032.html)。

⑤ 赵德成:《中小学学生评价改革的思路与建议》,载《人民教育》2021 年第 6 期,第 41 - 43 页。

学率评价学校办学绩效和水平的做法，引导学校转变育人方式、重视素质教育，激发办学活力，促进学校教育健康可持续发展。②从学校发展的视角来看，新时代教育评价改革就是要打破重点学校建设"终身制"的弊端，探索建立学校分类管理的动态评价体系和机制，鼓励各级各类学校科学定位、特色办学、争创一流，满足人民群众多元化的教育诉求与经济社会发展对人才多样化的需求。③从教师发展的视角来看，新时代教育评价改革就是要转变以学生分数和升学率来评价教师教学绩效的导向，更加注重教师师德素养的评价，引导教师注重提升专业水准和育人水平。④从学生发展的视角来看，新时代教育评价改革就是要转变"唯分数""唯升学"的应试教育倾向，遵循人才成长规律，促进学生德智体美劳全面而有个性的发展，促进学生个人发展目标与社会发展目标的统一。⑤从人才评价与选拔的视角来看，新时代教育评价改革要改变"唯文凭""唯论文""唯帽子"的评价标准，致力于建立基于综合评价的人才评价机制，建立以品德和能力为导向的人才选拔与使用机制。①

《总体方案》构建的新时代教育评价体系涵盖政府、学校、教师、学生、用人单位五大评价对象。新时代教育评价体系不仅是对教育教学的评价，还是对政府治理、学校办学、教师教学、学生学习、用人单位选人用人等全方位的评价，体现了推进教育治理体系现代化的价值取向。深化新时代教育评价改革，要发挥党委和政府的主导作用，落实学校的主体责任，重视教育利益相关者的多元参与，推进教育治理体系与治理能力的现代化建设。要贯彻落实《总体方案》，需要探索构建党委和政府提升履职水平、各级各类学校落实立德树人根本任务、教师潜心育人、学生全面发展、社会和用人单位科学选人用人的系统协调的教育评价机制。因此，不仅要求各级党委和政府坚持正确的政绩观，各级党委、政府及教育行政部门还要加强统筹协调，从制度设计、观念转变、资源投入、配套改革等层面系统推进，构建良好的教育生态。要贯彻落实《总体方案》，还需要充分发挥党委和政府领导下的教育督导部门在新时代教育评价中的主导作用，进一步强化学校的办学主体责任，并鼓励和引导专业机构与社会组织的多元参与，提高教育评价的科学化、专业化水平，促进教育治理体系和治理能力的现代化建设深入推进。②

---

① 钟秉林：《深化教育评价改革背景下高考综合改革的实施路径》，载《现代教育管理》2021年第8期，第1-8页。

② 钟秉林：《深化教育评价改革背景下高考综合改革的实施路径》，载《现代教育管理》2021年第8期，第1-8页。

第二节　学校本位的教师教学能力发展

从历史角度看，教师专业发展源于并镶嵌于教师专业化，教师专业发展是教师个体提升专业能力的过程，经历了从国家本位教师专业化走向学校本位教师专业发展的历程。①

一、学校本位发展的基本内涵

自20世纪80年代以来，随着新管理主义、新自由主义以及新一轮教育改革的兴起，学校本位作为课程开发、学校管理、教师发展、培训与评价的背景和修饰词开始广泛流行，同时作为一个重要的教育概念得以运用和推广。综观有关学校本位的概念，大致可以归为三种不同的理解：地理概念、政治概念和组织概念。②

（一）作为地理概念的学校本位

作为地理概念的学校本位，是国内比较流行和具有代表性的一种理解。作为地理概念的学校本位，主要是从词义上分析，"-based"最基本的含义是"基础""底部"。在具体的语言环境中，"-based"大致有四类用法：①表示"以……为基础"；②表示"通过……途径、方法"；③表示"在……地方"；④表示一种性质、状态。③ 学校本位可以界定为"基于学校，在学校中，为了学校"。"基于学校"意味着以学校为基础或中心，充分考虑学校的实际情况，依据学校可利用的资源开展各项工作；"在学校中"则强调学校是教育改进和发展得以发生的场所，学校中的问题应该由学校中的人来解决；"为了学校"

---

① 郑东辉：《学校本位教师专业发展的内涵解读》，载《教育发展研究》2011年第18期，第57-72页。
② 郑东辉：《学校本位教师专业发展的内涵解读》，载《教育发展研究》2011年第18期，第57-72页。
③ 丁伟红：《"校本"的内涵与要素》，载《教育理论与实践》2006年第1期，第46-49页。

即所有学校教育行为都是为了学校和学校中的人的发展。然而，多数情况下，强调学校本位的"场"的概念，关注学校作为物理空间的存在以及为学校教育提供各种发展可能，往往容易忽视学校中的"人"的主体地位。

（二）作为政治概念的学校本位

作为政治概念的学校本位观点，侧重考察在政府与市场博弈中学校的立场，重点关注以学校为基础的决策和行动，以及行使决策的权力来源和对行动结果负责的能力，赋权、决策、负责、增能是在政治层面考量学校本位的核心要素。强调学校本位，首先就要给学校的服务对象（学生）、学校中的教育者（教师以及其他利益相关者）带去幸福、创造价值，最终实现学校自身的发展，而不只是唯政府和家长是从。戴和萨克斯（C. Day & J. Sachs，2004）在讨论可持续教师专业发展（continuing professional development）时，提出了两种专业主义倾向：一是管理取向，二是民主取向。其中，管理取向强调制度驱动和外部控制，按改革议程推进，实现政治目的，坚持竞争和市场导向；民主取向强调专业驱动和规范，修正并推进改革进程，实现专业发展的目的，坚持合作和专业导向。对于可持续教师专业发展来说，民主取向更可取。[1]

（三）作为组织概念的学校本位

从学校的组织属性入手，把学校看作一个学习型组织，以学校为基础建立专业学习共同体（professional learning community），这是许多学者考察校本教师专业发展问题的切入口和关注点，其中，"把教师专业发展看作是教师学习的过程"的论调最为突出。组织层面的学校本位特别强调学校内部的组织变革，为教师发展提供扁平化、民主式的共同体文化氛围。但如果缺乏一定的权力和制度方面的支持和保障，这种变革就很可能成为一种理想或奢望。因此，在学校获取必要的专业权的背景下讨论学校内部的组织变革可能更现实。[2]

综上所述，以上三种理解分别代表了不同的学术立场。作为地理概念的学校本位，关注学校的存在和现场感，强调学校作为基地的重要性；作为政治概念的学校本位，关注学校专业权力的获取和运用，强调学校经营的市场逻辑；作为组织概念的学校本位，关注学校作为学习型组织的应有表现，强调学习共

---

[1] DAY C, SACHS J. Professionalism, performativity and empowerment: Discourses in the politics, policies and purposes of continuing professional development. In DAY C, SACHS J. International handbook on the continuing professional development of teachers. Maidenhead: Open University Press, 2004: 3 – 32.

[2] 郑东辉：《学校本位教师专业发展的内涵解读》，载《教育发展研究》2011 年第 18 期，第 57 – 72 页。

同体中的人的发展。毋庸置疑，只有把这3种理解联系起来，才能揭示学校本位的本质。综合起来，学校本位的教师专业发展就是学校运用专业权力，自主配置教师专业发展所需要的资源，为教师提供专业服务。学校本位的教师专业发展是以学校为基地，以建构学习共同体为载体，学校自由支配各种教育资源，为学生、教师和学校的发展谋福祉，并为发展的结果负责。①

二、校本教研：教师教学能力发展的重要路径

（一）校本教研的背景

在国外，校本教研是伴随着校本运动的开展而兴起的；校本运动的兴起，是因为人们对教育领域与工业化社会相匹配的"工具和技术理性不满"，主张回到教育实践。20世纪70年代前后，著名学者如美国的施瓦布（J. Schwab）、英国的斯登豪斯（L. Stenhouse）和埃利奥特（J. Elliott）、澳大利亚的凯米斯（S. Kemmis）等人在这场"回归实践"运动中做出了重大贡献。斯登豪斯认为："教师是课堂的负责人，从实验主义的立场看，课堂是检验教育理论的理想的实验室，而教师则是课堂和学校的潜在的实际观察者。因此，无论从哪个角度来理解'研究'，我们都很难否认教师拥有大量的研究机会。我们应该承认，每一个课堂都是一个实验室，每一位教师都是教育科学研究的成员。"②"这种理念使得教育研究逐渐直指学校教育问题，致力于实践界的课程与教学研究，鼓励教师去面对和解决自己专业生活中的实际问题，唤醒学校的自主和自治意识"③。因此，校本运动的发展是与学校自主和自治意识的觉醒、教师专业化的发展密切联系在一起的，校本教研是实现学校自治和教师专业化发展的一个重要途径。

校本教研的兴起与国际社会教师专业化的诉求密不可分。教师专业化是指教师"个人成为教学专业的成员并且在教学中具有越来越成熟的作用这样一

---

① 郑东辉：《学校本位教师专业发展的内涵解读》，载《教育发展研究》2011年第18期，第57–72页。

② 高慎英、刘良华：《论"教师成为研究者"：斯登豪斯及其"人文课程研究"》，载《外国教育研究》2006年第29卷第6期，第53页。

③ 吕敏霞：《中美校本教研比较研究》（博士学位论文），华东师范大学2008年，第2页。

个转变过程"①，因此，"从本质上来说教师专业发展即教师通过不断的学习和探究掌握特定的教育教学技能，培养处理专业问题的能力如课程开发、教学设计、课堂教学组织等方面的能力的过程"②。1996年，国际劳工组织和联合国教科文组织提出了《关于教师地位的建议》，首次以官方文件的形式对教师专业化做出了说明，提出"应把教师工作视为专门的职业，这种职业要求教师经过严格地、持续地学习，获得并保持专门的知识和特别的技术"③。自此，教师专业化日益引起世界各国的重视，很多国家通过立法、编制专业文件等方式来强调教师专业化和教师专业发展的重要性。显然，教师校本教研的过程即培养专业技能和实现专业发展的过程，校本教研是实现教师教学能力发展的有效途径。

我国的校本教研是随着新课程改革的推行而逐渐兴起的。2001年6月，教育部印发《基础教育课程改革纲要（试行）》，指出要"改变课程管理过于集中的状况，实行国家、地方、学校三级课程管理，增强课程对地方、学校及学生的适应性"，"学校在执行国家课程和地方课程的同时，应视当地社会、经济发展的具体情况，结合本校的传统和优势、学生的兴趣和需要，开发或选用适合本校的课程"。④ 为贯彻落实《国务院关于基础教育改革与发展的决定》（以下简称《决定》）和《基础教育课程改革纲要（试行）》，教育部于2001年7月印发《开展基础教育新课程实验推广工作的意见》，明确提出要"形成与新课程实施相适应的教学管理制度。逐步建立以学校为基地的教学研究制度，鼓励广大教师从自身教学实践出发，提出问题，研究问题，促进教师的专业发展"⑤。2003年3月，教育部印发了《普通高中课程方案（实验）》，在"课程的实施与评价"中明确要求"学校应建立以校为本的教学研究制度，鼓励教师针对教学实践中的问题开展教学研究，重视不同学科教师的交流与研讨，建设有利于引导教师创造性实施课程的环境，使课程的实施过程成为教师专业成长的过程。学校应与教研部门、高等院校等建立联系，形成有力推动课

---

① 教育部师范教育司编：《教师专业化的理论与实践（修订版）》，人民教育出版社2003年版，第45页。

② 吕敏霞：《中美校本教研比较研究》（博士学位论文），华东师范大学2008年，第2页。

③ 教育部师范教育司编：《教师专业化的理论与实践（修订版）》，人民教育出版社2003年，第3页。

④ 中华人民共和国教育部：《教育部关于印发〈基础教育课程改革纲要（试行）〉的通知》，见中华人民共和国教育部网（http://www.moe.gov.cn/srcsite/A26/jcj_kcjcgh/200106/t20010608_167343.html）。

⑤ 中华人民共和国教育部：《教育部关于印发〈开展基础教育新课程实验推广工作的意见〉的通知》，见中华人民共和国教育部网（http://www.moe.gov.cn/srcsite/A26/moe_714/200107/t20010716_167350.html）。

程发展的专业咨询、指导和教师进修网络"①。自此，我国校本教研制度正式确立。

综上所述，校本教研与课程改革一直处于相互推动、彼此成全的关系。校本教研需要新的课程方案、课程标准提供研究的主题和改革的依据。而课程改革则需要通过校本教研的方式推进教师的教学观念转变和教学行为转变。课程改革需要借助校本教研将理想的方案落实到课堂教学，校本教研甚至成为决定课程改革成败的关键。②

（二）校本教研的内涵

严格意义来说，校本教研是中国教育领域的一个专门词语，在国外的教育研究文献资料中找不到与中国的"校本教研"直接对应的如"school-based teaching research"或"school-based instructional research"的字眼。比如，美国的校本教研情况散见于"校本行动研究"（school-based action research）、"基于课堂的行动研究"（classroom-based action research）或"以课堂为中心的行动研究"（classroom-focused action research）、"基于实践者的探究"（practitioner-based enquiry）、"以实践者为中心的探究"（practioner-centered enquiry）、"基于（所在）机构的教师研究"（institution-based/site-based teacher research）、"教师即研究者"（teacher as researcher）、"反思性实践者"（reflective practitioner）、"反思性教学"（reflective teaching）等内容中。③

校本教研又称校本教学研究、以校为本的教学研究、基于学校的教学研究、校本研修或校本教学研修等。"校本"，意即"以校为本"，强调要重视学校自身的力量，让学校自主发展学校的事务。其基本内涵有三个方面：一是"为了学校"。即学校自身应成为发展的中心和根本，学校的一切办学和改革措施要有利于学校自身的发展。二是"基于学校"。即为了学校发展所制定的目标、采取的措施要基于学校自身实际的状况与可利用的教育资源，学校中的教师是校本发展的主力军。三是"在学校中"。即"为了学校"与"基于学校"要得以实现，必须通过学校的教育教学活动将目标与措施付诸实践，在不断改进、改善学校的各项事务中促进学校的发展。④

---

① 中华人民共和国教育部：《教育部关于印发〈普通高中课程方案（实验）〉和语文等十五个学科课程标准（实验）的通知》，见中华人民共和国教育部网（http://www.moe.gov.cn/srcsite/A26/s8001/200303/t20030331_167349.html）。

② 刘良华：《课程改革与校本教研的三个方向》，载《全球教育展望》2022年第5期，第117-128页。

③ 吕敏霞：《中美校本教研比较研究》（博士学位论文），华东师范大学2007年，第10页。

④ 姜丽华：《校本教研：内涵、特征及其价值》，载《教育科学》2004年第6期，第35页。

校本教研的研究主体是学校的广大教师，研究的目的在于改进教师的教学。校本教研强调教师研究自己的问题、自己亲自研究问题，强调研究是为了自己的教学；教学研究是从学校内部开展起来的，研究共同的问题有利于促进"自下而上"与"自下而上"两种教研机制的形成，从而使教学研究更富有成效。①

从国内外校本教研的新进展以及新的课程方案对校本教研的要求来看，有效的校本教研主要有三个方向：一是校本教研与校本培训的整合，让教师由课程改革的旁观者变为课程改革的参与者，让教师在参与式学习中接受和理解新的课程方案和课程标准，实现教师的观念转变并形成课程改革的共识。二是课例研究与有效教学的整合，强化教学设计、教学行动和教学评价，通过"一课多反思"或"同课异构"的方式，提升教学的有效性。三是课例研究与教育技术的整合，使传统的校本教研转向基于视频图像的课例研究。视频图像分析既为课例研究提供视频证据，同时也使传统的定性评课转向叙事评课，使教师本位的课例研究转向关注课堂话语分析的课例研究。②

（三）校本教研的要素③

教师个人、教师集体、专业研究人员是校本研究的三个核心要素，他们构成了校本研究的三位一体关系；教师个人的自我反思、教师集体的同伴互助、专业研究人员的专业引领是开展校本研究和促进教师专业化成长的三种基本力量，缺一不可。④

1. 自我反思是校本教研的前提

"校本教研的开始源于某一教育教学问题的出现以及教师计划解决这一教育教学问题的打算，而教育教学问题的出现并不是教师杜撰出来或凭空抓住的，而是要依靠教师对个人的教育教学实践的反思。"⑤"反思的本质是一种理解与教学实践之间的对话，是这两者之间相互沟通的桥梁，也是理想自我与现实自我在心灵上的沟通。"⑥ 教学反思是教师对自己的教学活动、学生的学习活动以及由此产生的结果进行审视和分析的过程。因此，教学反思不是一般意

---

① 姜丽华：《校本教研：内涵、特征及其价值》，载《教育科学》2004年第6期，第35页。
② 刘良华：《课程改革与校本教研的三个方向》，载《全球教育展望》2022年第5期，第117 - 128页。
③ 胡中锋、许世红：《校本评价方法与案例》，广东高等教育出版社2011年版，第115页。
④ 余文森：《自我反思 同伴互助 专业引领：以校为本的教学研究的三个基本要素（一）》，载《黑龙江教育（综合版）》2003年第10期，第18 - 19页。
⑤ 吕敏霞：《中美校本教研比较研究》（博士学位论文），华东师范大学2008年，第32页。
⑥ 余文森：《自我反思 同伴互助 专业引领：以校为本的教学研究的三个基本要素（一）》，载《黑龙江教育（综合版）》2003年第10期，第18 - 19页。

义上的"回顾",而是反省、思考、探索和解决教学过程中存在的问题,具有研究性质,是校本教研最基本的力量和最普遍的形式。

教师的自我反思被认为是教学创新的动力。在实际的教学活动中,教师的反思可分为教学前、教学中和教学后三个阶段。在教学前进行反思,这种反思具有前瞻性,能使教学成为一种自觉的实践,并能有效地提高教师的教学预测和分析能力;在教学中进行反思,即及时、自动地在行动过程中反思,这种反思具有监控性,能使教学高质高效地进行,并有助于提高教师的教学调控和应变能力;在教学后的反思——有批判地在行动结束后进行反思,能使教学经验理论化,并有助于提高教师的教学总结能力和评价能力。通过反思与研究,教师才能不断更新教学观念、改善教学行为、提升教学水平,形成自己对教学现象、教学问题的独立思考和创造性见解,从而提高教学工作的自主性和目的性,克服被动性、盲目性。实践证明,教学与研究相结合、教学与反思相结合,还可以帮助教师在劳动中获得理性的升华和情感上的愉悦,提升自己的精神境界和思维品位,从而可以改变教师自己的生活方式,使教师能够体会到自己存在的价值与意义。[1]

教师教学实践中的反思不完全是个人内省。反思一方面必须借助于语言符号,使之具有可沟通、可对话、可讨论的性质;另一方面则强调参与的教师与其他相关者(同伴、专家)直接的交互批判、思考与共鸣,使之在平等与自由沟通的条件下相互启发、共同成长。换言之,它是一种教师从已有的经验中学习,在已有经验基础上形成新的经验,获得新的认识的过程;是"已成的我"和"现在的我"的对话,是努力摆脱"已成的我",不断获得新生的发展的过程。[2]

教师进行自我反思时,往往容易满足于以日常经验解决自己的教育教学问题。"由于缺乏必要的追究与设计,那些日常的教学问题虽然不断地被解决,教师却很难从整体上转换自己的教学观念,改变自己的教学行为。"[3] 在教学反思中,教师要善于捕捉关键问题,并对这些关键问题保持关注,通过一系列的课堂教学设计与课堂观察,不断与同伴、校外专家以及理论书籍等进行对话,寻找、确定并评价解决问题的基本思路和方法,从而走向"问题—设计—行动—反思……"的校本行动研究之路。"校本行动研究是一种持续的、系统的反思改进过程,教师的教学反思只有从简单的经验回顾上升到行动研究,才能从根本上转换自己的教学观念,改进自己的教学行为,提升自己的教

---

[1] 余文森:《自我反思 同伴互助 专业引领:以校为本的教学研究的三个基本要素(一)》,载《黑龙江教育(综合版)》2003年第10期,第18-19页。

[2] 郑慧琦、胡兴宏:《教师成为研究者》,上海教育出版社2004年版,第14页。

[3] 刘良华:《怎样做"校本教学研究"》,载《人民教育》2003年第5期,第31-33页。

师智慧，促进自己的专业成长。"①

2. 同伴互助是校本教研的灵魂

就校本研究发挥作用的机制而言，必须是教师集体的研究，唯有教师集体参与的研究，才能形成一种研究氛围和研究文化，成为学校教师的一种共同生活方式，这样的研究才能真正提升学校的教育能力、问题解决能力。只停留在教师个体身上的研究，虽然教师的教学行为也会产生一时的变化，但这种变化难以持久，个别教师的行为也难以转化为群体教师的行为。所以，校本研究常常体现为一种集体协作，体现为教师之间的合作研究与共同成长。可以说，同伴互助和合作文化，是校本研究的标志和灵魂。

国外的校本教研往往围绕同伴互助展开，目的是迅速提高新任教师的专业能力，稳定教师队伍。② 同伴互助，可以使教师的直接经验得以集中并共享，教师在展示经验的同时，同伴间既能吸收有效的经验，又能生成自己的新思想。有研究表明，同伴间闲聊是教师最经常采用的解决困扰自己的教学难题的方式。需要强调的是，同伴互助不能只局限于同一科组或水平相近的教师之间，否则只能产生"萝卜炒萝卜还是萝卜"的效果，应鼓励骨干教师、优秀教师与新入职教师"结对子"，定点帮扶，充分发挥优秀教师的示范带动作用。教师群体共同解决教学实践的问题，互相学习，扬长避短，以实现教师群体的共同发展。校本教研强调科学精神和求实态度，学校要培植学术对话和学术批评的文化，营造民主的、开放的研修气氛，避免话语霸权，提倡学术对话，尤其要注重对不同思想观点的宽容、鼓励与支持。

同伴互助缺乏源于教学实践的共同问题，或者缺乏互相信任的支持性环境以及团队学习的技能，所以现实中的同伴互助往往停留在经验交流的层面，其实效性有待提高。要充分发挥同伴互助促进教师专业发展的功能，学校就应该创建学习型组织，加强教师的专业合作。教师的专业合作既是一种精神层面和思想状态的改变，也是一套技能和实践方法。③"不具备合作技能的学习型组织，在交流中常未能坦然面对问题而绕着主题的边缘说话，导致交谈常常在没有明确行动方针、无法解决问题的情形下结束。"④"最终的结果是产生奇妙的'开放的封闭'现象，每一个人都觉得他有权发表他的看法，然而却没有人真

---

① 杨静：《中小学校本培训实施现状调查：以广州市为例》，载《教育导刊》2007 年第 8 期，第 24-27 页。
② 吕敏霞：《中美校本教研比较研究》（博士学位论文），华东师范大学 2008 年，第 32 页。
③ 杨静：《中小学校本培训实施现状调查：以广州市为例》，载《教育导刊》2007 年第 8 期，第 24-27 页。
④ 顾泠沅、王洁：《校本教研：从制度建设到聚焦课堂》，载《人民教育》2007 年第 19 期，第 45-47 页。

正在倾听和反思。相互间漫无目标的谈话，取代了真正的沟通与深度会谈。"①因此，学习型组织的建设需要培养成员的合作技能。培养教师的合作技能，首先必须培养"交谈美德"，包括容忍、耐心、尊重差异和聆听的意愿；其次，需要让教师掌握一些对话技术和解决问题的技能，包括公开自我、倾听回应的技能以及问题的梳理和建构性连接的技能。②

3. 专业引领是保障校本教研质量的必要条件

校本教研是一种理论指导下的实践性研究，理论指导、专业引领是校本教研得以深化发展的重要支撑。其中，专业引领是指专家为教师开展校本培训提供的必要的帮助和指导。这里所说的"专家"，既包括大学或研究机构的专业研究人员、各级教研室的教研员，也包括中小学教师中的骨干教师。专家在校本教研的角色是"帮助者""指导者"和"引领者"。校本教研在"本校"展开，围绕"本校"的事实和问题进行，但若离开了专业研究人员等"局外人"的参与，就会自囿于同水平反复，从而导致形式化、平庸化。因此，专业引领是校本研究向纵深可持续性发展的关键。

专业引领就其实质而言，是理论对实践的指导，是理论与实践之间的对话，是理论与实践关系的重建。专业引领就其形式而言，主要有学术专题报告、理论学习讲座、教学现场指导、教学问题咨询，以及专业研究人员参与中小学教师的课题研究等。每一种形式都有其特定的功用，有助于达到某种目的，但就其促进教师专业化成长而言，教学现场指导是最有效的形式，也是最受教师欢迎的形式。实践证明，专业研究人员与教师共同备课（设计）、听课（观察）、评课（总结）等，对教师的教学能力提升帮助最大。③

有效的专业引领应是基于问题解决的专业引领，问题的解决需要时间和过程，因而校本培训需要得到持续、系统的专业引领。专业研究人员应以倾听和对话的方式深入中小学的教育实践现场，跟一线教师一起去发现有价值的问题，并携手开展研究，共同制定解决问题的方案，引导一线教师在"听中学"（比如听讲座）、"看中学"（阅读文本或观察课堂教学）、"听（看）后做"（在自己的实践中内化、践行或改进他人的理论或经验）、"做中学"（在自己的教学实践中不断进行反思和改进）、"做后说（写）"（养成良好的反思提炼及发布经验、成果的习惯）。④

---

① 杨静：《教师专业合作的困境与出路》，载《教育学术月刊》2010年第10期，第56—59页。
② 顾泠沅、王洁：《校本教研：从制度建设到聚焦课堂》，载《人民教育》2007年第19期，第45—47页。
③ 余文森：《自我反思 同伴互助 专业引领：以校为本的教学研究的三个基本要素（二）》，载《黑龙江教育（综合版）》2003年第11期，第13页。
④ 杨静：《中小学校本培训实施现状调查：以广州市为例》，载《教育导刊》2007年第8期，第24—27页。

专业研究人员要尊重教师的知识背景、生活经历和个人经验，保障教师的选择权、参与权、话语权及批判权，鼓励教师用自己的"个人化语言"或"实践性语言"讲述自己的教学故事，实现理论知识与实践智慧的良性互动，促进教师的专业成长及学校工作的改进，也使专业研究人员获得超越理论、创新理论的丰富资源，从而促进指导专家与一线教师的共同发展。[①]

（四）校本教研的主要范式

1. 行动研究

校本教研是教学与反思、研究相结合的一种实践性的研究，其研究主体是教师。校本研究的问题产生于教学实践，研究的问题具有微观性和特殊性，是学校中具体的实践问题。其研究的方法和形式的灵活性更强。研究的目的服务于教学实践，在改进实践、提高教学水平的同时提高教师的教学和研究能力。因此，校本教研的主要研究范式是"行动研究"，是一种"自下而上"的应用性研究。

校本教研的本质是教师开展行动研究，其研究的问题源于自己的生活实践。[②] 行动研究是指教师为了解决教育教学领域中的实际问题，在自己的工作场域中与专家合作，在其帮助和指引下，运用各种研究方法和技术进行系统的研究，以达到解决问题的目的。20世纪四五十年代，美国哥伦比亚大学米尔（A. Miel）等人采用行动研究的方法帮助中小学教师在他们的课堂教学中使用"合作学习策略"；科里（S. M. Corey）和弗谢（A. Foshay）关注在整个学校和学区里开展合作性行动研究。[③] 自此，行动研究法在教育领域中的运用范围日益扩大。20世纪80年代，凯米斯提出行动研究的过程，即"计划—行动—观察—评价—再计划……"的循环过程，这一过程被称为"凯米斯程序"。"凯米斯程序"成为行动研究文献中的经典性表述，它强调"在行动中"研究、在"观察"中进行资料收集、在评价中进行反思以及"计划—行动—观察—评价—再计划……"的螺旋循环和无止境探索过程。

借鉴"凯米斯程序"，校本行动研究包括以下五个步骤：①确定研究问题，研究问题源于课堂教学、学校教育困境、教育教学改革推进中的难题等。②计划或设计问题解决方案，并充分考虑其可行性。③实施计划，即实践者和研究者按照所设计的方案开展行动。④观察计划实施的过程，收集相关的数

[①] 杨静：《中小学校本培训实施现状调查：以广州市为例》，载《教育导刊》2007年第8期，第24－27页。

[②] 吕敏霞：《中美校本教研比较研究》（博士学位论文），华东师范大学2008年，第13页。

[③] 参见刘良华《校本行动研究》，四川教育出版社2002年版，第7－8页。

据、信息与资料。此观察主要指对行动过程、结果、背景以及行动者特点的观察，既可以是行动者本人借助于各种有效手段对本人行动的记录观察，也可以是其他人的观察。① ⑤评价和反思整个活动过程。评价和反思过程既是行动研究第一个循环的结束，也意味着新的行动研究循环的开始。评价和反思大体涉及两个方面：一是对整个行动过程的系统描述，即勾勒出从确定问题到制定计划、从采取行动到实施观察的整体图景；二是对行动研究的过程和结果进行判断和评价，并对有关现象和原因做出分析和解释，找出计划与结果的不一致性，进而确定原有的研究问题、研究计划和下一步的计划是否需要做出修正，以及需要做出哪些修正。②

行动研究是一个不断展开的螺旋过程，没有终点。③ 校本行动研究以解决问题、改进实践为目的，研究与行动相结合，研究者和实践者组建"共同体"。校本行动研究强调的是"行动者的研究"，而不是"研究者的行动"。④ 教师通过审视工作的实践，拟定课题，设计行动方案，以提高行动质量、改进实际工作为首要目标，在工作中将研究过程与行动过程相结合，边改进边反思，同时公开自己的研究过程与结果，以得到专家和同事的帮助。因此，教育的行动研究集合了校本教研实践反思、同伴互助、专业引领三大要素，它使得教师不仅有开展行动的心理愿望，更有积极的、有计划的行动，并且为了使行动顺利进行而主动去获取多方的支持和帮助，从而不断促进自身的成长。"虽然不再强调研究成果的普适性，但是行动研究依然坚持研究的内在效度，对研究者的素质提出了更高的要求。"⑤

2. 课例研究⑥

"校本教研的基本模式是课例研究。从国内外的校本教研的新进展以及新的课程方案对校本教研的要求来看，校本教研及其课例研究主要体现为三个方向：一是校本教研与校本培训的整合，走向基于教师学习的课例研究。二是课例研究与有效教学的整合，走向基于教学设计的课例研究。三是课例研究与教育技术的整合，走向基于视频图像的课例研究。"⑦

走向基于教师学习的课例研究。课程改革背景下的校本教研需要围绕课程方案展开相关的教师学习或教师培训。课程改革以及与之相关的校本教研需要

---

① 第尚志：《校本教研指导》，首都师范大学出版社2004年版，第116页。
② 郑金洲：《教师如何做研究》，华东师范大学出版社2005年版，第83页。
③ 吕敏霞：《中美校本教研比较研究》（博士学位论文），华东师范大学2008年，第15页。
④ 陈向明：《在行动中学作质的研究》，教育科学出版社2003年版，第14页。
⑤ 胡中锋、许世红：《校本评价方法与案例》，广东高等教育出版社2011年版，第118-119页。
⑥ 刘良华：《课程改革与校本教研的三个方向》，载《全球教育展望》2022年第5期，第117-128页。
⑦ 刘良华：《课程改革与校本教研的三个方向》，载《全球教育展望》2022年第5期，第117-128页。

以教师学习或教师培训为前提。校本教研的重要作用在于教师的角色转换，使教师由课程改革的旁观者转变为课程改革的参与者。因此，《义务教育课程方案（2022 年版）》明确提出要"加强培训"，学校要组织教师参与各级各类课程、教材、教学、考试评价培训。[1] 校本教师学习或校本教师培训的基本单位是学校。校长的责任就是组织本校教师围绕课程方案展开专题学习。课程方案是跨学科的课程与教学改革方案，它所倡导的新观念适用于所有学科。我们一般将与之相应的校本学习或校本培训称为"通识培训"，也可称之为跨学科学习或跨学科培训。通过跨学科学习或跨学科培训，校长需要引领教师形成跨学科的有效教学评价标准和校本课程开发的基本思路。除了跨学科学习或跨学科培训，校长也需要以学科为单位，组织学科教师形成学习共同体，学习并讨论新的课程标准。[2]

走向基于教学设计的课例研究。校本教研的具体过程一般体现为两轮以上的行动研究。一般认为，行动研究的过程往往分为"计划—行动—观察—反思"以及"再计划—再行动—再观察—再反思"的螺旋循环的步骤。[3] 其实，行动研究的关键环节有三个：教学设计、教学行动和教学评价。这三个环节中的每一个环节都很重要，每一个环节的背后都隐含了课例研究与有效教学的整合。教师设计的前提是教师学习，教师学习的目的在于使教师接受并理解课程方案和课程标准的新观念，使教师形成有关教学改革的共识。但有效的教师学习不仅需要学习课程方案和课程标准，形成课程改革共识，而且需要教师通过教学设计，形成教学改革的行动方案（教案）。作为校本教研基本模式的课例研究虽然是对传统的公开课的改造，但课例研究比一般意义上的公开课更重视教学设计中的专业引领、教学行动中的即兴教学以及教学评价中的新听课评课文化。

走向基于视频图像的课例研究。基于视频图像的课例研究是课例研究与现代教育技术的整合。视频图像分析既是课例研究的工具，也有超越工具价值的知识贡献。其知识贡献主要指向新的叙事评课模式和课堂话语分析。视频图像分析可以改变课例研究中的听课、评课方式，使传统的"定性评课"转向"叙事评课"。与传统的定性评课相比，基于视频图像的叙事评课强化了教学事实和证据意识，是"基于证据的评课"或"循证评课"。叙事评课重视课堂里发生的教学事实或教学现象，在事实证据的基础上得出某个结论或引出相关

---

[1] 中华人民共和国教育部：《义务教育课程方案（2022 年版）》，北京师范大学出版社 2022 年版，第 15 页。

[2] 刘良华：《课程改革与校本教研的三个方向》，载《全球教育展望》2022 年第 5 期，第 117 - 128 页。

[3] KEMMIS S, MCTAGGART R. The action research planner. Victoria：Deakin University Press，1981：4.

的教学理论；提倡"寻找教师的优点"，也不拒绝提出教学改进的方向。视频图像分析的知识贡献不仅在于它使传统的定性评课走向叙事评课，而且在于它使课例研究中的评课由传统的关注教师的教转向关注学生的学，并由此发展出"课堂话语分析"这个新的研究视角和研究范式。

第三节 教师教学能力发展的行动自觉

教师教学能力的发展离不开教师的参与，如果教师自己不想发展，无论外部如何推动，都是无济于事的。因此，真正把教师专业发展的主动权还给教师，是教师专业发展实现内涵发展的重要保障。正如格伦迪和鲁滨孙（S. Grundy & J. Robinson）所言，教师专业发展有两个推动力：一是来自系统的推动力，包括学校和社会等因素的影响；二是个体自身的推动力，受到教师生涯发展阶段和生活经验的影响。[①] 当这两个推动力形成一股合力时，教师的教学能力才会得到不断提升。

一、提升教学能力发展的内驱力

政府和学校应责无旁贷地担负起培养和促进教师教学能力发展的责任，创造条件，加强培训；教师教育机构也应加强改革，提高培养培训的质量，为教师教学能力的发展提供优质的服务。当然，要把这种可能变为现实，则更需要教师自身转变观念，提高教学能力发展的意识和意志，进行不懈的实践和努力。"教师不能一味地等待外在力量为教学能力发展提供一个很好的平台和环境，而必须积极主动地克服困难，实现自主发展。""有基于强烈自主发展需求和意愿的发展才有可能是持续的、自由的和创新的。"[②] "教师专业发展的理想期待是遵循教师成长的客观规律，激励教师不断提高内在素养，避免或克服

[①] GRUNDY S, ROBINSON J. *Teacher professional development: Themes and trends in the recent Australian experience*. In DAY C, SACHS J (eds). International handbook on the continuing professional development of teachers. Maidenhead: Open University Press, 2004: 146-166.

[②] 王宪平：《课程改革视野下教师教学能力发展研究》（博士学位论文），华东师范大学2006年版，第156页。

以职业倦怠为特征的"职业高原期",努力朝卓越教师的目标迈进。"①

努力提升教师教学能力发展的内驱力,是促进教学能力发展的内在的也是最为根本的因素。"任何教育改革都需要新的技能、能力、热忱、动机、信念和洞见,只靠命令是不够的。教师不是技术员,没有命令能令他改变,没有命令能强迫他有不同的想法或发展新的技能。"② 明确发展目的,转变教学观念,是真正激发和提高教师发展教学能力的意识和动力的前提。具备迎接挑战、适应变化的环境、具有抗逆能力、持续自我反思的素质等,是决定一个教师避免进入"职业高原期"或者面临"职业高原期"时在身心和正向发展方面积极努力并且迈向卓越的关键。

加强教师身份认同,可以提升教师发展的内驱力,促进教师自主专业发展。身份认同就是关于"我是谁""我与世界是什么关系"的问题;也是关于"可能的自我"的问题,即"我会成为什么人""我想成为什么人"以及"我怕成为什么人"等问题。③ 教师身份认同还涉及教师对教师职业和教师生涯的看法、态度和观念等。④ 积极的教师身份认同,能够让教师对其所从事的工作产生一种内在的兴趣,并能够从中找到乐趣,是教师努力做好本职工作并不断开拓进取的心理基础。教师在获取身份认同后,才会对自己的专业发展保持一种自觉的状态,主动寻找各种助力自身专业发展的资源和凭借,不断追求并及时调整自己的专业发展行为,从而最终达至理想的教师专业发展的境界。"教师的发展需要实现一种内在转变,更需要把教师作为主体的自身实践活动看作是教师发展的根本动力。因为,教师的实践活动包含了教师内在的需求、能动认识和选择。这也意味着教师的发展将不再仅仅是一种社会的要求,也是一种自我实现与超越。"⑤

---

① 岳欣云:《教师发展的最高境界:教师生命自觉》,载《华东师范大学学报(教育科学版)》2018年第36卷,第2期,第117-158页。
② 肖川:《教育的理想与信念》,岳麓书社2002年版,第104页。
③ 汪明帅:《"被发展"到自主发展:教师专业发展的现实挑战与可能对策》,载《教育研究》2011年第7期,第1-6页。
④ 黄景:《教师身份·教师能动·教师自主:二十年从教经历的反思》,载《教育学术月刊》2010年第8期,第27-31页。
⑤ 张勇:《在路上,教师以怎样的姿态前行》,载《教育科学研究》2010年第4期,第76页。

二、积极进行教学改革实践

（一）基于大概念，实施单元整体教学

在工业时代向信息时代转型的背景下，素养导向的课堂变革应时而生。素养导向的课堂变革之根本在于转变教学目标，通过从教授专家结论转向培养专家思维，提升学生解决真实性问题的素养。①

1. 何谓基于大概念的单元整体教学设计

"单元设计既是课程开发的基础单位，也是课时计划的背景条件。"② 目标是单元整体教学的首要问题，也是"整体"的内涵，"'整体'是一种思维方式，意味着教师在教学活动中必须从教学目标出发，统揽全局"③。这里所说的单元"既包括在集中一段时间内教学的单元，也包括不集中时间教学、分布在各个不同的学段和学时中，但指向同一个（组）大概念的单元"④。

当前，单元整体教学的难点在于如何将素养落实到单元中，以何作为统合单元整体教学的具体目标，于是，理论界和实践界都不期而同地将目光聚焦到"大概念"这一主题之上。⑤ "大概念"是将素养落实到具体教学中的锚点，是指反映专家思维方式的概念、观念或论题，具有生活价值。理解大概念有助于达成高通路迁移，形成具体与抽象交错的复杂认知结构，不仅可以打通跨学段、跨学科的学习，而且能解决学校教育和真实世界相阻隔的问题。⑥ 大概念的引入和应用为课程建设提供了新的视角，为转变知识本位的教学方式、架构学习内容及革新课堂教学实践提供了有价值和可操作的概念工具。从更高位的

---

① 刘徽：《"大概念"视角下的单元整体教学构型：兼论素养导向的课堂变革》，载《教育研究》2020年第6期，第64—76页。
② 钟启泉：《单元设计：撬动课堂转型的一个支点》，载《教育发展研究》2015年第24期，第1—5页。
③ 马兰：《整体有序设计单元教学探讨》，载《课程·教材·教法》2012年第2期，第23—31页。
④ 刘徽：《"大概念"视角下的单元整体教学构型：兼论素养导向的课堂变革》，载《教育研究》2020年第6期，第64—76页。
⑤ 刘徽：《"大概念"视角下的单元整体教学构型：兼论素养导向的课堂变革》，载《教育研究》2020年第6期，第64—76页。
⑥ 刘徽：《"大概念"视角下的单元整体教学构型：兼论素养导向的课堂变革》，载《教育研究》2020年第6期，第64—76页。

视野来看，大概念教学的引入和应用促进了育人方式的转变。①

大概念的理解与运用体现出核心素养的本质要求，促进学习迁移的大概念有助于落实核心素养。② 大概念的"大"的内涵不是"庞大"，也不是指"基础"，而是"核心"。③ 这里所讲的核心是指"高位"或"上位"，具有很强的迁移价值。大概念不仅要打通学科内和学科间的学习，还要打通学校教育与现实世界的路径，与未来的真实生活相关联，具有生活价值。大概念是有层次的，包括跨学科大概念和学科大概念，埃里克森和兰宁称之为宏观概念和微观概念。④ 跨学科大概念的层次一般比学科大概念高，可以包含下位的学科大概念，即使是同一层次的学科领域的大概念，也有层级之分。威金斯认为，大概念通常表现为一个有用的概念、主题，有争议的结论或观点、反论、理论、基本假设，反复出现的问题、理解和原则。大概念既来自具体情境，又能返回到具体情境中被应用；换言之，大概念的生成是"具体→抽象→具体"的循环过程。⑤ 课程标准、学科核心素养、专家思维、概念派生、生活价值、知能目标、学习难点、评价标准是大概念提取的8条路径。⑥

2. 围绕"大概念"的单元整体教学设计

撰写教案需要分析学情、陈述目标、预设学习活动、设计评价等，需要"一致性"地思考"目标—内容—实施—评价"等课程问题。⑦ 基于大概念的单元整体教学由目标设计、评价设计和过程设计三个关键步骤构成。推进单元整体教学要结合宏观和微观两种思维方式确定目标，在校准"学习性评价"和"学习的评价"的同时强调"学习式评价"，并以基本问题为主线贯穿"准备→建构→应用"的学习过程，引导学生持续思考。⑧

（1）教学目标设计。素养导向的课堂变革之根本在于转变教学目标，通

---

① 李凯、吴刚平：《为素养而教：大概念教学理论指向与教学意蕴》，载《比较教育研究》2022年第4期，第62-71页。

② 邵朝友、崔允漷：《指向核心素养的教学方案设计：大观念的视角》，载《全球教育展望》2017年第6期，第11-19页。

③ [美]格兰特·威金斯、杰伊·麦克泰格：《追求理解的教学设计》，闫寒冰、宋雪莲、赖平译，华东师范大学出版社2017年版，第73页。

④ [美]林恩·埃里克森、洛伊斯·兰宁：《以概念为本的课程与教学：培养核心素养的绝佳实践》，鲁效孔译，华东师范大学出版社2018年版，第26页。

⑤ 刘徽：《"大概念"视角下的单元整体教学构型：兼论素养导向的课堂变革》，载《教育研究》2020年第6期，第64-76页。

⑥ 刘徽：《"大概念"视角下的单元整体教学构型：兼论素养导向的课堂变革》，载《教育研究》2020年第6期，第64-76页。

⑦ 杨来恩、黄山：《清末民初中小学教授案的兴起及其价值》，载《基础教育》2017年第1期，第60-67页。

⑧ 刘徽：《"大概念"视角下的单元整体教学构型：兼论素养导向的课堂变革》，载《教育研究》2020年第6期，第64-76页。

过从教授专家结论转向专家思维，提升学生解决真实问题的素养。① 基于大概念理念的逆向教学设计，区别于传统教学设计"目标—教学—评价"的设计逻辑，其强调"目标—评价—教学"的设计逻辑。其目标设计也有别于传统教学强调知识、方法的学习，更注重使学生在单元（课时）学习后能够将所学知识迁移至新情境之中。运用大概念设计指向核心素养的教学方案，需要选择核心素养等既有目标，再从目标中确定大概念，并依托大概念形成一致性的目标体系，接着基于大概念的学习要求设计评价方案，最后围绕问题创设和组织学习活动。②

（2）教学评价设计。逆向设计的一个重要变化是将"评价设计"这一步骤提前，紧随"目标设计"之后。大概念教学最终指向的是学生能自主地解决真实世界的问题。与此相对应，斯特恩提出三种评价方式：学习性评价（assessment for learning），目的是为学习的推进收集证据；学习的评价（assessment of learning），目的是对阶段性的学习成果进行总结；学习式评价（assessment as learning），目的是让学生在学习中学会评价。如果对这三种评价方式进行分类，则会发现前两种是"对学习进行评价"，而后一种则是"对评价进行学习"。③

基于大概念的单元整体教学评价设计策略如下：首先，以目标校准"对学习进行评价"。"对学习进行评价"包括"学习性评价"和"学习的评价"，前者属于过程性评价，而后者则属于总结性评价。围绕大概念的单元整体教学，评价目标指向对大概念的掌握情况，与大概念的生活价值相呼应，强调要引入真实性任务（表现性任务），让学生将学校中所学的迁移至真实世界中去解决问题。其次，引导学生"对评价进行学习"。大概念教学格外强调"对评价进行学习"，要求师生不断质疑，超越自我。在学习过程中，教师必须关注学习式评价，尤其要强调对大概念迁移的自我评价。对此，斯特恩提出了四步法，即按照问题情境调用合适的大概念→激活对大概念的先验理解→考量大概念对于情境的适用程度→根据新情境修改和完善自己的理解。而教师则要在这个过程中不断对自己大概念的迁移情况进行评价和调整。④

（3）教学过程设计。学者们从不同角度对大概念的学习过程进行了研究和

---

① 刘徽：《"大概念"视角下的单元整体教学构型：兼论素养导向的课堂变革》，载《教育研究》2020年第6期，第64-76页。

② 樊洁：《普通高中教师如何理解"大概念"？》，载《全球教育展望》2022年第1期，第88-102页。

③ 刘徽：《"大概念"视角下的单元整体教学构型：兼论素养导向的课堂变革》，载《教育研究》2020年第6期，第64-76页。

④ 刘徽：《"大概念"视角下的单元整体教学构型：兼论素养导向的课堂变革》，载《教育研究》2020年第6期，第64-76页。

思考。威金斯提出了大概念学习过程的"WHERETO"七元素，即W——方向（Where）与原因（Why）、H——吸引（Hook）与保持（Hold）、E——探索（Explore）、体验（Experience）、准备（Equip）与使能（Enable）、R——反思（Reflece）、重审（Rethink）与修改（Revise）、E——评价（Evaluate）、T——定制（Tailor）、O——组织（Organize）。① 马歇尔提出了概念探究过程的七阶段，即参与、聚焦、观察、组织、概括、迁移、反思。② 综合威金斯和马歇尔关于过程设计的观点，可以将之归为"准备→建构→应用"三个阶段，即大概念的形成过程。③ 从具体与抽象的协同思维的角度来看，可以嵌入库伯（D. A. Kolb）提出的学习循环圈，即学习是一个从激活具体经验开始（准备），经历反思观察，达到抽象概念化（建构），再通过主动实验回到具体经验（应用）的一个循环往复的学习圈。④

至于大概念的教学实践，项目式学习、议题式教学、概念统领、论证式教学、合作学习是教师帮助学生建立大概念思维最常用的方式。因此，为了以大概念促成核心素养的落地，每个学科的教师均采用了不同的教学模式。虽然这些教学模式形式各异，但是它们包含了两个相同点，一是要以问题促使学生思考，二是要为学生提供思维的真实情境。⑤

（二）开展深度教学，寻求教学范式的转型

核心素养对课堂教学提出了新挑战，教师必须摒弃只关注知识表象记忆和机械运用的浅表教学，充分发挥知识在学生技能、思维、方法、情感等方面的综合育人价值，开展深度教学。⑥ 深度教学，是超越工具性教学与浅表层教学局限的一种教学理念，是对学生发展丰富性的回应，也是提升教学发展性的呼唤。深度教学是理解性的教学，关注学生对知识的深度理解；深度教学是反思性的教学，关注学生通过积极自我反思实现自我发展和意义建构；深度教学是

---

① ［美］格兰特·威金斯、杰伊·麦克泰格：《追求理解的教学设计》，闫寒冰、宋雪莲、赖平译，华东师范大学出版社2017年版，第220–247页。
② MARSCHALL C, FRENCH R. Concept-based inquiry in action: Strategies to promote transferable understanding. Thousand Oaks, CA: Corwin, 2018: 28–35.
③ 刘徽：《"大概念"视角下的单元整体教学构型：兼论素养导向的课堂变革》，载《教育研究》2020年第6期，第64–76页。
④ KOLB D A. Experiential learning: Experience as the source of learning and development. Englewood Cliffs, NJ: Prentice-Hall, 1984: 21.
⑤ 樊洁：《普通高中教师如何理解"大概念"？》，载《全球教育展望》2022年第1期，第88–102页。
⑥ 王芳芳：《课程知识观重构视野中的深度教学》，载《四川师范大学学报社会科学版》2021年第1期，第136–142页。

体验性的教学，注重学生的学习过程和学习体验。单元层面的目标设计更注重以学习者的学习结果为导向，指向实际生活内容，使目标更加准确、具体、可操作、可测量。①

1. 深度教学是理解性教学

教学是一种生活，是教师和学生的生活，理解与教学相伴而生。② 深度教学是在学生对知识、他人和自我关系理解的基础上，教师引导学生建构知识意义、丰富他我世界和自我世界、实现学生自我理解和精神成长的活动。

深度教学要求学生的理解包含以下五个方面的内容。第一，理解事物及其本质。即理解知识的符号，这是深度教学的起点与前提，理解事物及其本质是个体将外在的、符号化的客观知识转化为个体的个性化知识的过程。第二，理解逻辑及思想。个体对知识的学习，还应该理解知识产生、形成和存在的逻辑依据是什么，即理解知识的逻辑以及学科知识背后蕴含的丰富的学科思想。第三，理解关系及规律。"解释学探询'理解'，就是在本体论上探询人的存在，强调理解的主体性和创造性，注重人与历史、人与社会、人与文化、人与他人、人与自我的种种理解关系"③，学生不仅需要理解自身与历史、社会、生活、文化的关系，还需要理解知识产生、形成、变化和发展的规律。第四，理解他人及自我。深度教学要引导学生理解自我，以及自身与教师、同伴的关系；学生在理解义本的过程中理解了自我、人生和社会生活，实现了自我的理解和精神的生长，这就是新的意义世界。第五，理解意义及价值。深度教学要引导学生通过对知识的符号、逻辑、思想的理解，使知识真正走进学生的精神世界，进而引导学生理解知识的意义，使学生的生活充满意义，从而引导学生的人生发展。同时，深度教学还要引导学生理解各种价值观与价值现象，进而正确地处理不同世界观、人生观和价值观的冲突，避免因为知识和信息的急剧增长而导致的伦理与信仰的沦丧，避免人自身主体的沉沦与异化。④

2. 深度教学是反思性教学

深度教学注重引导学生通过符号知识的学习来反观自身，进而充分地认识自我、发展自我、超越自我，生成人生的意义。反思也是知识的自我意识性教育价值实现的重要方式，因此，反思性是深度教学的重要品质。首先，教师要引导学生积极地反思自我，具有反思性自我意识，以进一步深化对自我的认

---

① 伍远岳：《论深度教学：内涵、特征与标准》，载《教育研究与实验》2017 年第 4 期，第 58 – 65 页。
② 靳玉乐：《理解教学》，四川教育出版社 2006 年版，第 45 页。
③ 唐德海、马勇：《理解性教学理论的发生根源与逻辑起点》，载《广西师范大学学报（哲学社会科学版）》2003 年第 7 期，第 85 – 89 页。
④ 伍远岳：《论深度教学：内涵、特征与标准》，载《教育研究与实验》2017 年第 4 期，第 58 – 65 页。

识，增强对自我的理解，进而促进自我认知的发展，实现自我超越，赋予自身新的规定性；其次，教师要引导学生对自身在学习过程中的存在状态进行审视，在知识学习过程中，学生是否真正获得学习的自我感、意义感与效能感，是否通过知识学习获得知识对个体生命成长、人生发展的意义，是否体验了积极的情感和思维活动，这些都需要学生进行积极的反思；最后，教师要引导学生反思自身与知识的关系，通过知识学习，学生与知识之间的关系是对象占有关系还是双向互动关系，是价值无涉关系还是价值负载关系，是符号认知还是意义共生关系，也需要学生进行积极的反思。只有通过反思，教学才能真正进入学生的精神世界、生命世界和意义世界，这是深度教学的本质追求。①

3. 深度教学是体验性教学②

体验即经历、感悟、创造。注重学生的过程体验，是我国义务教育课程标准中的重要理念，体验也是非常重要的课程目标。学习者在学习中的过程体验就是个体知识建构的过程，是个体主观感受表达的过程，是个体内心情感流露的过程，亦是个体思维发展和意义生成的过程。深度教学是体验性的教学，这就要求教师尊重学生学习的过程属性，避免教学的"流程化"与"模式化"，要用复杂性思维、过程性思维和关系思维来看待学生的学习过程和教学过程，丰富学生的过程体验，实现教学的过程价值。③

深度教学注重引导学生体验学习过程中的各种关系、体验学习过程中的丰富情感、体验积极的思维活动，即关系体验、情感体验和思维体验。关系体验，是学生对知识学习过程中存在的各种关系的体验与感受，包括学生与教师的关系、学生与同伴的关系、学生与自我的关系、学生与学习内容的关系、学生与学习情境的关系等。情感体验，是学生对自身在知识学习过程中的情绪状态的态度、体验与感受。情感是学生知识学习的一条重要主线，个体在知识学习过程中需要体验丰富的情感，或热爱、厌恶，或愉悦、忧伤，或接纳、排斥，学生是否有积极的情感体验，直接影响着学生的学习状态和存在状态。思维体验，即学生在知识学习过程中对各种思维方式的经历与体悟。思维体验直接反映学生在知识学习活动中是否进行了积极的思维活动，是主动地思考还是被动地接受；学生思维活动的广度与深度，是反映学生知识学习质量的一个有效指标。深度教学以对知识的深刻解读为基础，力图实现学生的生活经验与教学活动的联结，让学生不仅获得事实性知识，更获得知识所蕴含的思想与文化

---

① 伍远岳：《论深度教学：内涵、特征与标准》，载《教育研究与实验》2017 年第 4 期，第 58 - 65 页。
② 伍远岳：《论深度教学：内涵、特征与标准》，载《教育研究与实验》2017 年第 4 期，第 58 - 65 页。
③ 伍远岳：《论深度教学：内涵、特征与标准》，载《教育研究与实验》2017 年第 4 期，第 58 - 65 页。

的浸润，培养学生的核心素养，这是深度教学的根本标准。①

（三）改革评价实践，探索表现性评价

要促进学生核心素养的落地，离不开相关评价的运用。一方面，评价是检测学生是否达到预期素养目标的重要手段；另一方面，评价能够引导课程与教学朝着有利于素养养成的方向改进。

1. 表现性评价内涵

在基于核心素养的课程改革背景下，教育评价亟待超越传统纸笔测试，推进表现性评价。表现性评价是直接对学生"能做什么"的行为表现进行评价，对核心素养的测评有着天然的适用性。不同于纸笔测试，"表现性评价关注的就是学生知道什么和能做什么，通过客观测验以外的行动、作品、表演、展示、操作、写作等更真实的表现来展示学生口头表达能力、文字表达能力、思维能力、创造能力、实践能力及学习成果与过程"②。表现性评价不仅能检测素养，更重要的是，表现性评价能够将课程、教学、评价三者相整合，一致地指向高阶复杂的学习目标，从而促进学生核心素养的养成。③

完整的表现性评价应包括三个核心要素：一是目标，即希望学生达成什么样的学习结果，往往是那些居于课程核心的、需要持久理解的目标；二是表现性任务，即学生需要完成的任务或作业，用于引发学生的相关表现，为目标是否达成提供直接证据；三是评分规则，即判断和解释学生对目标掌握程度的标准，往往呈现了描述性的不同水平的期望，为学生的学习提供参照，而不仅仅只有二元的对错评分。表现性评价促进素养养成，主要是由其要素及其特性决定的。从表现性评价三要素的特性来看，除了目标与素养一致，创造在真实情境中解决问题的机会、引起学生的积极投入与主动建构、支持学生的自我调节学习也是其促进素养养成的关键机制。④

要使表现性评价对学生的素养养成产生上述促进作用，离不开良好的设计。设计促进素养养成的表现性评价包括三个步骤，分别是确定与课程标准相匹配的素养目标并将其具体化；设计能够引发素养的表现性任务；开发基于学习进阶的评分规则。而在实施的过程中，需要将表现性评价嵌入课程与教学，

---

① 伍远岳：《论深度教学：内涵、特征与标准》，载《教育研究与实验》2017年第4期，第58－65页。
② 吴维宁：《新课程学生学业评价的理论与实践》，广东教育出版社2004年版，第172页。
③ 周文叶、毛玮洁：《表现性评价：促进素养养成》，载《全球教育展望》2022年第5期，第94－104页。
④ 周文叶、毛玮洁：《表现性评价：促进素养养成》，载《全球教育展望》2022年第5期，第94－104页。

确保学生深度卷入评价全过程，收集并充分利用学生的素养表现信息来促进教与学。①

2. 表现性评价设计的实施

表现性评价设计需要通过实践应用不断修改优化，并通过有效实施才能让素养真正落地。表现性评价在实施过程中需要注意的问题主要包括以下3个方面。②

（1）将表现性评价嵌入课程与教学。表现性评价要与课程教学统整起来。课程组织方式从基于知识点的课走向素养本位的大单元，具体包括学期课程纲要和单元学习设计两个层面，大致遵循下列步骤：首先，提炼本课程在本学期的关键目标或者本单元学生需要掌握的关键学习结果，同时关联核心素养；其次，设计能检测这些关键目标和素养的表现性评价；最后，选择课程内容并在表现性任务的引领下设计学生学习经历（重要学习任务）。其中，表现性任务往往被分解成一系列循序渐进的子任务并作为学习任务的一部分镶嵌于学习过程中，聚焦不同的知识、技能或能力。

（2）确保学生深度卷入评价全过程。在实施表现性评价的过程中，需要确保学生的深度参与。一是让学生知道并理解良好表现的内涵。教师不能直接向学生布置表现性评价，要求学生做什么事，而是要告诉学生做这件事的目的，也就是教师期望学生达成什么样的表现目标、展示出怎样的素养。只有学生清楚他们所要达到的表现标准及其意义，才可能最大限度地付诸努力。二是给予学生掌控学习的自主权。首先，学生在完成表现性任务的过程中有机会做出各种选择，如自主确定研究什么问题、使用哪些资料、如何展示其结果等。其次，学生有机会评价自己和同伴的表现或作品，这也有助于其提升对表现内涵的理解。最后，在课程开始前就与学生分享或共建评分规则，学生通过评分规则来了解自己的学习进程，把握自己的学习步调，评估自己的表现成果，进行自我监控和自我管理。三是考虑不同水平学生的需求。在同一个班级中，每位学生的认知水平、学习方式或多或少存在差异。在实施表现性评价的过程中，教师需要提供一些脚手架以支持所有学生进入评价，避免有学习困难的学生面对复杂的任务望而却步。

（3）收集并充分利用学生素养表现信息来促进教与学。强调表现性评价与课程教学的一体化实施，但是仅仅做到将表现性任务嵌入学习过程、调动学生的深度参与是远远不够的，更重要的是要收集并充分利用学生在完成任务过

---

① 周文叶、毛玮洁：《表现性评价：促进素养养成》，载《全球教育展望》2022年第5期，第94-104页。

② 周文叶、毛玮洁：《表现性评价：促进素养养成》，载《全球教育展望》2022年第5期，第94-104页。

程中展现出来的素养表现信息，为学生素养的进一步发展和教师教学的改进提供依据。一是收集素养表现信息。在收集信息的主体上，不仅包括教师，还包括学生及其同伴。在收集信息的内容和时机上，既应收集学生完成表现性任务后的最终表现或作品，也应包括任务完成过程中体现出来的信息，尤其是在评价学生的必备品格和价值观念时，因为过程数据比结果数据更能凸显个体的意愿、习惯和倾向。在收集信息的手段上，可以是直接观察，也可以借助信息技术记录。二是充分利用素养表现信息。一方面，教师要根据评分规则对收集的信息做出评价，进行教学决策。另一方面，教师要将评价结果反馈给学生，引导学生利用这些信息开展自我反思。反馈的形式不是简单的分数或等第，而应借助评分规则生成个性化的评估报告，描述学生的优势和不足具体是什么、下一步可以在哪些方面改进。

3. 课堂教学评价的实践策略[①]

设计"教—学—评"一致性方案。教师在开展评价之前，要改变过去只重视怎么教以及忽视教学目标和评价方法的做法，对课堂教学、学习和评价做一个整体的审视和规划，依据教学目标设计"教—学—评"一致性的教学方案。一方面，运用课程标准分解技能，正确、具体而清晰地陈述课堂教学目标；另一方面，分析每条教学目标里的关键词，考虑哪些教和学的活动能够帮助学生达到相关要求，尽可能做到以动词所体现的不同认知层次来设计相应的评价活动，通过评价方法来判断学生是否达到了预设的目标，如检测学生的"复述"水平，比较匹配的评价方法有"提问""同伴评价"等。

改进课堂提问。事实上，课堂提问是一种很好的形成性评价方式。当课堂上的提问变成师生、生生间有意义的对话，学生有机会思考、表达自己的观点，这样的多边问答过程就具有了形成性意义。研究表明，改变提问方式、延长候答时间是激励学生有效学习的良策。教师要改变提问方式，首先应该认识到自己的教学优势和原先提问方式的不足，然后基于学生的发展需要及其可能，设计问题与提问的方式，即提问方式是要引出学生对某一问题的观点或揭示其思维水平，促进学生深入理解。增加候答时间，即增加等候学生回答的时间。增加候答时间使学生的回答变长、不回答次数减少，学生回答问题就更有信心，学生敢于挑战或者改进其他同学的回答，学生会提出更多其他的解释。[②] 当然，候答时间只能适度延长，一般以3～5秒钟为宜，或在5分钟之内完成一次完整的问答序列。[③]

[①] 郑东辉：《教师评价素养发展研究》，浙江大学出版社2014年版，第223-228页。

[②] ROWE M B. Wait time and rewards as instructional variables: Their influence on language, logic and fate control. *Journal of research in science teaching*, 1974, 11 (2): 81-94.

[③] BLACK P, HARRISON C, et al. *Assessment for learning: Putting it into practice*. Maidenhead: Open University Press, 2003: 32.

合理使用评价反馈①。反馈的目的在于影响人的后续行为,指向行为的改进与新的发展,但使用不当也会产生负效应。教师要正确地使用反馈,一方面,要向学生提供合理的反馈;另一方面,要利用学生的反馈信息调整教学,改善原先教师单方传递的不足。哈蒂和蒂姆波利(J. Hattie & H. Timperley)提出了四种反馈类型:② 一是关于任务的反馈,即教师反馈主要针对学生的任务完成情况,对学生的答案或行为表现进行结果性评价;二是关于任务过程的反馈,关注学生在完成任务时所使用的方法以及个人与知识、个人与教育环境的关系;三是关注学生自我调节的反馈,激发学生主动参与的意愿,帮助他们进行自我反馈与评价;四是关注个体自我的反馈,基本不包含与完成任务、实现目标相关的信息。其中,关注个体自我的反馈无助于学生的学习,甚至有副作用,第二和第三种类型的反馈能有效地促进学习,而关于任务的反馈在一定条件下也能改善学习,前提是反馈信息应关注学习者学习策略的改善。

教师实施评价反馈需要关注以下三个方面:一是反馈的参照物,应基于目标;二是信息水平,要有清晰而易行的任务,并提供与之相关的描述性信息;三是信息处理,激励学生通过自我调整改善学习。教师的反馈要依据教学目标或学生预定的目标,以清晰、易懂的语言告诉学生其实际表现与理想目标之间的差距,提示学生怎样改进以及如何实现目标的最大化。同时,教师还要善于捕捉与积累那些过程性和结果性的评价信息,利用这些信息来审视自己的教学实践,特别是学生经常出错或集体出错的信息,不断调整教学策略,以帮助学生改进学习。

引导学生参与评价。日常教学评价活动,无论是考试,还是完成教师布置的作业,或者是利用教师的反馈来调整自己的学习活动,学生的参与随处可见。教师应如何引导学生深度参与教学评价呢?首先,向学生开放评价的过程。教师不仅要将"教—学—评"一致性方案预先告知学生,或邀请学生参与方案的设计,而且要让学生知道整个评价流程,激发学生的学习动机与参与热情。在评价过程中,教师要保持开放、宽容的心态,确保评价面向全体,允许学生犯错,提供适切的点评,鼓励学生评价,欣赏学生对教师评价的质疑,以此消除学生对评价的抗拒或害怕心理。其次,教师要为学生的自我评价提供适当的训练与适时的指导。教师要指导学生自主设定符合课程标准与自己学习需求的学习目标,引导学生学会对自己的学习目标进行分解与管理,并为每个目标的实现采取积极的行动,使学生养成一种良好的自我评价习惯。最后,鼓励学生开展同伴评价。同伴评价是指学生之间的相互评价,有助于学生更客观

---

① 郑东辉:《教师评价素养发展研究》,浙江大学出版社2014年版,第225页。
② HATTIE J, TIMPERLEY H. The power of feedback. *Review of educational research*, 2007, 77 (1): 81 – 112.

地认识自己的学习状况。课堂上,教师应为学生提供评价同伴的机会,倡导多样的同伴评价方式,并为此建立相应的评价规则。要求学生以"对事不对人"的心态评价同伴,并通过观察同伴的学习来分析自己的优势与不足。①

---

① 郑东辉:《教师评价素养发展研究》,浙江大学出版社2014年版,第227页。

参 考 文 献

[1] 阿伦兹. 学会教学（第九版）[M]. 丛立新，马力克·阿不力孜，张建桥，等译. 北京：中国人民大学出版社，2016.

[2] 埃里克森，兰宁. 以概念为本的课程与教学：培养核心素养的绝佳实践 [M]. 鲁孝孔，译. 上海：华东师范大学出版社，2018.

[3] 安国华. 教学能力的树形结构 [J]. 教育艺术研究，2005（7）.

[4] 曹培杰. 重新定义课堂：核心素养视角下的教学转型 [J]. 现代教育技术，2017（7）.

[5] 车丽娜，徐继存. 核心素养之于教学的价值反思 [J]. 全球教育展望，2017（10）.

[6] 陈安福. 教学管理心理 [M]. 福州：福建教育出版社，1988.

[7] 陈华，吴刚平. 推进素养为纲的课程内容结构改革 [J]. 中国教育学刊，2022（7）.

[8] 陈丽，逯行，郑勤华. "互联网＋教育"的知识观：知识回归与知识进化 [J]. 中国远程教育，2019（7）.

[9] 陈丽，郑勤华，徐亚倩. 知识的"技术"发展史与知识的"回归" [J]. 现代远程教育研究中心，2022（5）.

[10] 陈琦，刘儒德. 教育心理学：原理与应用 [M]. 合肥：安徽教育出版社，2004.

[11] 褚宏启，张咏梅，田一. 我国学生的核心素养及其培养 [J]. 中小学管理，2015（9）.

[12] 褚宏启. 核心素养是否过时：关键能力能否取代核心素养？[J]. 中小学管理，2017（10）.

[13] 褚宏启. 中国教育发展方式的转变：路径选择与内生发展 [J]. 华东师范大学学报（教育科学版），2018（1）.

[14] 辞海编辑委员会. 辞海 [M]. 上海：上海辞书出版社，1999.

[15] 崔允漷，黄山. 普通高中课程改革改了什么：教师的视角 [J]. 当代教育科学，2015（8）.

[16] 崔允漷，郭华，吕立杰，等. 义务教育课程改革的目标、标准与实践向度（笔谈）：《义务教育课程方案和课程标准（2022年版）》解读 [J].

现代教育管理，2022（9）.

［17］崔允漷，李锋. 基于课程标准教学的理论诉求［J］. 基础教育课程，2014（11）.

［18］崔允漷，邵朝友. 试论核心素养的课程意义［J］. 全球教育展望，2017（10）.

［19］崔允漷. 亟须培育教师的评价素养［N］. 中国教师报，2018 - 09 - 12（002）.

［20］崔允漷. 新时代　新课程　新教学［J］. 教育发展研究，2020（18）.

［21］崔允漷. 追问"核心素养"［J］. 全球教育展望，2016（5）.

［22］第尚志. 校本教研指导［M］. 北京：首都师范大学出版社，2004.

［23］丁伟红. "校本"的内涵与要素［J］. 教育理论与实践，2006（1）.

［24］杜瑞军，周廷勇，周作宇. 大学生能力模型建构：概念、坐标与原则［J］. 教育研究，2017（6）.

［25］樊洁. 普通高中教师如何理解"大概念"［J］. 全球教育展望，2022（1）.

［26］冯晓辉. 中学体育艺术类课程教师教学能力结构研究［J］. 武汉体育学院学报，2006，40（2）.

［27］高慎英，刘良华. 论"教师成为研究者"：斯登豪斯及其"人文课程研究"［J］. 外国教育研究，2006，29（6）.

［28］顾泠沅，王洁. 校本教研：从制度建设到聚焦课堂［J］. 人民教育，2007（19）.

［29］顾明远. 教育大辞典［M］. 上海：上海教育出版社，1998.

［30］郭元祥，刘艳. 我国教学设计发展 20 年：演进、逻辑与趋势［J］. 全球教育展望，2021（8）.

［31］郭元祥. "深度教学"：指向学科育人的教学改革实验［J］. 中小学管理，2021（5）.

［32］郭元祥. 论深度教学：源起、基础与理念［J］. 教育研究与实验，2017（3）.

［33］郭元祥. 知识的性质、结构与深度教学［J］. 课程·教材·教法，2009（11）.

［34］郝志军，王冬梅. 深化课堂教学改革必须树立科学的教学观［J］. 人民教育，2021（7）.

［35］郝志军. 探寻优质课堂［J］. 人民教育，2018（21）.

［36］何齐宗，刘流. 中小学教师专业核心素养模型构建研究［J］. 课程·教材·教法，2021（4）.

［37］何云峰. 教师队伍优质化不可忽略非师范生来源［J］. 上海教育，

2018（12）．

[38]胡定荣．核心素养导向课堂教学变革应辩证处理三对矛盾关系[J]．课程·教材·教法，2022（9）．

[39]胡惠闵．指向教师专业发展的学校管理改革：上海市打虎山路第一小学个案研究[D]．上海：华东师范大学，2003．

[40]胡中锋，许世红．校本评价方法与案例[M]．广州：广东高等教育出版社，2011．

[41]古斯基．教师专业发展评价[M]．方乐，张英，等译．北京：中国轻工业出版社，2005．

[42]黄甫全．现代课程与教学论[M]．北京：人民教育出版社，2014．

[43]黄景．教师身份·教师能动·教师自主：二十年从教经历的反思[J]．教育学术月刊，2010（8）．

[44]黄培森．实践理性视域下教师教学能力发展：价值、向度与策略[J]．现代教育管理，2021（10）．

[45]黄培森，等．高校初任教师教学能力发展论[M]．北京：中国教育科学出版社，2019．

[46]姜丽华．校本教研：内涵、特征及其价值[J]．教育科学，2004（6）．

[47]蒋后强．高等院校法学教师基本素质探析[J]．成都中医药大学学报（教育科学版），2000（1）．

[48]教育部教师工作司．《中学教师专业标准》解读[M]．北京：北京师范大学出版社，2013．

[49]教育部师范教育司组织：《教师专业化的理论与实践》（修订版）[M]．北京：人民教育出版社，2003．

[50]教育部师范司组织．教师专业化的理论与实践（修订版）[M]．北京：人民教育出版社，2003．

[51]金利．地方本科高校教师教学能力发展研究[D]．重庆：西南大学，2014．

[52]金利．地方本科高校教师教学能力发展研究[M]．长春：吉林大学出版社，2017．

[53]金美福．教师自主发展论[D]．长春：东北师范大学，2003．

[54]靳玉乐．理解教学[M]．成都：四川教育出版社，2006．

[55]康锦堂．教学能力结构及测评[M]．厦门：厦门大学出版社，1991．

[56]赖俊明．新课程改革背景下中小学教师教学能力发展的调查研究[J]．北京教育学院学报，2011（2）．

[57]雷浩，崔允漷．核心素养评价的质量标准：背景、内容与应用

［J］．中国教育刊，2020（3）．

［58］李春生．中国小学教学百科全书·教育卷［M］．沈阳：沈阳出版社，1993．

［59］李定仁，徐继存．教学论研究二十年［M］．北京：人民教育出版社，2001．

［60］李锋，崔允漷，周文胜，等．基于课程标准教学的现实需要［J］．基础教育课程，2014（13）．

［61］李广，柳海民，梁红梅，等．中国教师发展报告2020—2021：中小学教师职业幸福感发展态势、面临挑战与提升举措［M］．北京：科学出版社，2022．

［62］李海荣．中小学教师专业能力问卷的编制及初步应用［D］．太原：山西师范大学，2010．

［63］李凯，吴刚平．为素养而教：大概念教学理论指向与教学意蕴［J］．比较教育究，2022（4）．

［64］李芒．大学教师教学能力的培养基于北京师范大学教师发展案例研究［M］．北京：科学出版社，2018．

［65］李如密，姜艳．核心素养视域中的教学评价教育原因、价值与路径［J］．当代教育与文化，2017（6）．

［66］卢文格．自我的发展［M］．韦子木，译．杭州：浙江教育出版社，1998．

［67］李香玲．我国当代教学观的反思与重建［J］．教育与教学研究，2012（12）．

［68］李煜晖，郑国民．核心素养视域下的中小学课堂教学变革［J］．教育研究，2018（2）．

［69］林崇德．对未来基础教育的几点思考［J］．课程·教材·教法，2016（3）．

［70］林金辉，潘赛．研究型大学青年教师教学能力结构的实证研究［J］．江苏高教，2010（6）．

［71］刘徽．"大概念"视角下的单元整体教学构型：兼论素养导向的课堂变革［J］．教育研究，2020（6）．

［72］刘洁．试析影响教师专业发展的基本因素［J］．东北师大学报（哲学社会科学版），2004（6）．

［73］刘鹂．教师教育者教学能力研究［M］．西安：陕西师范大学出版总社，2016．

［74］刘丽强，谢泽源．教师核心素养的模型及培育路径研究［J］．教育学术月刊，2019（6）．

[75] 刘良华. 怎样做"校本教学研究"[J]. 人民教育, 2003 (5).

[76] 刘良华. 课程改革与校本教研的三个方向 [J]. 全球教育展望, 2022 (5).

[77] 刘良华. 校本行动研究 [M]. 成都：四川教育出版社, 2002.

[78] 刘志军, 徐彬. 新课标下课程与教学评价方式变革的挑战与应对 [J]. 课程·教材·教法, 2022 (8).

[79] 柳海民. 教育学概论 [M]. 北京：北京师范大学出版社, 2015.

[80] 罗滨. 从教学能力到课程育人能力：《中小学幼儿园教师培训课程指导标准》的理解与使用 [J]. 中国教师, 2018 (6).

[81] 罗茂全. 教学能力训练导向 教研工作的理论与实践 [M]. 成都：四川大学出版社, 1996.

[82] 罗清水. 终生教育在国小教师专业发展中的意义 [J]. 研习资讯, 1998 (4).

[83] 罗树华, 李洪珍. 教师能力学 [M]. 济南：山东教育出版社, 1997.

[84] 吕敏霞. 中美校本教研比较研究 [D]. 上海：华东师范大学, 2007.

[85] 吕勇江. 哲学视野中的能力管理 [D]. 北京：中共中央党校研究生院, 2006.

[86] 马克思, 恩格斯. 马克思恩格斯全集（第 42 卷）[M]. 北京：人民出版社, 1972.

[87] 马兰. 整体有序设计单元教学探讨 [J]. 课程·教材·教法, 2012 (2).

[88] 孟宪乐. 教师专业发展与策略 [M]. 北京：中国文史出版社, 2005.

[89] 莫雷. 教育心理学 [M]. 广州：广东教育出版社, 2005.

[90] 潘洪建. 知识观的概念、特征及教育学意义 [J]. 江苏大学学报（高教研究版）, 2005 (4).

[91] 潘懋元. 高等学校教学原理与方法 [M]. 北京：人民教育出版社, 1996.

[92] 彭聃龄. 普通心理学 [M]. 北京：北京师范大学出版社, 2005.

[93] 徐继红. 高校教师教学能力结构模型研究 [D]. 长春：东北师范大学, 2013.

[94] 皮连生. 学与教的心理学 [M]. 上海：华东师大出版社, 1997.

[95] 亓彦伟. 大众化阶段高等教育质量问题研究 [D]. 武汉：华中科技大学, 2006.

[96] 邵朝友，崔允漷. 指向核心素养的教学方案设计：大观念的视角[J]. 全球教育展望，2017（6）.

[97] 申继亮，王凯荣. 论教师的教学能力[J]. 北京师范大学学报（人文社会科学版），2000（1）.

[98] 申继亮，辛涛. 教师素质论[M]. 北京：华艺出版社，1999.

[99] 施久铭. 核心素养：为了培养"全面发展的人"[J]. 人民教育，2014（10）.

[100] 施良方. 学习论[M]. 北京：人民教育出版社，2001.

[101] 宋明江，胡守敏，杨正强. 论教师教学能力发展的特征、支点与趋势[J]. 教育研究与实验，2015（2）.

[102] 孙妍妍，吴雪琦，王超，等. 中小学教师信息化教学能力调研[J]. 开放教育研究，2021（2）.

[103] 唐德海，马勇. 理解性教学理论的发生根源与逻辑起点[J]. 广西师范大学学报（哲学社会科学版），2003（7）.

[104] 田友谊，石蕾. 课程图谱：教师课程领导力提升的新路径[J]. 教育理论与实践，2022（16）.

[105] 汪明帅. "被发展"到自主发展：教师专业发展的现实挑战与可能对策[J]. 教育研究，2011（7）.

[106] 王芳芳. 课程知识观重构视野中的深度教学[J]. 四川师范大学学报（社会科学版），2021（1）.

[107] 王光明，等. 教师核心素养和能力的结构体系及发展建议[J]. 中国教育学刊，2019（3）.

[108] 王海霞，唐智松. 教师核心素养教育胜任力研究[J]. 课程·教材·教法，2020（2）.

[109] 王建军. 合作的课程变革中的教师专业发展：上海市"新基础教育实验"个案研究[D]. 香港：香港中文大学，2002.

[110] 王建军. 课程变革与教师专业发展[M]. 成都：四川教育出版社，2004.

[111] 王敏. 我国当代教学观的反思与重建[J]. 课程·教材·教法，2003（5）.

[112] 王蔷，李亮. 推动核心素养背景下英语课堂教—学—评一体化：意义、理论与方法[J]. 课程·教材·教法，2019（5）.

[113] 王卫军. 教师信息化教学能力发展研究[M]. 北京：中国社会科学出版社，2018.

[114] 王宪平. 课程改革视野下教师教学能力发展研究[D]. 上海：华东师范大学，2006.

［115］王宪平. 课程改革与教师教学能力发展研究［M］. 上海：学林出版社，2009.

［116］威金斯，麦克泰格. 追求理解的教学设计［M］. 闫寒冰，宋雪莲，赖平，译. 上海：华东师范大学出版社，2017.

［117］吴刚平，安桂清，等. 新方案·新课标·新征程《义务教育课程方案和课程标准（2022年版）》研读［M］. 上海：华东师大出版社，2022.

［118］吴维宁. 新课程学生学业评价的理论与实践［M］. 广州：广东教育出版社，2004.

［119］吴岳军. 传统师生关系的透视及其现代转型［J］. 现代教育管理，2010（1）.

［120］吴忠魁. 私立学校比较研究：与国家关系角度的分析［M］. 北京：北京师范大学出版社，1999.

［121］伍远岳. 论深度教学：内涵、特征与标准［J］. 教育研究与实验，2017（4）.

［122］肖川. 教育的理想与信念［M］. 长沙：岳麓书社，2002.

［123］谢建. 教师精准教学能力模型构建研究［D］. 长春：东北师范大学，2020.

［124］辛涛，李刚. 高质量基础教育体系的新时代内涵［J］. 人民教育，2021（1）.

［125］新华词典编纂组. 新华词典（修订版）［M］. 北京：商务印书馆，1989.

［126］熊华军. 高校青年教师教学能力发展研究：基于西北民族地区17所高校的调查［M］. 北京：科学出版社，2016.

［127］徐波，陈晓端. 国内教师教学能力研究的现状、不足与展望：以著作为考察对象［J］. 当代教育与文化，2020（1）.

［128］徐继红. 高校教师教学能力结构模型研究［D］. 长春：东北师范大学，2013.

［129］杨静. 教师教学能力发展现状与对策建议：基于G市中小学教师的问卷调查［J］. 现代教育管理，2021（12）.

［130］杨静. 教师专业合作的困境与出路［J］. 教育学术月刊，2010（10）.

［131］杨静. 广州市中小学教师职业幸福感现状、影响因素与对策建议［R］. 教育决策参考，2022（24）.

［132］杨静. 中小学校本培训实施现状调查：以广州市为例［J］. 教育导刊，2007（8）.

［133］杨九诠. 核心素养与课程改革深化［J］. 教师教育论坛，2016

(12).

[134] 杨来恩, 黄山. 清末民初中小学教授案的兴起及其价值 [J]. 基础教育, 2017 (1).

[135] 杨向东, 崔允漷. 课堂评价: 促进学生的学习和发展 [M]. 上海: 华东师范大学出版社, 2012.

[136] 杨小微, 胡雅静. 从"以教定学"到"为学而教": 中国教学走向现代化的 40 年 [J]. 全球教育展望, 2018 (9).

[137] 杨秀梅. 费斯勒与格拉特霍恩的教师发展影响因素论述评 [J]. 外国教育研究, 2002 (5).

[138] 叶澜. 教师角色与教师发展新探 [M]. 北京: 教育科学出版社, 2001.

[139] 叶澜. 教育概论 [M]. 北京: 人民教育出版社, 1991.

[140] 叶颖. 不同成长阶段教师专业发展的现实困境与对策: 基于 TALIS2018 上海数据结果的实证分析 [J]. 上海教育科研, 2020 (9).

[141] 余文森. 从"双基"到三维目标再到核心素养: 改革开放 40 年我国课程教学改革的三个阶段 [J]. 课程·教材·教法, 2019, 39 (9).

[142] 余文森. 从三维目标走向核心素养 [J]. 华东师范大学学报 (教育科学版), 2016 (1).

[143] 余文森. 核心素养导向的课堂教学 [M]. 上海: 上海教育出版社, 2017.

[144] 余文森. 自我反思 同伴互助 专业引领: 以校为本的教学研究的三个基本要素 (二) [J]. 黑龙江教育, 2003 (11).

[145] 喻平. 数学教育心理学 [M]. 南宁: 广西教育出版社, 2004.

[146] 岳珂, 姜峰, 洪希. 走向新知识观下的教学内容设计 [J]. 贵州师范大学学报 (社会科学版), 2008 (6).

[147] 岳欣云. 教师发展的最高境界: 教师生命自觉 [J]. 华东师范大学学报 (教育科学版), 2018, 36 (2).

[148] 曾拓, 李黎. 教师教学能力研究综述 [J]. 绍兴文理学院学报, 2002 (2).

[149] 张剑, 李彬, 申姗姗, 等. 我国教师教学能力研究的热点与展望: 基于 2005—2015 年 CNKI 期刊文献的计量分析 [J]. 教育理论与实践, 2017 (28).

[150] 张静, 蒋立兵. 中小学教师融合技术的学科教学知识现状调查与对策研究 [J]. 教育学术月刊, 2015 (5).

[151] 张哲, 等. 教师信息技术应用行为影响因素模型构建研究 [J]. 中国电化教育, 2018 (1).

[152] 张广君. 多维视野中的教学关系 [J]. 教育研究, 2003 (6).

[153] 张健君. 教学技能的发展规律 [J]. 中国培训, 2004 (3).

[154] 张静, 蒋立兵. 中小学教师融合技术的学科教学知识现状调查与对策研究 [J]. 教育学术月刊, 2015 (5).

[155] 张良, 罗生全. 论"用以致学": 指向素养发展的教学认识论 [J]. 华东师范大学学报（教育科学版）, 2021 (2).

[156] 张倩, 李子建. 教师专业化的国际经验及其启示 [J]. 中国教育学刊, 2014 (10).

[157] 张清. 大学素质教育与教师素质的提高 [J]. 扬州大学学报（高教研究版）, 1998 (4).

[158] 张亚星, 梁文艳. 北京市义务教育阶段教师教学能力城乡差异研究: 兼论城乡义务教育一体化进程中农村教师专业发展的对策 [J]. 教育科学研究, 2017 (6).

[159] 张勇. 在路上, 教师以怎样的姿态前行 [J]. 教育科学研究, 2010 (4).

[160] 张玉民, 何树芳. 新课程课堂教学能力训练 [M]. 哈尔滨: 哈尔滨地图出版社, 2009.

[161] 张紫屏. 基于核心素养的教学变革: 源自英国的经验与启示 [J]. 全球教育展望, 2016 (7).

[162] 张紫屏. 论素养本位学习观 [J]. 全球教育展望, 2016 (3).

[163] 赵昌木, 徐继存. 教师成长的个人因素探析 [J]. 临沂师范学院学报, 2004 (8).

[164] 赵昌木, 徐继存. 教师成长的环境因素考察: 基于部分中小学实地调查和访谈的思考 [J]. 湖南师范大学教育科学学报, 2005 (3).

[165] 赵德成. 中小学学生评价改革的思路与建议 [J]. 人民教育, 2021 (6).

[166] 赵艳, 赵蔚, 李绿山, 等. 学习分析视域下小学教师整合技术的学科教学知识（TPACK）研究: 以东北 C 市为例 [J]. 现代远距离教育, 2015 (5).

[167] 郑东辉. 教师评价素养发展研究 [M]. 杭州: 浙江大学出版社, 2014.

[168] 郑东辉. 学校本位教师专业发展的内涵解读 [J]. 教育发展研究, 2011 (18).

[169] 郑慧琦, 胡兴宏. 教师成为研究者 [M]. 上海: 上海教育出版社, 2004.

[170] 郑金洲: 教师如何做研究 [M]. 上海: 华东师范大学出版

社，2005.

[171] 中国教育学会中学数学教学专业委员会. 关于新课程、新教材教育教学中面临的主要问题和困难调查报告[J]. 中国数学教育（高中版），2020（5）.

[172] 中华人民共和国教育部. 教育部办公厅关于印发《中学教育专业师范生教师职业能力标准（试行）》等五个文件的通知[EB/OL].（2021-04-06）[2022-08-09]. http://www.moe.gov.cn/srcsite/A10/s6991/202104/t20210412_525943.html.

[173] 中华人民共和国教育部. 教育部关于印发《基础教育课程改革纲要（试行）》的通知[EB/OL].（2001-06-08）[2022-08-19]. http://www.moe.gov.cn/srcsite/A26/jcj_kcjcgh/200106/t20010608_167343.html.

[174] 中华人民共和国教育部. 教育部关于全面深化课程改革落实立德树人根本任务的意见（教基二〔2014〕4号）[EB/OL].（2014-04-08）[2022-7-8]. http://www.moe.gov.cn/srcsite/A26/jcj_kcjcgh/201404/t20140408_167226.html.

[175] 中华人民共和国教育部. 教育部关于印发《教育信息化2.0行动计划》的通知（教技〔2018〕6号）[EB/OL].[2016-04-18]. http://www.moe.gov.cn/srcsite/A16/s3342/201804/t20180425_334188.html.

[176] 中华人民共和国教育部. 国家中长期教育改革和发展规划纲要（2010-2020年）[EB/OL].（2010-07-29）[2022-5-6]. http://www.moe.gov.cn/srcsite/A01/s7048/201007/t20100729_171904.html.

[177] 中华人民共和国教育部. 教育部办公厅关于印发《中小学教师信息技术应用能力标准（试行）》的通知（教师厅〔2014〕3号）[EB/OL].（2014-05-28）[2022-2-20]. http://www.moe.gov.cn/srcsite/A10/s6991/201405/t20140528_170123.html?ivk_sa=1024320u.

[178] 中华人民共和国教育部. 教育部等八部门关于印发《新时代基础教育强师计划》的通知[EB/OL].（2022-04-11）[2022-4-20]. http://www.moe.gov.cn/srcsite/A10/s7034/202204/t20220413_616644.html.

[179] 中华人民共和国教育部. 教育部关于印发《基础教育课程改革纲要（试行）》的通知（教基〔2001〕17号）[EB/OL].（2001-06-08）[2022-8-3]. http://www.moe.gov.cn/srcsite/A26/jcj_kcjcgh/200106/t20010608_167343.html.

[180] 中华人民共和国教育部. 教育部关于印发《开展基础教育新课程实验推广工作的意见》的通知（教基〔2001〕24号）[EB/OL].（2001-07-16）[2022-8-3]. http://www.moe.gov.cn/srcsite/A26/moe_714/200107/t20010716_167350.html.

[181] 中华人民共和国教育部. 教育部关于印发《普通高中课程方案（实验）》和语文等十五个学科课程标准（实验）的通知（教基〔2003〕6号）. [EB/OL]. (2003-03-31) [2022-8-4]. http://www.moe.gov.cn/srcsite/A26/s8001/200303/t20030331_167349.html.

[182] 中华人民共和国教育部. 教育部关于印发《幼儿园教师专业标准（试行）》《小学教师专业标准（试行）》和《中学教师专业标准（试行）》的通知 [EB/OL]. (2012-09-13) [2021-8-9]. http://www.moe.gov.cn/srcsite/A10/s6991/201209/t20120913_145603.html.

[183] 中华人民共和国教育部. 教育部关于印发义务教育语文等学科课程标准（2011年版）的通知（教基二〔2011〕9号）[EB/OL]. (2011-12-28) [2022-10-23].. http://www.moe.gov.cn/srcsite/A26/s8001/201112/t20111228_167340.html.

[184] 中华人民共和国教育部. 义务教育课程方案（2022年版）[S]. 北京：北京师范大学出版社，2022.

[185] 中华人民共和国中央人民政府. 中共中央 国务院印发《深化新时代教育评价改革总体方案》[EB/OL]. [2020-10-13]. http://www.gov.cn/zhengce/2020-10/13/content_5551032.html.

[186] 中华人民共和国中央人民政府. 中共中央 国务院印发《中国教育现代化2035》[EB/OL]. (2019-2-23) [2022-3-25] http://www.gov.cn/xinwen/2019-02/23/content_5367987.html.

[187] 中央教育科学研究所比较教育研究室. 简明国际教育百科全书·教学 [M]. 北京：教育科学出版社，1990.

[188] 钟秉林. 深化教育评价改革背景下高考综合改革的实施路径 [J]. 现代教育管理，2021（8）.

[189] 钟启泉. 单元设计：撬动课堂转型的一个支点 [J]. 教育发展研究，2015，（24）.

[190] 钟启泉. "能动学习"与能动型教师 [J]. 中国教育学刊，2020（8）.

[191] 钟启泉. 从"知识本位"转向"素养本位"：课程改革的挑战性课题 [J]. 基础教育课程，2021（11）.

[192] 钟启泉. 概念重建与我国课程创新 [J]. 北京大学教育评论，2005（1）.

[193] 钟启泉. 教师的"教学能力"与"自我教育力" [J]. 上海教育科研，1998（9）.

[194] 钟启泉. 课堂互动研究：意蕴与课题 [J]. 教育研究，2010（1）.

[195] 周密. 教师自主专业发展问题探究 [J]. 青海社会科学，2004（5）.

[196] 周文叶，毛玮洁. 表现性评价：促进素养养成 [J]. 全球教育展

望,2022(5).

[197] 周媛媛,詹旺. 高校教师教学能力结构与优化浅析[J]. 中国成人教育,2010(7).

[198] 朱嘉耀. 教师职业能力浅析[J]. 教育研究,1997(6).

[199] 朱旭东. 教师教育标准体系的建立:未来教师教育的方向[J]. 教育研究,2010(6).

[200] 朱旭东. 教师专业发展理论研究[M]. 北京:北京师范大学出版社,2013.

[201] 祝智庭,闫寒冰.《中小学教师信息技术应用能力标准(试行)》解读[J]. 电化教育研究,2015(9).

[202] 郑东辉. 教师评价素养发展研究[M]. 杭州:浙江大学出版社,2014.

[203] 佐藤正夫. 教学原理[M]. 钟启泉,译. 北京:教育科学出版社,2001.

[204] BARR A S. Measurement of teaching ability [J]. Educational Research Review, 1940, 10 (3).

[205] BLACK P, HARRISON C, et al. Assessment for learning: Putting it into practice [M]. Maidenhead: Open University Press, 2003.

[206] BORICH G D. Effective teaching methods [M]. 5th ed. New Jersey: Merill Prentice Hal, 2004.

[207] CHRISTENSEN J C, FESSLER R. The teacher career cycle understanding and guiding the professional development of teachers [M]. Boston: Allyn and Bacon, 1992.

[208] CLARK C M, PETERSON P L. Teachers' thought process [M] //WITTROOCK M C. Handbook of research on teaching. London: Macmillan Publishing Company, 1986.

[209] DAY C, SACHS J. Professionalism, performativity and empowerment: Discourses in the politics, policies and purposes of continuing professional development [M] //DAY C, SACHS J. International handbook on the continuing professional development of teachers. Maidenhead: Open University Press, 2004.

[210] GLATTHORN A. Teacher development [M] //International encyclopedia of teaching and teacher education. Oxford: Elsevier Science Ltd., 1995.

[211] GRUNDY S, ROBINSON J. Teacher professional development: Themes and trends in the recent Australian experience [M] //DAY C, SACHS J. International handbook on the continuing professional development of teachers. Maidenhead: Open University Press, 2004.

[212] HAMACHEK D. Characteristics of good teachers and implications for teacher education [J]. Phi Delta Kappan, 1969, 50 (6).

[213] HATTIE J, TIMPERLEY H. The power of feedback [J]. Review of Educational Research, 2007, 77 (1).

[214] HOYLE E, MEGARRY J. World yearbook of education 1980: Professional development of teachers [M]. New York: Kogan Press, 1980.

[215] JACOBSEN D, EGGEN P, KAUCHAK D. Methods for teaching: A skill approach [M]. 4th ed. London: Macmillan Publishing Company, 2002.

[216] KAVITA G. A practical guide for need assessment [M]. San Francisco: John Wiley & Sons. Inc, 1999.

[217] KEMMIS S, MCTAGGART R. The action research planner [M]. Victoria: Deakin University Press, 1981.

[218] KLEIN J, et al. Instructor competencies: standards for face-to-face, online, and blended settings [R]. Greenwich, CT: Information Age Publishing, 2004.

[219] MILLER D R, BILKIN G S, GRAY J. Educational psychology: An introduction [M]. Dubuque, Iowa: Wm. C. Brown Company Publisher, 1982.

[220] MOLENAAR W M, ZANTING A, VAN B P, et al. A framework of teaching competencies across the medical education continuum [J]. Medical Teacher, 2009, 31 (5).

[221] PULLAN M, HARGREAVES A. Teacher development and educational change [M]. New York: The Falmer Press, 1992.

[222] RILKE R M. Rainer Maria Rilke quotes. [EB/OL]. [2016-12-22]. https://www.brainyquote.com/quotes/rainer_maria_rilke_385588.

[223] ROWE M B. Wait time and rewards as instructional variables: Their influence on language, logic and fate control [J]. Journal of Research in Science Teaching, 1974, 11 (2).

[224] SHULMAN L S. Knowledge and teaching: Foundations of the new reform [J]. Harvard Educational Review, 1987, 57 (1).

[225] SIMPSEN P D. Do we really know what constitutes good teaching? [J]. Innovative Higher Education, 1994, 8 (4).

[226] SPENCER L M, SPENCER S M. Competence at work: Models for superior performance [M]. New York: John Wiley & Songs, Inc., 1993.

[227] VOGT F, ROGALLA M. Developing adaptive teaching competency through coaching [J]. Teaching and Teacher Education, 2009 (25).

[228] WANG M C. Adaptive instruction: Building on diversity [J]. Theory into Practice, 1980, 19 (2).